MANTRA
O espírito do som e o poder do verbo

2ª edição

Otávio Leal (Dhyan Prem)

MANTRA
O espírito do som e o poder do verbo

2ª edição

© Publicado em 2015 pela Editora Isis.

Revisão de textos: Rosemarie Giudilli
Desenhos do giro tantrico: Fabio de Campos
Desenhos dos chakras e mestre Osho: Rafael Nunes Arveglieri
Diagramação e capa: Décio Lopes

DADOS DE CATALOGAÇÃO DA PUBLICAÇÃO

Leal, Otávio

Mantra – o espírito do som e o poder do verbo/Otávio Leal | 2ª edição | São Paulo, SP | Editora Isis, 2016.

ISBN: 978-85-8189-071-5

1. Mantra 2. Literatura Brasileira I. Título.

Proibida a reprodução total ou parcial desta obra, de qualquer forma ou por qualquer meio seja eletrônico ou mecânico, inclusive por meio de processos xerográficos, incluindo ainda o uso da internet sem a permissão expressa da Editora Isis, na pessoa de seu editor (Lei nº 9.610, de 19.02.1998).

Direitos exclusivos reservados para Editora Isis.

EDITORA ISIS LTDA
www.editoraisis.com.br
contato@editoraisis.com.br

Sumário

Prefácio 13

Introdução 17

1 Mantra Sons de poder – Origens e definições 23

2 Noções de Sânscrito 45

3 Chakras, Reflexões e Práticas Mântricas 53

4 Kundalinî - Shakti 71

5 Mudrás apoio à meditação. Gestos magnéticos e de poder 85

6 O Málá – Alavanca mântrica 93

7 Om – A força procriadora do Cosmo 99

8 Mitos, Egrégoras e Deuses do Hinduísmo e do Tantra 105

9 Mantras curtos 153

10 Gayatri Mantra 165

11 Mantras Astrológicos – Magia tântrica 173

12 Mantra e Rituais de Iniciação Pessoal 181

13 Chakra Puja Mantrificando a Shakti 189

14 Om Mani Padme Hum 199

15 Mantras aramaicos e o Pai-Nosso 213

16 Letras hebraicas e Cabala – Sílabas do divino 231

17 Mantras das Escolas de Mistérios e algumas tradições do Ocidente 249

18 Mantras de Escolas Rosa-Crucianas, Gnósticas e Egípcias 275

19 Sadhaná de Mantra e magia tântrica mântrica 285

20 Zen – O Salto Quântico da não Iluminação para a Iluminação 291

21 Zazen – Sente-se e Reconheça o buda 297

22 309

Epílogo... O fim das buscas 311

Referência Bibliográfica 315

Quem é Otávio Leal (Dhyan Prem) 317

Saudações à Divina Mãe Kali

KaliKali mahá mata
namah kalike namoh namah
jáya jagatambe eh ma Kali
narayane Om narayane Om

Saudações à Divina Mãe Kali, que existe em todos os seres na forma de inteligência, amor, compaixão que é a consorte de Shiva, quem cria, sustenta e destrói todo o universo.

Salve Adi-Shakti Devi...
Salve Tara Devi...
Salve Kala Devi...
Salve Parvati Devi...
Salve Lakshmi Devi...
Salve Durga Devi...
Salve Lalita Devi...
Salve Tripurasundari Devi...
Salve Nila Saraswati Devi...

Osho ensina:

Se você tiver um ouvido musical, se tiver um coração que possa entender a música – não só entender, mas sentir –, então o mantra será útil, pois nesse caso você se unificará com o som interior, poderá mover-se com esses sons para níveis cada vez mais sutis. Chegará então um momento no qual todos os sons pararão e apenas o som universal permanecerá. Esse som é o Om.

Invocação de paz

शान्तिपाठः

ॐ स्वस्ति प्रजाभ्यः परिपालयन्तां न्यायेन मार्गेण मही महीशाः ।
गोब्राह्मणेभ्यः शुभमस्तु नित्यं लोकाः समस्ताः सुखिनो भवन्तु ॥

काले वर्षतु पर्जन्यः पृथिवी सस्यशालिनी ।
देशोऽयं क्षोभरहितः ब्राह्मणास्सन्तु निर्भयाः ॥

ॐ सर्वेषां स्वस्तिर्भवतु
सर्वेषां शान्तिर्भवतु ।
सर्वेषां पूर्णं भवतु
सर्वेषां मङ्गलं भवतु ।।

सर्वे भवन्तु सुखिनः
सर्वे सन्तु निरामयाः ।
सर्वे भद्राणि पश्यन्तु
मा कश्चिद्दुःखभाग्भवेत् ॥

असतो मा सद्गमय
तमसो मा ज्योतिर्गमय
मृत्योर्मा अमृतं गमय ।

ॐ पूर्णमदः पूर्णमिदं पूर्णात्पूर्णमुदच्यते ।
पूर्णस्य पूर्णमादाय पूर्णमेवावशिष्यते ।।

ॐ शान्तिः शान्तिः शान्तिः ।

Santipathah

OM svasti prajabhyah paripalayantam nyayena
margena mahim mahisah.

gobrahmanebhyahsubhamastu nityam lokah
samastah sukhino bhavantu.

kale varsatu parjanyah prthivi sasyasalini.
deso'yam ksobharahitah brahmanassantu nirbhayah.

OM sarvesam svastirbhavatu
sarvesamsantirbhavatu
sarvesam purnam bhanvatu
sarvesam mangalam bhanvatu
sarve bhavantu sukhinah
sarve santu niramayah
sarve bhadrani pasyantu
ma kascidduhkhabhagbhavet

asato ma sadgamaya
tamaso ma jyotirgamaya
mrtyorma amrtam gamaya
OM purnamadah purnamidam
purnat purnamudacyate
purnasya purnamadaya
purëamevavasiñyate

OM santih santih santih.

Invocação de Paz

OM
Que haja felicidade para todas as pessoas;
que os governantes governem o mundo no caminho da justiça;
que haja sempre o bem para os sábios e para os animais;
que todos os seres sejam felizes.
Que a chuva venha no tempo certo;
Que a terra seja fértil;
Que o país esteja livre de agitação;
Que os sábios estejam livres do medo.
Om Que todos sejam prósperos;
que todos tenham paz;
que todos tenham plenitude;
que todos estejam bem;
que todos sejam felizes;
que todos sejam saudáveis;
que todos vejam o bem;
que ninguém sofra.
Que se vá a não verdade e venha a verdade;
que se vá a escuridão e venha a luz;
que se vá a morte e venha a imortalidade.
OM
A causa do universo é a plenitude,
o universo é pleno.
Da plenitude veio o pleno,
tirando o universo pleno do pleno Senhor,
que é sua causa,
somente sobra o pleno,
o Senhor que é ilimitado.
OM
Paz. Paz. Paz.
Hare Om.

Prefácio

*(Leia com atenção, pois temos aqui um tratado
de ocultismo ocidental e magia dos sons sagrados)*

*A tradição judaico-cristã começa com Deus criando o universo através da Palavra:
'Haja luz', e houve luz. O novo testamento pondera: 'No princípio era o Verbo'. A
história monástica do cristianismo inclui entoar a oração, e as palavras formais
de meditação. Cultos da igreja freqüentemente incluem cânticos de resposta de
'Amém'. A Cabala judaica tem sílabas místicas e explica o alfabeto hebraico em
uma maneira similar em relação à cosmologia como tradição do Yoga que é o
alfabeto sânscrito. Sufismo se baseia no poder de orações repetidas e nomes de
Divino para trazer vida em harmonia com o Espírito.*

David Frawley

A palavra falada possui um infinito poder.

Os Antigos respeitavam profundamente o uso do Verbo, pois sabiam que o
simples ato de entoar letras, sílabas e palavras inteiras era comparável ao Ato de
Criar, como assim o fez O Princípio Emanador de todas as coisas e de todos os
Universos visíveis e invisíveis.

Antigamente, o silêncio era tão valorizado quanto a palavra, e os sábios não
se utilizavam do verbo da forma muitas vezes banal e fútil com a qual lidamos
com o mesmo nos dias atuais. Os sábios tinham o costume de pensar muito antes
de emitir um juízo, expressar uma opinião, ou se dirigir a alguém, por saberem
que uma vez o Verbo colocado em movimento, isso acabaria gerando uma série
de consequências em curto, médio, ou longo prazo.

Os árabes costumam dizer que existem três coisas que não voltam atrás: a
flecha quando é atirada, a oportunidade quando é perdida e a Palavra quando é
proferida. Na cultura islâmica, umas das mais refinadas do mundo, o Poder da
Palavra sempre foi reverenciado ganhando a mesma uma espécie de culto em
diversos segmentos filosóficos, culturais e literários.

No âmbito do Judaísmo, especificamente falando sobre Kabballah, é inegável a importância da Palavra, estudada minuciosamente através de uma ciência conhecida pelo nome de Gematria. Rabinos, místicos judeus e ocultistas, esses últimos influenciados pelas Tradições Judaicas, tornam ainda mais íntima a relação da Palavra com D'us utilizando em seus rituais, meditações, invocações e evocações de Nomes Sagrados, como por exemplo, os 72 Nomes atribuídos aos Anjos Kabalísticos, que são utilizados para inúmeras funções desde as mais sagradas, até as de uso bem cotidiano.

Entre o cristão, independente da denominação religiosa, orações, rezas, salmos, cantilenas, preces e ladainhas fazem parte da prática diária de milhões de fiéis espalhados pelo mundo, que se utilizam dessas metodologias para alicerçar e dar sustentáculo à sua Fé.

Antigamente, as missas eram rezadas em Latim, pois ainda que os fiéis não entendessem muito bem o que estava sendo dito, o valor vibracional de certas Palavras entoadas nesse idioma era capaz de produzir mudanças significativas na vida daqueles que participavam do cerimonial litúrgico. Os monges Beneditinos, Franciscanos, Jesuítas, bem como os de outras Ordens Monásticas, ainda guardam, detêm e usam os mistérios do Poder da Palavra em seus rituais, a maioria realizado em Latim.

Nas Tradições Indianas, Tibetanas, Budistas, Xintoístas e Taoístas os Mantran (Mantra = Trava da Mente) deixaram os mosteiros da índia, Tibet, China e Japão ganhando o mundo ocidental, onde várias pessoas se entregaram à prática da entonação desses Sons Vocálicos, muitas vezes sem um significado, ou uma tradução literal, mas com incríveis poderes que podem aumentar nossa Qualidade de Vida em todos os sentidos.

Desde o canto Cosmogônico dos Xamãs, redescobrindo as antigas Escolas de Mistérios do Egito, passando pelos misteriosos Pitagóricos, encontrando os reclusos Essênios, Ordem Secreta da qual o Venerável Mestre Jesus, O Cristo, fez parte, acompanhando a trajetória dos Cátaros, desvelando os segredos dos Templários, praticando a Alquimia dos Rosa-cruzes, compartilhando dos ritos fechados dos Maçons, rejubilando-nos com os Teósofos de Madame Blavatsky, admirando os Magos da Ordem Hermética da Aurora Dourada, tateando as pedras dos Dolmens Druídicos e se deixando envolver pelas Brumas dos Wiccanianos, é inegável o conhecimento e a importância atribuída ao Verbo, do qual todos esses grupos Iniciáticos e Sociedades Secretas sempre fizeram uso e se valeram ao longo das Eras.

Quando convidado por Otávio Leal (Dhyan Prem) para prefaciar esta sua nova obra literária aceitei de imediato, me dedicando à atividade com imenso prazer.

Conheci Otávio quando tinha dezenove anos de idade e posso classificar nosso encontro como uma das mais auspiciosas experiências de minha vida, ao longo de todos esses anos que venho convivendo com aquele que primeiramente se mostrou um grande Amigo, convertendo-se em pouco tempo em Querido Irmão, que passei a reconhecer como meu Primeiro e mais significativo Mestre, em meu incessante processo de Busca Espiritual.

Otávio é profundo em seus ensinamentos, não importando a matéria que esteja ensinando, sem ser intelectualmente pedante, ou arrogante, tais quais muitos pseudo-mestres, que particularmente classificaria mais como aventureiros em meio a essa nova modinha conhecida pelo nome de New Age.

Leal não trabalha com modismos, ou tendências espiritualistas momentâneas as quais, ao longo de poucos meses passada a "febre" delirante, se mostram tão estáveis quanto velas ao sabor dos ventos. Otávio trabalha com Tradição, seriedade, integridade, dignidade e respeito ao ser humano. Jamais oferece respostas prontas, mas nos estimula a perguntar sempre, a questionar constantemente e a duvidarmos, pois sabe que esse é o comportamento de um verdadeiro Mestre.

Em seu novo livro Otávio nos brinda com uma série dos mais significativos Mantran conhecidos nas mais diversas Tradições religiosas, espiritualistas e iniciáticas, tanto Orientais, quanto Ocidentais. Muito além da escrita e forma pela qual podemos entoar os Mantran, Leal vai além, descrevendo minuciosamente cada Som Vocálico, bem como dados a respeito de suas origens, história do Mantra e toda uma série de informações que há bem pouco tempo era de domínio exclusivo de alguns poucos privilegiados.

Este novo lançamento já carrega a marca de um sucesso auspicioso destinado a uma das poucas pessoas com Moral suficiente para falar sobre o Poder da Palavra, em um tempo em que a mesma é tão mal empregada por aqueles que se encontram no poder e fazem uso do Verbo para mentir para seus seguidores. Até os jovens que se utilizam de termos inapropriados, elevado tom de voz e palavras de baixo calão, que refletem a triste realidade da família, Célula Mater da sociedade.

Aprendamos sobre o valor da Palavra Empenhada, façamos bom uso do nosso Verbo de modo criativo, promissor e benéfico, e que toda nossa vida possa ser uma canção destinada a inspirar e a ensinar os outros a entoarem, cantarem, como Otávio tem feito ao longo dos auspiciosos anos de sua existência.

Alexandre Garzeri - Inverno de 2013, E:. V:. .

Alexandre Garzeri

Membro de diversas Ordens Rosa-cruzes.

Membro da Maçonaria – Augusta e Respeitável Loja Simbólica "28 de Julho", nº. 133 – Oriente de São Caetano do Sul e Membro do Conselho de Cavaleiros Kadosch "Borda do Campo", Oriente de São Caetano do Sul, sendo 33º Grau do Rito Escocês Antigo e Aceito, conhecido como "Soberano Grande Inspetor Geral".

Presidente do Conselho Consultivo do Capítulo "Cavaleiros do Templo", nº. 46, da Ordem De Molay, subordinado ao Grande Conselho de Capítulos da Ordem De Molay do Estado de São Paulo.

Teósofo, Membro do Movimento Ponte para a Liberdade, subordinado diretamente ao G.O.M. Sumo-Sacerdote Wiccaniano, responsável pela W.T.O.H. (Wicca Tradicional, Ocultista e Hermética).

Escritor e Autor do livro "Segredos do Eterno", que fala sobre a Busca Espiritual e diversos temas concernentes à área Esotérica.

Mestre no ensino e na utilização prática do Tarô, da Numerologia e das Runas, sendo Professor de Quirologia e objetivando sempre a utilização de qualquer tipo de Oráculo como forma de autoconhecimento. Professor de Ocultismo, Esoterismo, Mesoterismo, formado pelas Escolas Herméticas mais Tradicionais do Ocidente.

Ator Profissional, formado no Método Stanislavski, pelo Teatro Escola Macunaíma, uma das mais Antigas e Tradicionais Escolas de Dramaturgia do Estado de São Paulo.

Introdução
(Principais passos para a compreensão e prática mântrica)

Em todo o mundo encontramos tradições de palavras especiais de poder, frases mágicas ou códigos secretos que podem desbloquear os grandes mistérios da vida de outra forma inacessível à mente humana. Tais tradições ocorrem na religião, ciências ocultas, misticismo, xamanismo e em quase todos os conhecidos caminhos espirituais. Em todo o mundo da literatura, poesia e filosofia semelhante reconhecer o poder do conceito de som, palavra ou privilegiada para influenciar e mover-nos em um nível muito profundo.

David Frawley

Desde muito jovem saí em busca do que hoje entendo ser o reconhecimento do Si mesmo, o despertar do que se É ou Iluminação. (Fim das buscas pelo Si mesmo).

Apesar de uma adolescência abençoada e saudável sentia que algo não fazia sentido no mundo cotidiano.

Ansiava por algo além do ego, das notas escolares, dos programas de TV, dos namoros e das realizações do "mundo" e busquei muito esse "além de" como você verá adiante.

Viajei muito, sentei-me com muitos iluminados e fiz muitas práticas meditativas e espirituais, e hoje te aponto que a iluminação é possível. Todos os reais buscadores podem alcançar esse estado de liberdade assim como tudo. A Iluminação, o despertar da consciência tão conhecido e sentido pelos praticantes do zen, dos budistas, yoguins e rabinos praticantes, dervixes e tantos outros místicos, é atingida, mas atenção: é passageira. Observação: Iluminação provavelmente não é o que você imagina tal como pessoas andando sobre as águas, ou fazendo outros milagres.

São momentos de unidade e plenitude também chamados de *Samádhi, Satori,* Budato ou Consciência Crística, que mesmo sendo impermanente e passageiro; uma vez tido e vivenciado, jamais pode ser esquecido. Ele transforma tudo na vida transpessoal. E te dá pistas de quem você é e como ensina a Monja Coen (mestra do Zen budismo) faz quase tudo ter sentido.

Minha primeira experiência, de samádhi (totalidade, reconhecimento do que sou e do que não sou), aconteceu em Visconde de Mauá, local paradisíaco do Rio de Janeiro, quando meditava em um mantra tântrico poderosíssimo, (**Om Sri Gam**) abaixo de uma queda-d'água, na posição de Yoga conhecida como invertida sobre a cabeça (*Viparita Karani*). Foi uma experiência de Kundalinî.

Após essa primeira experiência, eu continuei minhas práticas de Yoga e mantra que sempre me conduziram à saúde. Conheço centenas de praticantes de várias escolas místicas e religiosas que também se beneficiam com esse instrumento. Mas o que é mantra? Como surgiu em minha jornada o interesse por essa prática?

Desde muito jovem fui treinado em escolas ocidentais de ocultismo tais quais a Teosofia, Eubiose, Colégio dos Magos, Rosa-Cruz, (Amorc) e no momento que escrevo esse livro completo 32 anos na Rosa-Cruz; ordens Sufis, Wiccanas e tantas outras. Em todas essas escolas secretas e em outras "não tão secretas assim", aprendia, nos graus mais adiantados, sons de poder, os mantras, o chamado Poder do verbo. Com o tempo, abandonei um pouco as "teorias especulativas" esotéricas e passei a participar intensamente em retiros budistas e cristãos, com práticas mântricas como, por exemplo, sons tibetanos e tântricos, o Pai-Nosso em aramaico e nomes de Deus em hebraico.

Em 1983, ao me formar em shiatsu e medicina tradicional chinesa com Armando Austregésilo, fui por ele apresentado a uma escola de Yoga tântrico. Lá, exercitando essa linhagem poderosa do Tantra, aprofundei ainda mais o estudo e as práticas de mantra, o que me levou a peregrinar ao Oriente, principalmente à Índia, onde recebi algumas poucas, mas poderosas iniciações com Sadhus, monges e mestres de Yoga e Tantra, dentre as quais destaco a iniciação ao secreto Gupta Vidya da escola tântrica *Agori* e recentemente de Adinatha.

Essas viagens à Índia e ao Nepal me levaram a pesquisar as escolas monásticas budistas nos Himalaias e a iniciar uma série de seminários na Escola Humaniversidade, em São Paulo, unindo mantra à musicoterapia. Apesar de optar pela prática de uma pequena quantidade de mantras específicos, fiz várias jornadas de pesquisa para poder unir um bom número de sons de poder e transmiti-los em minhas formações. Fui iniciado por grandes mestres e professores. Tive contato com mantras simples e alguns complexos.

No Yoga e na Ayurveda encontrei sons utilizados de forma terapêutica. Portanto, quero ser honesto com você e compartilhar que alguns mantras aqui contidos não foram praticados por mim (principalmente os de magia), mas comprovados empiricamente por pessoas em quem confio e/ou por escolas de mistérios sérias.

Em minha jornada, tive contato e gratidão, por meio do reverendo Edmundo Pelizardi, com mantras em aramaico e hebraico; com o sábio livreiro Luiz Pellegrini da Livraria Zipak que me apontou na direção de ótimos livros; dos xamãs Léo Artese Neto e Sasha, com os sons xamânicos; dos terapeutas Júlio de Almeida e Armando Austregésilo, com práticas de vocalização de sons alegres e descontraídos dos mantras de Krishna; do rabino Joseph Salton, com a mística do judaísmo e suas orações; dos padres Moacir e Lourival, com a visão clara do cristianismo, com várias escolas tribais e suas tradições de pajelança, com o Zen-Budismo da Iluminada Monja Coen; com o budismo da terra pura, por meio do Reverendo Murilo Nunes Azevedo; com a Rosa-Cruz (Amorc), especificamente nos graus mais adiantados onde são apresentados os mantras (no momento que escrevo esse livro completo 30 anos de Rosa-Cruz); com os *sádhanas* (práticas) *do* professor Levi Leonel, com os kiais internos do kung fu *tsung-chiao* do professor Paulo da Silva e os *kiais* externos do Karatê-dô do professor Shinzato; com a Iluminação do Aikidô do Mestre Ueshiba; do Tai-chi do mestre Liu Pai Lin; com o Buda vivo Dalai-Lama que me apresentou o mantra Om Mani Padme Hum e o mestre vivo, que visitou e se hospedou neste planeta, Osho que me batizou com o sannyas (nome iniciático) Dhyan Prem que significa que devo (se desejar) que exercitar o amor e a meditação.

Por isso, dedico este trabalho a todas essas pessoas que tanto contribuíram em minha peregrinação, assim também à mestra de meditação Diana Prem Zeenat, que me ajudou a separar o que funciona e o que é "delírio" na busca por nossa natureza, à Juliana (Krishna Priyah) companheira de todos os momentos e uma pessoa tão dedicada ao caminho do Yoga que serve de exemplo de força e persistência aos amados e amadas ouvintes da rádio mundial (95,7 FM) que tanto me apóiam em meus programas *Sat-Sang – encontro com a verdade – Escola de Iluminação* e *A Sabedoria de Todos os Budas*. Aos discípulos que recebem meu sannyas e os levam a sério e me deixam com orgulho sadio.

Nessa obra, você pode estudar a tradição mântrica de várias culturas ou pode, em todos os capítulos, simplesmente ler parte da definição e escolher alguns mantras para praticar, ou ainda realizar a iniciação mântrica.

Este livro pode ser lido pelo leigo, que provavelmente não compreenderá todo o conteúdo, mas poderá sentir-se estimulado a realizar outros estudos a partir da bibliografia contida no final, ou pelo praticante adiantado, que encontrará aqui muitos caminhos reais para suas práticas.

Nos primeiros capítulos eu me detenho nos mantras hindus e tântricos, além do Mantra Yoga, as egrégoras das divindades hindus, o conceito aplicado de chakras, Kundalinî e Mudrás (todos eles complementam o estado mântrico, e nos capítulos seguintes saio da Índia e sigo ao Tibet e ao Budismo, às iniciações mântricas partindo daí para a Kabalah, a mítica de Jesus e do Pai-Nosso e outros).

Selecionei em minhas pesquisas e peregrinações milhares de mantras e aqui compartilho mais de 500 sons de poder mais poderosos e preferencialmente os mantras curtos com mais concentração de energia.

Ao final de alguns capítulos, eu coloco uma frase ou um pequeno texto chamado Koan para sua reflexão e aquietamento ou aniquilação temporária do corpo mental. Eles são, juntamente, com os mantras instrumentos para que você reconheça quem você É. Descobri isso em 2003 e as práticas mântricas fizeram parte desse (não) caminho ou não caminho, pois você já é o que você busca, assim o que é já É.

Amor e Silêncio

Otávio Leal (Dhyan Prem)
Aham Brahamasmi (Eu sou Bhahma)

Japa[1] é a repartição de um mantra.
Japa purifica o coração
Japa serena a mente
Japa conquista o nascimento e a morte
Japa queima os pecados
Japa reduz a cinzas dos samskaras (impressões passadas)
Japa aniquila com o apego
Japa induz ao aquietamento
Japa elimina á raiz de todos os desejos
Japa te faz valoroso
Japa elimina as idéias erradas
Japa dá paz suprema
Japa desenvolve o amor divino
Japa une o devoto com o divino
Japa dá saúde, riqueza, força e longa vida.

Japa traz a consciência do divino
Japa confere vida eterna
Japa desperta Kundalinî...
Assim como o Ganges limpa as roupas sujas.
Assim o Japa purifica a mente impura.

(Mestre de Yoga) Shivananda

Obs: Para facilitar a sua leitura e compreensão, alguns mantras são escritos em negrito e outros em itálico.

---

1 *Japa é a prática vocalizada ou mental de um mantra*

Capítulo 1

Mantra Sons de poder
Origens e definições

> *O sussurro que não repete o nome de Deus*
> *é sussurro perdido.*
>
> Kabir

> *En'archên en no lógus – No princípio era o verbo,*
> *e o verbo estava com Deus, e o verbo era Deus.*
>
> João 1:1

Definição clássica: A palavra mantra (plural mantras ou mantram) é de origem sânscrita, pertence ao gênero masculino e significa domínio da mente, aquietamento ou instrumento para silenciar o pensamento (*man* = pode ser traduzido como mente pensante, intelecto, cognição e segundo a filosofia Samkhya também é emoção, sentimentos, o ser pensante, substância e corpo mental; *tra* *deriva da palavra *trana*, libertação (do *Samsara*, mundo a priori ilusório); ou instrumento, suporte, bloqueio, trava, alavanca), segundo o mestre Sivananda mantra deriva da palavra *(trayate)*, que significa liberar-se.

Curto e grosso: Mantram é a mentalização, vocalização, leitura ou meditação de sílabas, palavras, textos ou frases que podem ou não conter melodias e que sua prática busca efeitos internos e /ou externos.

Na formulação mântrica, utiliza-se os idiomas pré-civilizatórios de um tempo onde o silêncio e o tempo livre permitiam contato com o inconsciente humano e a vibração da natureza intocável. No inconsciente coletivo (todo conhecimento do universo) e no pessoal a linguagem é a psíquica, arquetipal.

Algo íntimo.

Os idiomas mais antigos por não serem familiares ao praticante acabam atuando em seu inconsciente pessoal.

Busca-se ainda nas práticas mântricas proteção, curas, ativação dos chakras, paranormalidade, proteção, eliminação de karma, autorrealização, Samadhi ou Satori (Iluminação), despertar Kundalinî (Energia orgônica) ou ainda, estimular as quatro funções psicológicas (pensamento, ação, sensação e sentimento). É ainda usado na magia para fins próprios. Durante essa obra você conhecerá outras utilizações das palavras de poder.

Várias escolas místicas, religiosas, o Yoga, ocultismo e alguns iluminados ensinam os mantras, há milênios a seus discípulos.

Além disso, muitos deles podem proporcionar satisfações puramente materiais, ou realização no amor, equilíbrio material, saúde, popularidade. Há também os que atuam contra o estresse, os que acalmam, aumentam ou reduzem batimentos cardíacos e até mesmo os que ajudam a afastar agressores.

Meu saudoso Mestre de Yoga que citarei em diversos momentos nesse livro – George Feuerstein – assim define mantra:

Segundo uma explicação esotérica, a palavra sânscrita mantra significa 'aquilo que protege (trâna) a mente (manas)'. Especificamente, um mantra é um som (uma letra, uma sílaba, uma palavra ou uma frase) carregado do poder de operar transformações. Tal é o caso da letra a, do monossílabo Om, da palavra hamsa ou da frase Om mani padme hûm. Assim, o mantra pode ser explicado como um som dotado de poder, pelo qual se podem operar efeitos específicos sobre a consciência. A maioria dos praticantes sérios reluta em usar os mantras para obter qualquer outra coisa que não seja o objetivo supremo do ser humano (purusha-artha; escreve-se purushârtha), que é a libertação. Nos rituais tântricos, os mantras são usados para purificar o altar, o assento do adorador, objetos rituais como os vasos e a colher da oferenda e as próprias oferendas (flores, água ou alimento, por exemplo); ou para invocar divindades, protetores, etc. Não obstante, a ciência dos sons sagrados (mantra-shâstra) vem sendo, desde tempos antigos, empregada também para usos seculares. Neste caso, os mantras assumem o papel de fórmulas mágicas e já não o de vibrações sagradas a serviço da autotransformação e da autotranscendência.

A energia serpentina oculta no corpo (Kundalinî) é associada ao alfabeto sânscrito, o qual é composto de cinqüenta letras ou vibrações sonoras básicas, as quais entram na constituição dos mantras. Os mantras, ao contrário das palavras comuns, muitas vezes não têm um sentido particular; sua potência torna-se acessível pela repetição freqüente, em voz alta ou baixa ou simplesmente mental.

Outro mestre de mantra e tantra que muito me ensinou em seus profundos textos é David Frawley que abaixo traz uma definição de mantra:

Mantra é parte de uma grande tecnologia de Yoga para desenrolar os poderes mais elevados tanto de nossa consciência do vasto universo da consciência. Através de mantra podemos ganhar acesso e domínio sobre as forças da Natureza, como os cinco grandes elementos, e os muito bem-molas da própria criação. Podemos compreender nosso próprio ser interior através de mantra e ir além do ego e suas limitações. Através de mantra podemos nos comunicar com as regiões mais sutis além deste reino físico denso e aprender a subir a escada dos mundos para o Absoluto além de todas as manifestações. Voltar para o som primordial.

As práticas mântricas provavelmente originaram-se em povos de culturas arcaicas e sociedades primitivas ou tribais cujos curadores e sacerdotes recebiam o nome genérico de xamã. Os xamãs viveram, estiveram em nosso planeta em toda parte, da Sibéria à America do Sul, Oceania, África, etc. São o homo sapiens sapiens que são chamados erroneamente de índios, mas são sim sociedades tribais.

A palavra xamã é adotada pela antropologia como *saman*, que significa "inspirado pelos seres invisíveis". São os xamãs genericamente chamados de *medicine man*, magos, curandeiros ou feiticeiros que usam técnicas diversas com sons de poder e cânticos para seus povos e para si mesmos com o intuito de obter mais felicidade, saúde, transcendência, e interação com seus deuses e a natureza que os rodeia. Também são conhecidos como medicine-man, Pajés, Abacaen, Shaman.

Durante milênios, o xamanismo espalhou-se pelo mundo e com ele as práticas mântricas. Sua utilização é hoje mais na Índia, esse país que ainda preserva algo de místico a partir do qual iniciamos nesse livro nossa viagem à metafísica do som.

Om a palavra sagrada dos Hindus, é uma das palavras mais antigas que se conhece. Há mais de 5000 anos atrás e, provavelmente, na Suméria antiga, Om era conhecido e utilizado como uma palavra secreta pelos místicos e sacerdotes Suméricos.

Quando as tribos Indo-arianas foram da Sumérica para o Norte da Índia, elas levaram consigo o Om, a palavra secreta e preciosa. Nas escrituras Indianas mais antigas conhecidas, Om sempre tem um lugar de proeminência. Quase todos os Mantras e Hinos são iniciados e terminados com Om. Om também é utilizado sozinho, como Mantra, sendo considerado o mais poderoso.

Swami Vishnu Devananda

A origem dos mantras na Índia antiga e regiões próximas nos leva também a esse passado milenar, quando os místicos que viviam em contato com o natural e se autoinvestigavam chamados *sadhus* (algo próximo a um xamã de sistema tribal), praticaram sons com os mais variados objetivos, sendo o principal deles nesse caso o reconhecimento do Ser, e o *Samadhi* – Iluminação. Após várias gerações da prática mântrica, os sadhus empiricamente determinaram a língua sânscrita como ideal para a vocalização dos sons, que eram repetidos à exaustão e funcionavam incorporados à tradição.

As mais antigas referências escritas sobre os mantras encontram-se nos *Vedas*, textos hindus de abismal profundidade, surgidos entre 6000 e 2000 a.C. A palavra Veda deriva da raiz *vid*, que significa compreensão ou sabedoria. Esses textos foram escritos em sânscrito arcaico e se dividem em quatro partes: *Rig, Sama, Atarva* e *Yajur*. Os mantras do *Rig Veda* estão divididos em dez cantos, chamados *mandala*. Quem pronuncia ou escuta os sons desses poemas sacros é imediatamente tocado por um profundo sentimento de reverência e aquietamento. Afinal, trata-se de um dos antigos livros do planeta com grande poder de apontar sem rodeios e delírios a verdade que você já É, contendo em suas centenas de páginas caminhos que levam à consciência do Si mesmo.

Reconheci em peregrinações que os místicos e Yogues hindus e monges do budismo tibetano são os que conhecem o maior número de mantras e os utilizam em seus *sádhanas* (práticas). Consideram o mantra um "protetor da mente" que podem afastar as influências astrais "negativas" e os libertar dos venenos da mente como apegos, preocupações e das limitações impostas pelo cotidiano neurótico e com a doença da, pela normose (robopatologia) do mundo. Assim, a prática mântrica (*richa*) tem como uma de suas principais finalidades proteger da corrupção social, da loucura do mundo, dos desejos íntimos do ego a quem nele se concentra.

Mantra trás consigo a essência da Yoga e da consciência de Yoga. Como o homem é um ser mental, ele naturalmente imagina que a mente é o líder um grande e um agente indispensável no universo. Mas a mente não é o maior poder possível de consciência e não o instrumento de verdade e conhecimento. É apenas seu buscador ignorante. A subir para os níveis mais elevados de consciência, a mente tem que ser silenciosa, livre de pensamentos e imóvel. Sri Aurobindo disse que quando a mente está quieta, então a verdade é sua chance de ser ouvida na pureza do silêncio. A verdade não pode ser alcançada pelo pensamento da mente, mas apenas por identidade e visão silenciosa. Mantra desempenha um grande papel na criação de uma quietude e o silêncio abençoado em mente, sentida por vibração de elevação, a subir ao mais alto nível de consciência de Yoga.

Dr. Sampadananda Mishra

No âmbito do hinduísmo, existem também aqueles que se dedicam ao *mantra-Yoga*, uma das ramificações do Yoga. Esses praticantes se baseiam na vocalização dos sons ensinados de forma ritualística ou iniciática pelos seus mestres (Gurus ou Swamis), que conheciam as frequências sonoras e seus poderes de atuação sobre o corpo, a mente e o despertar da energia *kundalinî* energia da vida, (orgone para Reich, libido para Freud e chi para os chineses).

Ao longo dos séculos, os mantras foram ganhando força pelo inconsciente coletivo ou egrégora (força da repetição).

A constante prática mântrica conduz a um estado introspectivo, silencioso, que possibilita a observação com o que existe de mais essencial em seu ser, o *mano-bindu*, ou seja, com o centro real (Self), onde opera o *Purusha* (consciência).

Os efeitos dos mantras também são percebidos após sua prática devido à ressonância ou "simpatia" do som (estudo da física acústica), que libera vibrações poderosas no organismo.

Para o músico sufi Hazrat I. Khan, *[...]aquele que conhece o segredo dos sons conhece o mistério de todo o universo, pois o som divino é a causa de toda criação.*

O conhecimento dos mantras, porém, exige cuidado seletivo por parte dos praticantes, pois, como comenta mestre tântrico John Woodroffe, um estudioso das tradições mântricas, *[...] esse é um assunto altamente complexo. Não é fácil de ser compreendido, especialmente porque o puro conhecimento confundiu-se com grande quantidade de práticas indesejáveis e de charlatanismo.*

Na obra *Gayatri*, o mestre indiano I. K. Taimni comenta:

> *Com o passar do tempo, as coisas mudam. Os que conheciam diretamente são substituídos pelos conhecedores de segunda mão, ou então por meros eruditos, para os quais a verdade se torna apenas uma questão de conhecimento e debate intelectual.*

Os objetivos mais nobres da prática mântrica são:

- Desenvolver *Sattva Guna* ou pureza do corpo e mente.
- Aquietar a mente e reconhecer o Si Mesmo (*Purusha*).
- Remover ignorância (*avidya*).
- Revelar verdades (*oharma*).

Mantra – O espírito do som e o poder do verbo

- Purificar o interno (*kriya*).
- Realizar a libertação (*moksa*).

Podemos até generalizar dizendo que para todas as finalidades existe um mantra. Aos que praticam Yoga o mantra:

- Cria orientação anímica para a prática dos *Yamas* e *Niyamas* (Regras, proibições e obrigações do yogui). *Ahinsa* (não violência) e *Satya* (veracidade) são de certa forma palavras mantras.
- É uma prática de Yoga com sons mântricos de fundo, abençoada e atuante.
- É a concentração nos asanas (posturas físicas) e pranayamas (respiração) com auxílio de um som sagrado facilita a disciplina e permanência por mais tempo nos mesmos. No sadhaná tântrico todo asana contém um mantra.
- É o Japa – (repetição) mântrica é uma das mais competentes formas de concentração (*Pratyahara*) e aquietamento da mente (juntamente com o Zazen).
- Traz consciência ao momento presente (o eterno agora).
- Conduz ao *Samadhi*, o fim das buscas pelo Si mesmo.
- Usado junto aos pranayamas (Mantra Prana) busca-se o Prana Cósmico ou Universal (a respiração, a energia do universo) que confere vitalidade e saúde.
- Na prática do *Surya Namaskar* – saudação ao sol – pode se utilizado em cada um de seus asanas (posturas).

Observação importante: antes de continuar saiba que nesse livro a vocalização de sons mântricos não é um procedimento restrito às tradições hindus, como se costuma pensar. Os Sufis (tradição séria e meditativa muçulmana) entoam orações bastante ritmadas, acompanhadas por um *tasbeeh* (espécie de terço). Os católicos romanos também possuem mantras em latim e suas preces costumam ser contadas em um rosário. Os monges beneditinos são um exemplo claro da força dos mantras, pois seus cantos gregorianos se utilizam do poder das palavras. Ouvir os salmos ou mesmo uma missa em latim pode se transformar numa experiência muito agradável e meditativa. Existem mantras egípcios, xamânicos, celtas, cabalistas e rúnicos, todos dotados de enorme poder invocativo, gerador e transformador de energia mental. Em sua maioria são em sânscrito ou línguas mortas – latim, aramaico, hebraico arcaico, que por serem inalteradas preservam a força da tradição. A força poder do mantra.

Mantra é uma experiência milenar dos praticantes que aprenderam a "fechar" a comunicação com o exterior e a amplificar o silêncio por detrás da mente. É em hebraico *'ta'amu'*, *'ure'u ki tov Adonai'*, "Sintam", "experimentem", "o gosto", "o paladar" de Deus/Deusa. É a *cognitivo dei experimentalis* de Tomás de Aquino, isto é, a cognição do divino através de uma experiência empírica.

Assim o mantra é místico, e há na raiz das palavras "místico", "misticismo" e "mistério" o termo *'my'*, que é contido da palavra grega *myein*, que significa fechar.

A palavra mantra tem, além disso, outras acepções: linguagem sagrada, sentença, texto, hino védico, oração, reza, encantamento, feitiço, conjuração, verso ou fórmula mística de encantamento, etc.

Dr. Sampadananda, ao prefaciar o livro "Mantras de Shakti" do Dr. David Frawley, escreve acerca do objetivo do autor que é o mesmo que eu busco também nesses textos que você agora estuda neste livro:

> *O livro reflete, em última análise, que provoca um mantra transformação holística para uma perfeita realização da verdade. Que leva a consciência para além do homem mental e seus limites. O livro ensina-nos que há uma proximidade entre a mente eterna de Yoga e as vibrações sempre vivas cósmicas do universo. Os mantras agem como uma ponte, internamente sólida, mas não manifesta externamente, a partir da camada externa da consciência para o interior, de dentro para fora e da superfície para o absoluto e o supramental. O livro enfatiza o fato de que Mantras são fundamentais para o grande ensinamento de Yoga, bem como suas práticas primárias. O mantra ganha sua própria vida e consciência do chão do nosso ser.*

> **Dr. Sampadananda Mishra.**
> **Sri Aurobindo Society, Pndicherry.**

O Mestre Pedro Kupfer ensina:

Para compreender os Mantras do Hinduísmo e do Yoga

Há diversos tipos de mantra, dependendo da maneira em que olharmos para eles ou da forma em que os classificamos. No contexto da cultura védica, mantras são textos metrificados que aparecem na primeira seção dos quatro Vedas: *R*g, Sama, Yajur e Atharva.

Esses mantras são complementados pelos Brahmaṇas, textos em prosa que figuram na segunda seção desses śastras. Porém, nessa segunda seção dos Vedas encontramos ainda textos metrificados, as Upaniṣads, que também devem ser considerados mantras.

Os mantras são 'traduções' da manifestação inteligente presente na criação, que chamamos Īśvara. Nas Upaniṣads, o próprio mantra Oṁ, por exemplo, é considerado uma espécie de símbolo sonoro, de 'corpo' em forma de som de Īśvara, o criador.

Literalmente, mantra significa 'instrumento do pensamento'. Os sons mântricos são o melhor instrumento para purificar a mente e praticar onididhyasanam. Mas cabe lembrar que a repetição de um som não é um fim em si mesmo: ela se faz em função do resultado: estabilidade do pensamento e reflexão sobre a identidade real.

Se nos observarmos no dia-a-dia iremos reparar que em muitos momentos ficamos sob tensão, com a consciência atenta apenas ao exterior e ainda com um diálogo interior, um ruído constante na mente, como um rádio que não desliga. Esse ruído de fundo forma a paisagem interior, o substrato das nossas experiências mentais.

Não é possível mudarmos essa paisagem apenas querendo calar a mente no grito: precisamos usar a ferramenta adequada. Os mantras nos ensinam a separar-nos das experiências e influências externas, nos levam para o silêncio e nos abrem o espaço interior. Eles predispõem a mente para meditar e nos conectam, através da reflexão em seus significados, com nossa verdadeira identidade.

O Yoga utiliza diferentes fórmulas para conduzir a mente a um estado de tranquilidade, o que lhe permite perceber a si mesmo como profunda calma, śantaḥ. Porém, é preciso igualmente prestar atenção ao significado desses sons. Esses significados variam, assim como as formas, mas todos apontam para a mesma realidade: Brahman, o Ser ilimitado. Cada mantra revela um dos diferentes aspectos de Brahman, nas formas do universo manifestado.

Pedro Kupfer[2]

---

2 (Pedro me autorizou de forma gentil, generosa e desapegada que utilizasse todos seus textos de Mantra, Yoga e Tantra. Que os budas o abençoem agora e sempre. Pedro, obrigado por você ser quem você é e por todo seu trabalho brilhante em prol do Yoga no Brasil e no planeta. Sinto-me honrado com sua contribuição em meus textos. Em todos os textos de Pedro Kupfer mantive a acentuação e grafia clássica utilizada pelo mesmo).

Prática de mantras hinduístas
(dicas antes de seguir em frente)

Para maior progresso em sua prática mântrica, observe algumas dicas:

- **Postura:** Mantenha a coluna ereta (sem forçar) e, preferencialmente, os olhos fechados com cuidado para não entrar em devaneios. Se isso acontecer pratique de olhos abertos. No xamanismo, a postura ideal é chamada de "postura do guerreiro". Na prática de Tai-Chi é o "sentar-se na Paz". O cantor Walter Franco compôs: *Tudo é uma questão de manter a mente quieta a espinha ereta e o coração tranqüilo.* Concordo.

- **Local:** Silencioso e tranquilo. O hinduísmo sugere que se mantenha a face voltada para o leste (devido à tradição que nos faz "voltar para o Oriente". É preciso se "orientar" na vida). Os locais ideais são próximos à natureza. A fim de não dispersar energia, o praticante senta-se sobre uma esteira de palha ou, ainda, folhas secas, tronco de madeira ou banco budista para meditação. Todos são maus condutores de eletricidade. No xamanismo, a escolha do local da meditação é chamado de "lugar de poder".

- **Horário:** Às 4 da manhã (*brahmamuhurta*), é quando a atmosfera está carregada de *prana* (energia que está no ar), a noite (trevas) funde-se com o dia (luz) e o silêncio é absoluto, principalmente longe das grandes cidades. Consideram-se horários mágicos 6, 12, 18 e 21 horas, conhecidos também como hora do poder, assim chamados no xamanismo. Mas o que importa é praticar. Melhor não respeitar nenhuma regra do que fugir da prática. O ego tem pavor do aquietamento.

- **Alimentação:** deve ser mais leve possível, antes da prática. Frutas são indicadas. Quem é yogui ou tântrico é vegetariano ou vegano e isso é fundamental para ambos e suas práticas mântricas.

  Alguns poucos yoguis e tântricos são peixetarianos, ou seja, alimentam-se de carne branca de peixe e normalmente estão em processo de se tornar 100% vegetarianos. Não conheci em minha vida nenhum tântrico (de verdade) que se alimente de carne vermelha.

  Osho diz:

  > *O jainismo é a primeira religião que tornou o vegetarianismo uma necessidade fundamental para a transformação da consciência, e eles estão certos. Matar apenas para comer torna a sua consciência pesada, insensível, e você precisa de*

uma consciência muito sensível, muito leve, muito amorosa, muito compassiva. É muito difícil para um não-vegetariano ser compassivo, e, sem ser compassivo e amoroso, você estará freando seu próprio progresso.

Sou vegetariano e gostaria que todo o mundo se tornasse vegetariano.

Deveríamos criar uma regra que nenhuma comida não-vegetariana deveria fazer parte do cardápio das universidades, pois matar e praticar a violência em nome da alimentação é tão feio e desumano que não se pode esperar que essas pessoas se comportem de uma maneira amorosa, sensível, humana. A alimentação não--vegetariana é uma das causas básicas de toda a sociedade estar em uma luta praticamente contínua. Ela o torna insensível, duro, como uma rocha, e cria raiva e violência em você, o que pode ser facilmente evitado.

Em parte do Budismo, Zen, Ocultismo, Budô, Kabalah e outros caminhos não há restrição à carne nas práticas mântricas. Há exceções a essa regra e existem exceções em tudo no Universo.

- **Aromaterapia:** acenda um incenso suave. Os de sândalo, rosa e violeta são os mais indicados na tradição hindu.

Divisão dos mantras

Atitudes

Ao entoar um mantra é preciso consciência de atitudes que ajudam a entrar em contato com sua energia abençoada:

- *Kriyá*: repetição. Quanto mais utilizar os mantras, mais força de repetição (egrégora) eles adquirem. Na Índia (e no Japão) existem os *ashram* – escolas de mestres – onde os mantras são vocalizados sem interrupção, dia e noite, durante anos, criando uma egrégora meditativa.

- *Bháva*: sentimento, atenção ao praticar, estar presente na prática, fazer com boa vontade, de acordo com o que ensina Jesus.

- *Bhúta suddhi*: preparação do local da prática. No Japão, o local de prática é chamado de *Dojô* e o respeito pelo mesmo é inegável.

Tipos de Mantras

Bija mantra (semente do som)

É a prática que tem como objetivo o estímulo dos chakras e de kundalinî (centros de energia que serão estudados posteriormente).

Como os bijas são sons poderosos, os iniciantes em práticas mântricas devem ser orientados por algum praticante experiente. As vocalizações, quando começam, normalmente são feitas em equilíbrio, ou seja, trabalhando-se com os chakras inferiores e superiores.

Algumas "escolas" ocidentais ensinam somente a trabalhar com os chakras superiores, a fim de que o discípulo não desperte uma sexualidade prazerosa. São as "escolas" de linha repressora, contrárias à sexualidade.

O bija dos sete chakras principais e mais conhecidos no ocidente, de baixo para cima, são **Lam, Vam, Ram, Yam, Ham, Om** e **Sham**.

O trabalho com essas sementes sonoras exige conhecimento, pois, se pronunciado ou mentalizado errado, o som pode não causar a estimulação dos chakras (A priori não existe perigo algum em entoar errado, somente o mantra não tem efeito. Eu sei que existem opiniões contrárias à minha, de várias escolas teóricas de ocultismo).

Uma conhecida escola esotérica ocidental, por ignorar o sânscrito, trocou a tradução do mantra do chakra Anahata (da região do coração) **Yam** por **Pam**. Apesar da semelhança na grafia quando escrita em sânscrito *(dêvanâgari)*, o som pode não ter o efeito desejado.

Kirtan mantra ou Bhajam (cântico)

Kirtans são mantras simples, curtos, com melodia e normalmente na forma de "pergunta e resposta".

Bhajans são mantras mais elaborados, com um texto mais longo que pode ser acompanhado ou não por um grupo musical. Podem ser escutados e cantados acompanhados de instrumentos musicais e com melodias diversas.

São os mantras cantados, com melodias, letras e notas musicais, os quais, salvo poucas exceções, possuem tradução. São utilizados em *sangam* (encontros) com várias pessoas entoando. Sua prática tem atuação psicológica tanto na introversão quanto principalmente na extroversão. Um exemplo de *kirtan* é o famoso mantra: **Hare Krishna, Krishna Krishna, Hare Hare, Hare Hama, Rama Rama, Hare Hare**.

Japa mantra (repetição)

É a repetição de um mantra normalmente curto, linear, apesar de haver exceções, com uma só nota musical, sem tradução, mas com absoluto poder e com ritmo repetitivo. Lembre-se: quanto mais repetimos *(japa)* um mantra, maior sua força. Dentro do hinduísmo o número ideal de repetições é 108 vezes.

Formas de utilização

Manas mantra – manasika mantra (mental)

É o mantra interno, dentro da mente (manas) sem som audível, portanto, com efeitos internos, pois sua vibração é interior. Outra vantagem é que com a mente treinada pode-se utilizar uma velocidade na repetição que seria impossível se ele fosse pronunciado. Com essa forma mântrica há muita concentração, pois não podemos pensar em duas coisas ao mesmo tempo. Assim, a prática mentalizada é com certeza melhor do que a vocalizada devido ao fato que podemos pensar em algo e falar sobre outra coisa.

Vaikharí mantra (vocal)

Consiste na prática do mantra vocalizado ou audível, em voz alta, média ou baixa. Durante sua prática, é fundamental a concentração, pois ao contrário dos *manas* mantras, sua vibração é exterior.

Upámshu mantra (murmúrio)

É o mantra sussurrado ou murmurado e requer muito treinamento.

Likhita mantra (escrito)

É a grafia do mantra em caracteres sânscritos. Sua prática consiste em escrever várias vezes um mantra em sânscrito. Também é conhecido, chamada de devanagari: *deva* = divina; *nagari* = escrita. Escrita Divina. Gera muita concentração.

Tipos de Semântica

Saguna mantra (atributo)

São os mantras que têm tradução e designam divindades. Exemplo: **Om Namah Shivaya** o mantra de Shiva.

Nirguna (sem atributo)

Não possuem forma, assim como o Absoluto, o Inominável, a Alma, Purusha ou Brahmam. Exemplo: Om e o mantra védico **So Ham** (Eu Sou).

Quanto ao gênero:

Os mantras finalizados com:

- *voushat* ou *swáhá* são na maioria femininos;
- *vashatou fat* são na maioria masculinos;
- *namah* são neutros.

Porém, insisto que existem exceções a todas essas regras. Embora os mantras sejam holísticos, totais, em geral os masculinos trazem mais paz e harmonia; os femininos servem para contemplação, resolução de problemas e os neutros para proteção, magia e poder. Mas, esta é uma regra geral que também pode mudar conforme alguns mantras de divindades escolhidas.

Os mantras mais poderosos e que recomendo para suas práticas, como já ensinado, são os Bijas, as sementes sonoras.

Divisão dos mantras para divindades (*Bija mantram*)

MANTRA	DIVINDADES HINDUS OU TÂNTRICAS
Hrím	*Shiva e Shakti, som da criação do universo*
Klím	*Shakti, bija da felicidade, desejo e energia sexual*
Shrim	*Lakshmi e Ganesha, plenitude, prazer, fortuna*
Krim ou Hrím	*Kali, formação do cosmos material, união*
Glaum ou Gam	*Ganesha*
Sham	*Shankará (destruidor do mal)*
Dam	*Vishnu*
Aim	*Krishna e Sarasvati, semente de mestre*
Hlim	*Semente de proteção*

Dum	Durga
Raam	Rama
Phat	Dissolução do ego
Trim	Sílaba semente de agni, fogo
Strim	Sílaba da Paz
Em	Yoni (órgão sexual feminino)
Krom	Consciência de Shiva

Obs: Os atributos e os mitos das divindades serão estudados nos próximos capítulos.

George Feuerstein assim define os bija mantras:

Os mantras dotados de potência concentrada são chamados 'sílabas-semente (bija). A sílaba-semente original, fonte e raiz de todas as outras, é Om. Mantra-Yoga-Samhita chama-o de 'o melhor dos mantras' e acrescenta que todos os outros mantras recebem dele o seu poder. Assim, Om é, às vezes, recitado antes ou depois de numerosos mantras, como, por exemplo, Om namah shivaya (Om. Louvado seja Shiva) ou Om namo bhagavate (Om. Louvado seja o Adorável [Krishna ou Vishnu]).

No decorrer de muitos séculos, os mestres védicos e tântricos conceberam, ou antes receberam vários outros sons primordiais além de Om. Essas sílabas-semente (bija), pois que assim são chamadas, podem ser usadas por si sós ou, como geralmente ocorre, podem ser associadas a outros sons de poder para constituir uma frase mântrica.

Divisão da Sílaba Mântrica

*O bija mantra representa as entidades e os deuses do panteão hindu, mas cada letra tem um significado e uma forma de poder. No cristianismo místico e na Kabalah e no judaísmo essa forma também é utilizada, como na palavra **amém**, que significa segundo alguns cabalistas: a = um, m = rei, e = fiel, m = em todos os lugares. Ou seja, **amém = um só Deus/Deusa que reina sobre todos os lugares**. No hinduísmo, temos como exemplo:*

Shrim	Sh = Lakshmi
	Ra = Riqueza
	I = Satisfação
	M = Felicidade, doação
Hrom	Hr = Shiva
	O = Abençoar
	M = Felicidade, doação
Dum	D = Durga
	U = Proteger
	M = Doação, Felicidade
Klím	Ka = Desejos sensuais
	La = Deusa Indra
	Í = Satisfação
	M = Felicidade, doação
Glom	Ga = Ganesha
	La = Amplitude
	O = Brilho
	M = Felicidade, doação

Entender o poder de cada sílaba e mergulhar no poder e na magia dos mantras.

Outras classificações de mantras

- **Mantra celebrativo:** *Utilizado na festa de uma divindade.*
- **Mantra específico para magia:** *Utilizado para alcançar um objetivo.*
- **Mantra de gratidão:** *Muito utilizado no cristianismo, serve para cumprir-se uma promessa ou gratidão.*
- **Mantra-abelha:** *É murmurado como o zumbido da abelha.*

Mantras, magia e feitiços

É fato que alguns curiosos que evitam as práticas transpessoais ou não têm a devida disciplina para as artes espiritualistas, podem ao ler esse livro ou estudar mantras buscar rapidamente um som sagrado com um objetivo mais "mundano" como ganhar vantagens financeiras, egoica ou sexuais.

Esse "buscador", ou melhor dizendo, um "achador" pode praticar por alguns minutos algum som sagrado esperando maravilhas e conquistas diversas no mesmo instante. Não é bem assim. É necessário disciplina até para se conseguir a pronúncia correta, a interiorização/concentração adequada.

Em uma divisão da prática mântrica aplicada pelo Tantra os mantras se dividem em Sattva (harmonia), Rajas (agressão) e Tamas (inércia).

Quando utilizamos um mantra com alguma intenção Sattvica (Sattva) o fazemos buscando Moksha – liberação ou Purusha (Iluminação – reconhecimento que você é um buda, um Iluminado). Também utilizamos o som como estímulo para saúde, felicidade (Ananda) e consciência de justiça em todo planeta. Os interesses jamais são egoicos ou de ganho pessoal.

A intenção Rajásica (Rajas) é buscar objetivos exteriores como dinheiro, riqueza, carreira de poder, prestígio amoroso, sexo fácil.

A prática com o desejo Tamásico (Tamas) é buscar controlar a outrem, destruir, limitar, criar guerras, confusões, e é usado normalmente por líderes parasitas e políticos.

Repito que existem mantras para praticamente qualquer função, qualquer desejo da mente, mesmo que isso acabe gerando um retorno negativo (karma) a quem busca os desejos somente do ego ou poder sobre os outros.

Uma sugestão abençoada a alguns – a visão de mestre Osho que aponta que sejamos como Zorba, o Buda e vivamos tanto as intenções do mundo interior quanto também, quem sabe, os desejos do ego e os prazeres do mundo (sem nos apegar a eles). Osho dizia:

Visualize uma vida do tipo Zorba, o grego – comidas, bebidas, divertimento, sensualidade, paixão...

Às vezes, podemos pensar que este é o caminho...

Outras vezes podemos pensar que o caminho é sentar silenciosamente, atento, imóvel, como um monge.

Então, surge a dúvida: o que devemos ser – Zorbas ou monges?

Será que podemos ser ambos? Zorbas, movidos pela paixão e pelos desejos, e Budas, desapaixonados, calmos e tranqüilos?

Esta é a síntese suprema. Quando o Zorba se torna um Buda.

Zorba é lindo, mas alguma coisa está faltando. Ele é da terra, tem raízes, mas ele não tem asas. Ele não pode voar pelo céu. Ele tem raízes, mas não tem asas.

Comer, beber e se divertir, em si, é perfeitamente bom – não há nada de errado nisso.

Mas não é suficiente. Breve você se cansará disso. Breve o sonho se torna mono-
tonia – porque é repetitivo. Apenas uma mente muito medíocre pode continuar
indefinidamente feliz com isso...
...Viva com totalidade, com todo o seu ser.
E a partir dessa total confiança, a partir dessa vida de paixão, amor e alegria,
você se tornará capaz de ir além.
O outro mundo está oculto neste mundo.
O Buda está adormecido no Zorba. Precisa ser despertado. E ninguém pode des-
pertar você, a não ser a própria vida.
Seja total onde quer que você esteja – viva essa condição totalmente.
E somente ao viver uma coisa totalmente você pode transcendê-la.
Primeiro torne-se um Zorba, uma flor desta terra, ganhando através disso a
capacidade de se tornar um Buda – a flor do outro mundo.
O outro mundo não está distante deste mundo; o outro mundo não é contra este
mundo. O outro mundo está oculto neste.
Este é apenas uma manifestação do outro, e o outro é a parte manifesta deste.

Osho

Como última divisão e revisão geral das origens, divisões e utilizações dos mantras eu compartilho uma entrevista e um artigo com Pedro Kupfer.

1) Para que servem os mantras?

A palavra mantra significa em sânscrito 'instrumento para o pensamento [adequado]' (man = pensamento, mente; tra = instrumento). Basicamente, um mantra é um som que tem um significado e tem como objetivo lembrar algo importante para o praticante. Esse som pode consistir em um monossílabo, como o mantra Oṁ, uma frase curta, como Oṁ Gaṁ Gaṇapataye namaḥ ('eu saúdo Gaṇeśa), ou uma estrofe de 24 sílabas, como é o caso do Gayatrī mantra. O mantra pessoal é prescrito tradicionalmente por um mestre, em função da personalidade e necessidades do praticante.

2) Como podemos usar os mantras na prática?

Tradicionalmente, um número razoável de repetições é 108. Para um mantra polissilábico como o Gayatrī, por exemplo, isso significa uns 20 minutos por prática. No entanto, há práticas como o puraścharana, em que se fazem 1000 repetições diárias até completar 2.400.000 ao cabo de sete anos. Isso totaliza 100.000 repetições por cada uma das 24 sílabas do mantra.

Outra maneira de usar os mantras é associar a sua repetição mental com a respiração, como no caso do japa, técnica que consiste em acompanhar a observação da respiração com a mentalização do mantra so'ham.

3) O que precisamos fazer para entoá-los?

O *Kūlarnava Tantra* nos ensina que há três formas de fazer um mantra: mentalmente, murmurando, e em voz alta. Dessas maneiras, considera-se que o mantra murmurado seja mais poderoso que aquele feito em voz alta, e que o mantra feito mentalmente seja mais eficiente que o murmurado. No entanto, a mesma escritura nos aconselha a mudarmos de técnica quando percebermos que estamos perdendo a concentração ou quando estamos nos distraindo, passando da repetição mental para a verbalização em voz alta ou vice-versa.

É possível também associar o mantra com um yantra, um símbolo. Por exemplo, ao gayatrī mantra corresponde o yantra do mesmo nome, que pode ser visualizado mantendo-se os olhos fechados ou focalizado com eles abertos durante a meditação.

4) Quais são seus efeitos?

Os mantras têm a capacidade de servir como foco para que a mente se concentre. Ela tem a sua própria agenda e dificilmente pode ser controlada. Se você percebe esta dificuldade na sua meditação, isso significa que sua mente é totalmente normal. Respire, aliviado, pois isso acontece com todo o mundo. Seu trabalho durante o mantra consiste justamente em trazer incessantemente a mente de volta para o som do mantra e refletir sobre seu significado. Isso traz como conseqüência o aquietamento da mente. Essa paz mental não é um fim em si mesmo, mas um meio para conseguir o discernimento, para preparar-se para a libertação, mokṣa. Muito embora os mantras possam ser usados para relaxar, combater a ansiedade ou o estresse, esse fim não deve ser esquecido.

5) Como funcionam?

Conhecer o significado do seu mantra, se você tem um, é fundamental. Tem pessoas que afirmam que os mantras não têm significado, ou que saber o que o mantra quer dizer não é importante, para afastar a desconfiança dos cristãos, ou para apresentar a prática da meditação sobre eles como algo 'científico'. Se o mantra foi especialmente escolhido para você, como é que ele não tem significado? Como posso confiar na eficiência desse mantra?

O *Rudrayamala*, um texto antigo de Yoga, diz: 'Os mantras feitos sem a correspondente ideação são apenas um par de letras mecanicamente pronunciadas.

Não produzirão nenhum fruto, mesmo se repetidas um bilhão de vezes'. Mantras sem significado não funcionam. Todo mantra sânscrito significa alguma coisa ou aponta para algum aspecto da realidade, adequada como tema de reflexão para cada praticante.

6) Por que fazê-los em sânscrito?

Na tradição hindu, os mantras são considerados Śrutiḥ, revelação. Isso significa que esses sons não foram criados por um autor humano, mas percebidos em estado de meditação pelos sábios da antigüidade, chamados ṛṣis. Esses sons descrevem as diferentes revelações que estes sábios tiveram, e servem como indicadores para orientar os humanos em direção ao autoconhecimento. Por exemplo, os mahavakyas, as grandes afirmações da tradição dizem: aham Brahma'smi, 'eu sou o Ser', tattvam asi, 'tu és Isso (Brahman)', etc.

A língua sânscrita é considerada uma língua revelada, portanto sagrada, assim como o aramaico, o hebraico ou o latim o são para as religiões judaico-cristãs. Como língua, o sânscrito tem a virtude de conseguir comunicar nuanças de significados muito sutis, e sua vibração sonora produz efeitos não somente na mente, mas também, por ressonância, em todas as dimensões da pessoa.

Entrevista publicada originalmente no Yoga Journal.

Antes de prosseguirmos nos estudos mântricos, leia como Pedro Kupfer aprofunda a divisão dos mantras com enfoque no Hinduísmo e no Yoga.

ABC dos mantras do Yoga
e Hinduísmo por Pedro Kupfer

- **Bhajan**: *canção devocional hindu. O nome bhajan está associado ao bhakti, à devoção popular. Exemplos: os poemas de Kabir, Mirabai ou Tulsidas, cantados especialmente em festivais religiosos como o navaratrī, a festividade das nove noites dedicadas a Devī.*

- **Bījamantra**: *um som 'semente', também chamado matrika, 'mãezinha', associado aos diferentes aspectos da manifestação de Īśvara, os devatas. Há treze bījas primários, cada um deles associado a um devata. Por exemplo, o bīja Aiṁ é associado a Sarasvatī, Duṁ é associado a Durga, Gaṁ a Gaṇeśa, etc. Existem ainda, no Yoga tântrico, outros bījamantras que estão associados aos sete principais chakras ao longo da coluna vertebral: Laṁ, Vaṁ, Raṁ, etc.*

42 | Mantra – O espírito do som e o poder do verbo

- **Japa**: *repetição de um mantra, frequentemente usando um mala ou colar de 108 contas para a recitação de um mantra transmitido no momento da iniciação (dīkṣa) por um guru. Outra forma de meditação muito popular é a chamada japanamaḥ, na qual se repetem os nomes das manifestações de Īśvara, como Oṁ namaḥ Śivaya, Oṁ namo Narayaṇaya, Oṁ Gaṁ Gaṇapataye namaḥ, e o conhecido mahamantra, entre outros.*

- **Kīrtana** *ou* **saṅkīrtana**: *repetição de um mantra em grupo, em forma de pergunta e resposta, acompanhado de melodia e instrumentos musicais. Para fazer kīrtana também são usados os japa malas mencionados anteriormente.*

- **Patha**: *forma recitação dos hinos védicos dentro da tradição oral śrauta, associada ao Śrutiḥ. Essa recitação se faz de acordo com regras mnemônicas e de pronunciação bem estritas, assim como acompanhado por três variações no tom: udatta, 'elevado', que é o tom mais agudo, anudatta 'não elevado', que é o tom mais grave, e svarīta, 'soado', que é o intermediário. Há ainda outro som nighada, que é a prolongação da nota elevada. Exemplos, os śantipathas das Upaniṣads: sahanavavatu, pūrṇamadaḥ, etc.*

- **Śloka**: *verso metrificado. Um śloka da Bhagavadgītā ou das Upaniṣads, por exemplo, pode ser repetido à guisa de meditação.*

- **Stotram**: *hino de louvor dirigido a um devatta, uma deidade. Exemplos: Gaṅgastotram, hino à deusa Gaṅga, devatta do rio sagrado Ganges e o Dakṣinamūrtistotram, em louvor a Dakṣinamūrti.*

Sobre o japa

O *japa* é uma disciplina meditativa não qual repetimos um mantra. Essa repetição pode ser feita em voz alta (*vaikharī*), *na forma de um murmúrio (upamṣu), ou mentalmente (manasa), sendo a segunda mais potente que a primeira, e a terceira mais potente que ambas. Outra maneira de fazer japa é* escrevendo o mantra repetidas vezes (*likhīta japa*).

O *japa tem a virtude de nos dar foco e atentividade. Ao fazermos concentração num devatta, numa deidade, o pensamento flui em direção a ela e, naturalmente, as emoções e pensamentos se acalmam. Isso, por sua vez, nos permite compreender a nossa real identidade. Ensina Swami Dayananda: 'na prática de japa quebramos a associação livre dos pensamentos. Como o estímulo mântrico é sempre uniforme, fica fácil evitar a dispersão natural que tende a acontecer noutras situações'.*

Swamiji explica aqui que, através da prática de repetição de um mantra, aprendemos a estabelecer o comando sobre o pensamento. Essa aquisição do comando sobre a mente acontece da seguinte maneira: ao repetirmos um mantra sucessivas vezes, conseguimos estabelecer, de antemão, qual será nosso próximo pensamento.

Desta forma, adquirimos o comando sobre a mente, no sentido de que ela fica mais disciplinada e assim, podemos evitar distrações e conteúdos indesejáveis. Desta forma, o praticante fica em calma e consegue que a sua própria mente se torne um aliado no processo do crescimento interior.

Autor: Pedro Kupfer

Fonte: Site - www.Yoga.pro.br

Observação: *Insisto que a acentuação e a grafia dos textos de Pedro Kupfer foram mantidas no seu original.*

Koans

Em alguns capítulos desse livro você encontrará koans, que são perguntas, frases ou questionamentos que têm como finalidade suprema mostrar a verdade direta, com certo bom-humor, sem recorrer à mente lógica e racional. Eles devem ser pacientemente contemplados e não pensados.

Os koans o deixarão com inúmeras dúvidas, e as grandes dúvidas levam ao grande Despertar. Sem grandes perguntas não se obtém grandes respostas. Sócrates e Krishnamurti insistiram nisso e ambos têm razão.

Não se apresse em obter a resposta. Permita, convide a dúvida e use-a na forma de janelas que se abrem para sua "visualização".

Os que acham que sabem tudo ou se prendem a dogmas não vivenciados dificilmente aprenderão ou reconhecerão nada.

Guie-se pelo "não pensamento", a "mente do principiante", que vê o seja lá o que for pela primeira vez sem preconcepções e preconceitos. O não pensamento ou o vazio que surge antes do pensar já é a sua natureza de buda ou, como dizem os mestres do Zen, "já é respirar (intimamente) com o mesmo nariz de Buda".

Koan para sua reflexão agora.

Sua mente acredita que sabe quem você é? Então, pergunte-se: Quem sou Eu?

Se houver um movimento mental em responder a essa questão como eu sou isso ou aquilo permita.

Eu sou... (permita vir o que vier).

Eu sou... (seu nome, alma, ser humano, dentista, médico, um político – brincadeira minha).

Agora questione: Quem sou eu antes do eu Sou? Antes de eu sou isso ou aquilo quem é você?

"Quem ou o que é seu eu?".

Sem nenhuma ideia da mente sobre Si mesmo quem é você? Descartando todas as ideias que lhe ensinaram sobre o Ser quem é você aqui e agora?

Capítulo 2

Noções de Sânscrito
(Bem básicas, mas importantes)

O Sânscrito, ou melhor, Samskrtam Bhasa, significa a 'linguagem bem feita'. A palavra Samskrtam é composta do prefixo 'sam' (adequado, bem, perfeitamente) e de 'krtam' (particípio passado do verbo fazer) e significa, portanto, 'aquilo que é bem feito'. É também chamado Deva Bhasa – 'a linguagem resplandecente' ou, popularmente, a 'linguagem dos deuses'. Sua escrita é denominada devanagarī(escrita resplandecente ou a escrita da cidade dos deuses).
Samskrtam Bhasa é a linguagem que junto com a tradição de ensinamento mantida pela linhagem de mestres constituem os pilares da preservação do conhecimento mais precioso que o homem pode almejar, a busca da compreensão de sua Verdadeira Natureza!

Annabella Magalhães

O Sânscrito é a chave para a cultura tradicional da Índia, da medicina à matemática, da engenharia à agricultura e sobretudo por sua literatura religiosa milenar, sendo utilizado até os dias atuais nas celebrações de rituais e recitação de mantras. O Sânscrito possui extraordinária flexibilidade, densidade, concisão e sutileza. Para um estudante de Vedanta, conhecer todo esse potencial expressivo é um meio para preparar a mente para o estudo profundo das escrituras.

Gloria Arieira

Para pronunciar o mais correto possível os mantras hindus do Yoga e Tantra faz-se necessário conhecer um pouco (ou porque não muito) da língua sânscrita. O ideal é estudar com alguém versado na língua, mas na falta do mesmo estude bem esse capítulo e os livros sérios a respeito do assunto.

O sânscrito é conhecido como Deva (linguagem dos deuses), a mãe das línguas ou língua divina.

É uma língua que serviu de raiz para várias línguas.

O mestre tântrico David Frawley ensina que no ponto de vista esotérico o alfabeto sânscrito tem o mesmo número de pétalas dos seis primeiros chakras ao longo da coluna.

A pronúncia do sânscrito trabalha seu potencial sutil (corpo etérico) e a estrutura os chakras.

A palavra *Samskrita* vem da raiz verbal *Kr,* mesma raiz de Karma, ação, *krta* (o que foi feito) e *Sams,* perfeição, a língua perfeita, refinada.

Portanto, essa linguagem musical arcaica, utilizada em todos os mantras, rituais, textos védicos e pela civilização hindu, tradicionalmente transmitida por mestre – discípulo, boca-ouvido *(param-pará)* continua sendo até hoje essencial para o estudo de escrituras clássicas do Tantra e filosofia indiana.

Existem dois tipos de Sânscrito: O Védico, dos textos mais antigos *(Vedas)* e o Sânscrito clássico, dos *Puranas, Bhagavad Gita, Yoga Sutras e Tantras.*

Para escrever o sânscrito, posso utilizar o alfabeto romano ou o *Nagari (Devanagari),* a escrita dos deuses.

Grande parte dos dialetos falados hoje por todo o território indiano nasceram do sânscrito.

Segundo o Wikipédia temos:

A língua sânscrita, ou simplesmente sânscrito, é uma língua da Índia, com uso litúrgico no hinduísmo, budismo e jainismo. O sânscrito faz parte do conjunto das 23 línguas oficiais da Índia.

Com relação à sua origem, a língua sânscrita é uma das línguas indo-europeias, pertencendo, portanto, ao mesmo tronco linguístico de grande parte dos idiomas falados na Europa. Um dos sistemas de escrita tradicionais do sânscrito é o devanagarī, uma escrita silábica cujo nome é um composto nominal formado pelas palavras deva ('deus', 'sacerdote') e nagarī ('urbana'), que significa '[escrita] urbana dos deuses'. O sânscrito foi registrado ao longo de sua história em diversas escritas, visto que cada região da Índia possui uma escrita e uma tradição cultural particulares. A escrita devanágari (seu nome, em português, é acentuado como proparoxítona) acabou-se tornando a mais conhecida devido a ser a mais utilizada em edições impressas dos textos originais.

É uma das línguas mais antigas da família Indo-Europeia. Sua posição nas culturas do Sul e Sudeste Asiático é comparável ao latim e ao grego antigo na Europa, influenciando diversas línguas da região. Ela surge em uma variedade pré-clássica chamada de sânscrito védico, sendo o idioma do Rigveda e dos demais vedas, surgindo em torno de 1500 a.C. ; de fato, o sânscrito rigvédico é uma das mais antigas línguas indo-iranianas registradas. O sânscrito é também o ancestral das línguas da Índia, como o Pali e a Ardhamgadhi. Pesquisadores descobriram e preservam mais documentos em sânscrito do que há nas literaturas em latim e grego antigo somadas.

É importante se possível ter um guru, um mestre de verdade que tenha a sabedoria do sânscrito para que se possa aprender a pronúncia exata de cada sílaba e consoante, pois somente ouvindo é que se pode compreender o som e a magnitude desse idioma. De toda forma, canções mântricas como de *Krishna Das* são um valioso mestre na falta de Guru.

O alfabeto sânscrito é composto por 14 vogais e 36 consoantes, o que torna sua pronúncia riquíssima como uma música executada por vários instrumentos, com determinados sons quase imperceptíveis que ouvidos menos apurados não conseguem perceber.

No Ocidente, tornou-se comum fazer transliterações, ou seja, adaptar a escrita sânscrita, dentre outras línguas orientais, aos caracteres latinos. No Brasil, usualmente adota-se a transliteração feita para o inglês, já que este passou a ser um dos idiomas oficiais da Índia. Além disso, trata-se de uma adaptação linguística mais trabalhada e mais lógica do que aquelas feitas para o francês, o espanhol ou mesmo o português, que só poderiam ser compreendidas por quem já tivesse noções profundas da pronúncia sânscrita.

A seguir, apresentamos a transliteração de algumas palavras acompanhada pelas regras básicas de pronúncia, a fim de facilitar a prática dos mantras hindus.

Consoantes, vogais, ditongos e dígrafos	Exemplo de palavra em sânscrito	Exemplos de pronúncia
A	*Sutra*	Vogal aberta e breve como na palavra "sua"
Á	*Deshá*	Vogal aberta e longa como na palavra "árvore"
E	*Deva*	Vogal fechada como na palavra "telha"
I	*Shiva*	Vogal curta como na palavra "dizer"
Í	*Nadi*	Vogal longa como na palavra "ali"
O	*Yoga*	Vogal fechada como na palavra "molho"

U	*Udána*	Vogal curta como na palavra "união"
Ú	Kurma	Vogal longa como na palavra "túnel"
AI	*Vaikarí*	Ditongo longo como na palavra "vai"
AU	*Nauli*	Ditongo longo como na palavra "aula"
KA	*Karma*	Como "Carla"
KHA	*Samkhya*	Como "Broke Heart" (inglês)
GA	*Gita*	Como "Guia"
GHA	*Bhastrika*	Como "Big House" (inglês)
NA	*Anga*	Como "manga"
CA	*Acarya*	Como "tchê"
CHA	*Chakra*	Como "tchê" aspirado
JA	*Gajananam*	Como "Djalma" dja
JHA	*Jhara*	Como "dja" aspirado
ÑA	*Jñana*	Como em "Penha"
TA	*Ashtanga*	Como em "True" (inglês)
THA	*Hatha*	Como em "Penthouse" (inglês)
DA	*Dayana*	Como em "Drum" (inglês)
DHA	*Dhundi*	Como da com uma expiração
NA	*Guna*	Como "done" (inglês)
TA	*Tamas*	Como "terra"
THA	*Atha*	Como "tao" aspirado
DA	*Adha*	Como em "moda"
DHA	*Samadhi*	Como "da" (com expiração)
NA	*Narayani*	Como "nada"
PA	*Upadhi*	Como "Pai"
PHA	*Phaca*	Como "pa" aspirado
BA	*Bija*	Como "Bola"

BHA	*Bhaksitam*	Como "ba"aspirado
NA	*Namami*	Como "Marca"
YA	*Yashas*	Como "Ideia"
RA	*Parameshuaxi*	Como "Pera"
LA	*Laya*	Como "laranja"
VA	*Vande*	Como "Vaca"
AS	*Shiva*	Como "Xadrez"
SA	*Krishna*	Como "brush" (inglês)
SA	*Sarvam*	Como "sapo"
HA	*Hare*	Como "Help" (inglês)

Pronúncias aproximadas:

- Kha = krra
- Gha = grra
- Cha = tcha
- Bha = brra

Geralmente, as palavras que terminam com a letra A são masculinas, tais quais Shiva, Buda, Rama, Ganesha, Krishna, etc., mas há poucas exceções, como Durga (nome feminino). As palavras femininas terminam com a vogal I, que se pronuncia como se fosse acentuada. Por exemplo: Shakti, Kundalinî.

Quanto à acentuação, convém fazer algumas observações:

- o acento agudo (´) indica vogal longa, e não a sílaba tônica;
- o til (~) nunca pode ser colocado sobre uma vogal, mas apenas sobre o N;
- o circunflexo (^) indica vogal fechada.

Quando aparece no final de uma palavra, a letra H indica sílaba mais forte (como em *Namah*) e se houver repetição da mesma palavra, ex: Om *Shantih, Sa-antih*, o último deve ser repetido *Shantihi* (Pronúncia *Shantirri*) Caso esteja após uma consoante, deve ser lida como RR (*Bhuvá*).

Lendas do sânscrito

Conta-se que há milhares de anos os sábios viviam entre os homens, e o silêncio absoluto reinava. Quando esses mestres entravam em meditação (*samyama*), passavam a ouvir os sons internos, ou o som dos chakras (centros de energia). Esses mestres ouviram 50 diferentes vibrações dos sete chakras e as traduziram para o verbal, criando 50 letras que deram origem ao alfabeto sânscrito. Assim, cada uma das letras representa um aspecto da criação ou uma divindade. São esses os atributos das sílabas em sânscrito:

Rudra – Aspecto masculino de transmutação.

Vishnu – Aspecto masculino de preservação.

Shaktirúp – Aspecto feminino de transmutação.

Shakti – Aspecto feminino de preservação.

Rishi – Sábio que está associado à letra e às qualidades desse sábio.

Chanda – O aspecto musical que o alfabeto representa.

Bija – Sementes sonoras de extremo poder.

A natureza dos mantras do alfabeto sânscrito segundo George Feuerstein.

As cinqüenta letras (vama) do alfabeto sânscrito, que de certa maneira representam o corpo da kundalinī, são chamadas de 'matrizes' (matrika), um termo que pode também significar 'mãezinhas'. Elas são os ventres de todos os sons que formam a língua e estão embebidas no som sutil (nada). Estas letras produzem não apenas palavras seculares, mas também os sons sagrados chamados mantras. Um mantra pode consistir em uma única letra, uma sílaba, uma palavra, ou até mesmo uma frase inteira. Portanto, a vogal a, a sílaba āh, a palavra aham (eu), ou a frase shivo'ham ('eu sou Shiva', consistindo em shivah e aham) podem ser úteis numa aptidão mântrica. Além disso, os quatro hinódios védicos (Rig-Veda, Yajur-Veda, Sama-Veda e Atharva-Veda) têm sido tradicionalmente empregados para consistir apenas em mantras, porque os hinos foram todos revelados pelos videntes (rishi).

A palavra mantra é composta do radical man (pensar) e do sufixo tra, indicando instrumentalidade. Assim, um mantra é literalmente um instrumento do pensamento. No seu comentário Vimarshinī no Shiva-Sutra, Kshemaraja explica que um mantra é 'aquilo pelo qual se avalia secretamente ou se reflete interiormente sobre a identidade de alguém com a natureza do Senhor supremo'. Esta inter-

pretação se focaliza na ligação entre mantra emanana (pensando, considerando, refletindo). Segundo outra etimologia tradicional, o mantra tem este nome por fornecer proteção (trana) para a mente (manas).

Longe de ser uma formação de sílabas absurdas, como alegou uma antiga geração de eruditos, os mantras são forças criativas que agem diretamente sobre a consciência.

Prática:

O Mitólogo Campbel ensina um exercício de meditação com o som do Om:

Se quiser ouvir o AUM, cubra os ouvidos e você irá ouvi-lo. Naturalmente, o que você ouve é o sangue percorrendo os capilares, mas é AUM: Ah – consciência desperta; ou – consciência dos sonhos; depois, mmm – o mundo do sono profundo e sem sonhos. AUM é o som da radiância de Deus. Esta é a coisa mais misteriosa e importante a se compreender, mas, depois que você capta o conceito, fica mais simples.

Capítulo 3

Chakras, Reflexões e Práticas Mântricas

Tudo é energia. Corpo ou corpos, mente, emoções, consciência e o próprio Purusha – o Si mesmo, tudo é energia. Os planetas, galáxias, universo, nossas moléculas, átomos, ossos, carne... Enfim, tudo é consciência e energia. Você que agora lê essas páginas já é consciência e energia.

Chakras são canais de armazenamento, captação e distribuição de energias físicas e psíquicas. A palavra sânscrita chakra pode ser traduzida por círculo, roda ou padma (lótus). Seu formato visto somente por paranormais, médiuns, sadhus e yoguis lembra um CD girando em altíssima velocidade, e em nosso corpo existem milhares desses centros sendo que no estudo do hindu Tantra são 07 os chakras principais e os que também devem ser estudados aqui e estimulados. Note que o tântrico estimula os chakras e não os equilibra como é comum se tratar no Ocidente.

Chakras são definidos ainda como centros físicos, psicofísicos e energéticos do corpo. Os seres humanos contêm de 05 (visão tibetana) a 07 chakras principais ou que são estimulados em práticas espiritualistas. Escolas chinesas de Qi Gong falam em centenas de pequenos chakras como, por exemplo, nas palmas das mãos, e nos seres vivos eles estão em constante atividade, embora sua presença não seja percebida conscientemente por não meditadores ou praticantes transpessoais.

Os chakras estão localizados dentro e fora do corpo (duplo etérico); já Kundalinî, energia da vida que ativa os chakras se movimenta dentro do corpo.

Normalmente, os chakras são pequenos, não apresentando mais do que 05 centímetros de diâmetro. Com a prática de mantram, Yoga, meditação, os chakras aumentam de tamanho e sua luz se expande. Cada um tem uma cor, mantram e elemento que o estimula, seu movimento é ininterrupto. Eles estão associados às glândulas do corpo físico e funcionam como centros de captação, contenção e distribuição de energia para todo o corpo.

As representações pictóricas (símbolo ou yantra) desses centros de energia são formadas por figuras geométricas e pétalas. São pelos chakras que transitam e se movem as energias sutis do corpo.

Cada um dos 07 chakras (visão tântrica hindu) principais tem uma série de elementos:

1. Um bija mantra. Som semente que o estimula. Esse som atua na raiz ou centro dos chakras fazendo-os vibrar. O ocultismo ocidental utiliza-se muito dessa prática.

2. Uma série de bijas mantram em suas pétalas. Esses sons são considerados secretos, por praticantes tântricos adiantados, devido à força dos mesmos em estimular poderosamente os chakras e elevar coluna acima a energia Kundalinî (libido, orgone). Todos os estudos e práticas dos bijam vêm das escolas tântricas, e esses sons estão na língua sagrada sânscrita. No Tibet, por exemplo, utilizam-se outros sons e mantras e trabalham-se apenas com os 05 chakras.

3. Uma deidade é uma Shakti (energia transpessoal e física) que é um poder específico de cada um, além de uma energia que pode ser chamada de divindade regente.

Os sete chakras estão localizados ao longo da coluna vertebral, dispostos verticalmente e cada chakra tem funções específicas, mediante o recebimento de energias internas e externas. Temos nesses centros "nós" que impedem a subida descontrolada de Kundalinî; um fica no muladhara (*brahma-granthi*), outro no vishnudha (*vishnu-granthi*) e o último no ajña chakra (*rudra-granthi*). Eles são conhecidos como *granthi* e quando eles são rompidos a energia se eleva. Com esses nós nos chakras é muito difícil alguém fazer bobagem com Kundalinî, de toda forma, sempre aconselhamos que vá devagar, em suas práticas tântricas.

André DeRose define assim os Granthi:

Granthi significa nó. Os granthis são válvulas de segurança naturais, ao longo da sushumná nádí, que estão relacionados diretamente aos três estágios de desenvolvimento para a ascensão da energia Kundalinî. O primeiro está localizado no múládhára chakra (brahmágranthi), o segundo no anáhata chakra (vishnugranthi) e o terceiro no ájna chakra (rudragranthi).

O Brahmágranthi relaciona-se com o físico e os vrittis da sensorialidade; o nó seguinte, Vishnugranthi, com o emocional e as instabilidades dos laços afetivos; o último, Rudragranthi, com a mente. Todos estão diretamente relacionados às tendências subconscientes latentes, denominadas vasanás.

Ao elevar-se, essa energia põe em atividade vórtices cujas raízes se encontram ao longo da coluna vertebral, produzindo atividade nestes centros, bem como levando a percepção a incursões em diversos planos de consciência. Chakra significa roda, eles são centros reguladores, distribuidores e armazenadores de força do corpo sutil. Ao todo, são sete chakras principais: múládhára, swádhisthána, manipura, anáhata, vishuddha, ájna e saháshrara.

Os chakras da parte inferior do corpo estão associados à matéria, são o Muládhára, o Swadhistana e o Manipura. O Médio, ou Intermediário é o Anahata, regente aos sentimentos mais profundos, do amor (não confunda amor com apego). Os Superiores são o Vishuddha, o Ajña e o Saháshara, que estão associados ao mental e à iluminação. Sua rotatividade obedece ao sentido horário ou anti-horário, dependendo da qualidade energética de cada indivíduo.

Há muitas práticas que fazem o Chakra girar em sentido horário ou de dentro para fora ou anti-horário de fora para dentro. A priori não se deve misturar essas práticas. Essa regra tem, assim como tudo na vida, exceções.

O Tantra, as práticas mântricas e seu Yoga trabalham para que os chakras se movimentem de forma veloz. Para isso, é necessário ter consciência e adotar práticas que os estimulem, por meio do método interno ou externo.

Método interno: por meio desse método, despertamos a Kundalinî com a prática de Yoga, mantram, karatê-do, tai-chi, Qi Gong, Iai-dô, Aikidô e artes marciais que envolvam paz e meditação (as outras acabam, desequilibram todos os chakras e as violentas ou voltadas ao ego, competição ou buscando agredir o "adversário" acabam com todos os corpos sutis, nada trazendo de útil ao praticante e menos ainda ao já tão violento planeta) ou *maithuna*. As escolas tântricas trabalham mais com os métodos internos e exclusivamente com os chakras girando em sentido horário.

Método externo: consiste no recebimento de passe magnético ou espírita, de massagens como a indiana ou shiatsu, na aplicação de acupuntura, moxabustão, imposição de mãos, Reiki, geoterapia (pedras) ou cromoterapia (cores). Dentre outros métodos.

Os dois métodos contribuem para o estímulo de todos os chakras, proporcionando melhor disposição física e mental aos praticantes.

É importante mantê-los em equilíbrio, utilizando técnicas corporais (Yoga, tai-chi, dança), técnicas mentais (mantram), alimentação equilibrada e não violenta. Os chakras influenciam e são influenciados também pelo corpo físico, daí a necessidade destes cuidados.

Como vimos até aqui, todos os chakras possuem qualidades energéticas próprias que em desequilíbrio produzem determinadas doenças ou, do contrário, em situação de equilíbrio, conferem ao nosso organismo inúmeros benefícios. Contudo, o sexto Chakra pode ser mais estimulado que os demais pelo mantra Om, pois possui uma força que ajuda e atrai a subida da Kundalinî.

Chakra movimentando-se em Sentido Horário

Quando em rotação horária, o movimento é dextrógiro (destro), para direita e se caracteriza por:

- Possuir força centrífuga (coloca energia para fora).
- Ser menos suscetível a influências externas.
- Não carregar miasmas energéticos nem ter contato com o chamado "baixo astral".
- É estimulado nas práticas de Yoga, Qi Gong,Tantra, Karatê-dô, AiKidô.
- Ser um pólo irradiador (de dentro para fora).
- Quem tem os chakras em rotação horária é conhecido nos meios ocultistas como pessoa de "corpo fechado".

Chakra Sentido Anti-horário

Quando em rotação anti-horária, o movimento é sinistrógiro, para a esquerda, com as seguintes características:

- Possui força centrípeta (para dentro, energia de captação).
- Capta energia externa, mantendo o corpo astral "aberto".
- Estimula a mediunidade e sensitividade.
- Amplia a sensibilidade ao ambiente.
- Promove a aptidão para fazer diagnósticos precisos. Quando se trata de um bom médium tem poder de captação (carrega miasmas).

Quando o Chakra gira em sentido anti-horário, pode-se perder energia. E quem perde muita energia pode sobreviver da energia alheia, por meio de uma relação de dependência chamada na metafísica de "vampirismo".

Conhecendo os chakras

A maior parte dos ensinamentos, aqui contidos, estão a título de estudo e curiosidade. Você deve praticar a ativação dos chakras e não conhecê-los só teoricamente.

Leonardo Boff ensina que falar, ler e pensar sobre o divino não lhe dá a experiência do divino. Digo que ler (e se faz muito isso), falar e pensar sobre chakras não lhe dá a experiência do mesmo.

Muladhara chakra (chakra kundalíneo)

- Significado do nome: Fundação ou suporte da base.
- Nome ocidental: Chakra Básico.
- Localização: Localizado nos órgãos genitais e na pélvis, relacionado com as gônadas (glândulas sexuais), governa o sistema reprodutor. Este Centro anima o corpo físico. É a vontade, o poder e o instinto de sobrevivência, a base da montanha, a ligação com a Terra. Concentra a maior parte da energia Kundalinî, que uma vez despertadas e controladas progridem coluna acima, seguindo um padrão geométrico similar ao padrão apresentado na dupla hélice das moléculas de DNA, que contêm o código da vida.
- Regula: Sobrevivência, alimentação, conhecimento, autorrealização, valores (segurança financeira, situações materiais), sexo (procriação), longevidade e prazer.
- Cor: vermelho em brasa para tonificar. É a cor mais quente e densa. Aquece e estimula a circulação. Estimula o fluido da medula espinhal e o sistema nervoso simpático; energiza o fígado, estimulando os nervos e músculos. Vitaliza e organiza o corpo físico. Violeta, azul ou rosa para sedar a energia do chakra.
- Mantra: Lam (concentrando-se nos genitais).
- Elemento: Terra – o mais denso dos elementos.
- Fase da vida: Desde a união do espermatozoide com o óvulo, até sete ou oito anos.
- Funções: É o chakra onde nasce e reside a energia kundalínica que se movimenta em espiral, pelas Nadis Ida e Píngala, e distribui por todo o corpo do indivíduo o impulso de vida: é também um dos centros eróticos do ser principalmente do homem.
- Orixás regentes: Nanã, Yorimá e Oxumarê.

Nadis – rios energéticos

Nadis são correntes, canais, corredores ou filamentos de energia vital que circulam por todo o corpo, alimentando a vida e movimentando os chakras.

Semelhantes aos meridianos de acupuntura, seus pontos são chamados na China de tsubos. Seu número é de aproximadamente 72.000.

As nadis estão intimamente relacionadas aos chakras. A nadi central é conhecido por Sushumna e se encontra situada no centro do corpo pela coluna vertebral, que recebe o nome de meru danda. A Sushumna nasce no Muladhara Chakra, e se estende corpo acima, até unir-se ao Sahasrara Chakra (que se situa no alto da cabeça). No espaço fora do meru danda, estão duas outras nadis, denominados Ida e Pingala. Ida é o canal esquerdo, de natureza feminina, lunar, emocional e materna. Por estar associado à procriação e à purificação, também é conhecido como Ganga (o rio sagrado da Índia). Pingala é o canal direito, de natureza masculina, solar, racional e dinâmica.

Algumas pessoas têm dominante a energia (nadi) lunar (resgate das emoções) e outras solar (regente da razão). O praticante adiantado consegue manter esses temperamentos equilibrados.

Todas as nadis do corpo se originam no períneo em forma de um ovo (kanda).

Todos os sistemas místicos hindus são radicais sobre a importância de se manter esses canais energéticos absolutamente purificados através de autopurificação, principalmente com alimentação saudável, vegetariana ou vegana, pranayamas (respiratórios), kriyas, purificações físicas e psicofísicas, asanas posturas físicas e Dhyana que é a mente meditativa.

Definição para estudo

- **Sushumna**: Nadi principal por onde Kundalinî sobe. Está relacionada à medula espinhal.
- **Ida**: canal esquerdo transportador das correntes lunares, natureza feminina visual e emocional, produção de vida, energia materna, a respiração com a narina esquerda proporciona estabilidade para a vida. A narina esquerda aberta durante o dia equilibra a energia lunar criando um equilíbrio para si, tornando-nos mais relaxados e mais alertas mentalmente.
- **Píngala**: canal direito que transporta correntes solares, natureza masculina, depósito de energia destrutiva, também purificador. A narina do lado direito

é de natureza elétrica masculina, verbal e racional. Torna o corpo físico mais dinâmico, ativo e saudável. Quando um casal tem um orgasmo, sem repressão e com consciência, algumas vezes elevam a Kundalinî, nutrindo todos os chakras por meio de Ida e Píngala.

Swadhisthana chakra

- Significado do nome: Lugar-morada do ser ou o "fundamento de si próprio".
- Nome em Português: Chakra Esplênico, Umbilical.
- Localização: Localizado na lombar e abaixo do umbigo no nível do púbis, está relacionado com as glândulas suprarrenais, regendo a coluna vertebral e os rins. *As suprarrenais* são constituídas por uma medula interna, coberta por um extrato chamado córtex e são responsáveis pela produção de adrenalina. Rege os rins, sistema reprodutor, sistema circulatório e bexiga. As energias tais quais: a paixão, a expansão, sensualidade e a criatividade são manifestadas por este chakra.
- Regula: Sedução e atração, criatividade e relacionamento.
- Cor: Laranja – tonifica; é uma cor acolhedora e estimula a alegria. É uma cor social que traz otimismo, expansividade e equilíbrio emocional. Traz confiança, automotivação e senso de comunidade. Azul ou verde para sedar.
- Mantra: Vam (concentrando-se abaixo do umbigo).
- Elemento: Água – forma circular – três quartos da Terra são cobertos de água, três quartos do peso de uma pessoa são de água – a essência da vida. Os sons da água ampliam a vibração deste chakra, permitindo um fluxo sem obstruções.
- Fase da vida: de 8 a 14 anos.
- Funções: Energia de criatividade, purificação e impulso emocional; é o centro da procriação, manifesta-se sexualmente, mas sob o aspecto de sensação e prazer; fantasias e desejos sexuais. Neste chakra inicia-se a expansão da personalidade.
- Orixás regentes: Exú e Ogum.

Manipura chakra

- Significado do nome: Cidade das Gemas ou Cidade das pedras preciosas.
- Nome em Português: Chakra Plexo Solar.
- Localização: Um pouco acima do umbigo. Rege o pâncreas, glândula que possui função *exócrina* e *endócrina* e que secreta o suco pancreático, cujas enzimas ajudam a digestão das proteínas, carboidratos e gorduras. A parte *endócrina* da glândula é formada por pequenos grupos de células chamadas *ilhotas de langerhan,* produtoras da insulina, que possuem um papel importante no controle do metabolismo da glicose. A área de influência deste chakra é o sistema digestivo: estômago, fígado e a vesícula biliar, além do sistema nervoso.
- Regula: Escolhas, dentro do possível, do que você quer. Individualidade, poder pessoal, como você se vê, sua identidade no mundo.
- Cor: Amarelo dourado para tonificar. É ativador dos nervos motores, exercendo influência no sistema nervoso. Estimula bílis e possui ação vermífuga, diminui a função do baço, porém estimula a função do pâncreas, fígado e vesícula biliar. Fortalece as articulações, o sistema digestivo e linfático. É regenerador dos tecidos, acelerando o processo de cicatrização. Estimula a função peristáltica e o raciocínio lógico. Violeta, azul ou verde para sedar.
- Mantra: Ram – o principal ponto de concentração durante a produção deste som é o umbigo. Traz longevidade.
- Elemento: Fogo – auxilia a digestão e a absorção do alimento fornecendo a energia vital.
- Fase da Vida: De 14 a 21 anos.
- Funções: Desenvolvimento do ego e da identidade individual; impulso de liderança; praticidade; trabalho.
- Orixás regentes: Iansã e Xangô.

Anáhata chakra

- Significado do nome: "Intocado" ou "Som não produzido" (batidas do coração).
- Nome em português: Chakra Cardíaco.
- Localização: Situa-se na região do tórax e está conectado com a glândula timo, responsável pelo funcionamento do sistema imunológico. É o chakra do coração, centro energético do amor.

  A elevação das energias do chakra do plexo solar até o coração acontece em indivíduos que estão desenvolvendo a capacidade de pensar e atuar em termos de coletividade.
- Regula: amor, compaixão, perdão, verdade e gratidão.
- Cor: Rosa – estimula o amor incondicional; e verde é relaxante do sistema nervoso. A cor violeta seda esse centro.
- Mantra: Yam. A concentração, a repetição desse mantra deverá acontecer com a atenção voltada ao coração, desfazendo qualquer bloqueio na região cardíaca, proporcionando controle sobre o prana e a respiração.
- Elemento: Ar – auxilia o funcionamento dos pulmões e do coração.
- Fases da vida: 21 a 28 anos.
- Funções: Intermedia os chakras superiores e inferiores; impulso de se ligar à verdade, ao amor; reequilíbrio; altruísmo; compaixão. Este chakra se expande em todas as direções e dimensões, como uma estrela de seis pontas.
- Orixás regentes: Oxum e Oxossi (algumas escolas citam Xangô aqui).

Vishuddha chakra

- Significado do nome: Puro ou "Centro da Pureza".
- Nome em português: Chakra Laríngeo.
- Localização: Sobre a garganta, comunica-se com a glândula tireoide que está relacionada ao crescimento e aos processos oxidativos, e com as paratireoides que controlam o metabolismo do cálcio. Este chakra governa pulmões, brônquios e voz. Está ligado à inspiração, à comunicação e à expressão com o mundo.
- Regula: Comunicação interna e externa – esclarecimento que conduz ao estado divino, consciência e crenças (no que você acredita e se apega).

- Cor: Azul, atua como tranquilizante na aura e regenerador celular. Traz quietude e paz mental, estimula a busca da verdade, a inspiração, a criatividade, a compreensão, a fé (confiança na existência) e está associada à gentileza, ao contentamento, à paciência e à serenidade. Turquesa estimula a comunicação em público. Para tonificar, laranja e violeta.
- Mantra: Ham – concentra-se na garganta.
- Elemento: Ar, prana, energia sutil, associado ao som.
- Fases da vida: 28 a 35 anos.
- Funções: Autoconhecimento; felicidade. Segundo o Satchakra Virupana, [...] *quem alcança o conhecimento mediante a concentração constante da consciência neste loto, converte-se num grande sábio e encontra a paz. O indivíduo se eleva e se purifica de todos os carmas; morre-se para o passado e nasce-se novamente para a realização da unidade.*
- Orixás regentes: Iansã, Oxumaré, Yori (Erês) e Ogum.

Ajña chakra

- Significado do nome: Autoridade, poder, comando intuitivo.
- Nome em Português: Chakra do 3º. olho ou frontal.
- Localização: Entre as sobrancelhas, relaciona-se com a glândula pituitária.
- Regula: Intuição e a consciência. Capacidade de se observar sem julgamento.
- Cor: Dourado para concentração; falta de memória e confiança. Violeta, tranquilizante, calmante e purificador. Clareia e limpa a corrente psíquica do corpo e da mente, afastando problemas de obsessão mental e psicose.
- Mantra: Om.
- Elemento: Presença dos cinco elementos, com três gunas que são manas (mente), buddhi (intelecto), Ahankara e chitta (o ato de ser – o ser).
- Fases da vida: 35 a 42 anos.
- Funções: Austeridade, intuição, serenidade. É o chakra da Faculdade do Conhecimento: Buddhi: (conhecimento institucional), Ahankara (o ser / self), Indriyas (sentidos) e Manas (mente). É representado por um triângulo branco simbolizando a yoni e, no meio, um lingan. No centro do chakra está o yantra do som Om, o melhor objeto de meditação.

Meditando nesse centro, o praticante 'vê a luz'; como uma chama incandescente. Fulgurante como o Sol matutino, claramente brilhante, reluz entre o 'Céu e a Terra'. Satchakra Nirupana.

- Orixás regentes: Oxaguiã, Iemanjá, Oxum, Oxalufan.

Sahásrara chakra

- Significado do nome: Chakra das Mil Pétalas.
- Nome em português: Chakra Coronário.
- Localização: No topo da cabeça. E o portal da espiritualidade, do reconhecimento da existência de Deus em nós, no outro e em todo o universo.
- Regula: Reconhecimento da Iluminação, o Si mesmo, individuação, Purusha.
- Mantra: Sham (simbólico).
- Elemento: Todos os elementos, inclusive o éter, em suas manifestações mais sutis.
- Funções: Iluminação, Espiritualidade plena, Manifestação do Divino. Segundo o Satchakra Nirupana: *O Lótus das mil pétalas é o mais brilhante e mais branco que a Lua cheia, tem a sua cabeça apontada para baixo. Ele encanta. Seus filamentos estão coloridos pelas nuanças do Sol jovem. Seu corpo é luminoso, é aqui o objetivo final de Kundalinî após ativar os outros chakras. O indivíduo que atinge a consciência do sétimo chakra realiza os planos da irradiação (torna-se iluminado como o Sol), das vibrações primordiais, da supremacia sobre o prana, do intelecto positivo, da felicidade, da indolência.*
- Orixás regentes: Orixá Orí ou Orixalá.

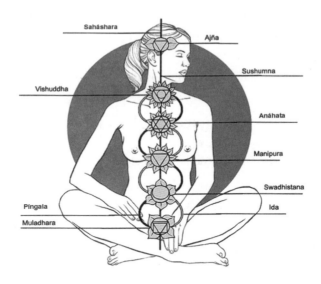

Mestre Osho, praticantes de Yoga e a minha própria experiência apontam que o saber intelectual dos chakras não substitui o "conhecimento" prático. A experiência de ativar esses centros e manifestar Kundalinî é um dos objetivos maiores do caminho tântrico.

A Saúde dos chakras

Nível de satisfação nas diversas áreas e setores da vida

Autoavaliação. Conhecendo-se Energeticamente e assumindo algumas responsabilidades			
MULADHARA CHAKRA			
Saúde física/Qualidade de vida forma tradicional de definir saúde.	Ótimo	Regular	Ruim
Alimentação saudável.			
Atividade física regular estimulante.			
Cuidados com o corpo (Autoestima).			
Imagem pessoal (Corpo e Persona).			
Boa disposição, ação e motivação?			
Bom-humor e prazer.			
Saúde do corpo.			

Qualidade de vida corporal.			
Existe alguém especial para você com quem você compartilha a vida sexual que deseja? Nível de prazer, intimidade e excitação.			

MULADHARA CHAKRA			
Saúde Material, Financeira e recursos: aborda os aspectos relativos a bens materiais e profissionais.	Ótimo	Regular	Ruim
Relação com os valores (dinheiro).			
Há equilíbrio no consumo?			
Prosperidade equilibrada, abundância e sucesso financeiro.			
Tenho criatividade para gerar valores?			
Investimentos e posses sem apego.			
Viver a vida que vale a pena ser vivida?			
Investimentos em conhecimento?			
Realizo viagens prazerosas?			

SWADHISTHANA CHAKRA			
Saúde Amorosa: Como manter paixão e harmonia no dia a dia saindo da rotina, superando as diferenças e ultrapassando os limites.	Ótimo	Regular	Ruim
Pessoas amorosas e afetivas em sua vida.			
União e cumplicidade amorosa.			
Compreendo que eu tenho o meu jeito e o outro o dele estabelecendo respeito.			
Coloco limites preservando minha individualidade.			
Supero as crenças e conflitos com os outros.			
Na sexualidade saia da rotina inovando sempre com criatividade.			
Disponho tempo para meus relacionamentos.			

SWADHISTHANA CHAKRA			
Saúde familiar: avalia como está seu relacionamento com seus familiares.	Ótimo	Regular	Ruim
Convivência harmoniosa.			
Cooperação, União e Amorosidade.			
Integridade intelectual, Respeito e Aceitação da minha identidade.			
Se coloco limites preservando a individualidade.			
Supero as crenças e conflitos.			

MANIPURA CHAKRA			
Saúde do Ego: brilho pessoal, carisma, Hobbis, Diversão, Ação e Poder.	Ótimo	Regular	Ruim
Fortaleço meus pontos fortes, qualidades e sei quais são.			
Administo meu tempo e reservando tempo para diversão.			
Hobbis.			
Supro meus desejos e necessidades.			
Faço coisas alegres, motivantes, agradáveis e divertidas.			
Existe consciência que sou responsável por algumas escolhas que me causam dor ou prazer.			
MANIPURA CHAKRA			
Saúde Emocional: superação e maturidade ao lidar com os desafios emocionais como eu supero, controlo ou direciona.	Ótimo	Regular	Ruim
Supero meus pontos fracos (limites).			
Como lido com o medo e insegurança?			
Como trabalho com raiva e irritação?			
Como lido com ansiedade?			
Como lido com posse, apego e ciúmes?			
Como lido com controle e autoridade?			
Satisfação emocional.			
Como eu vivo as crises?			
ANÁHATA CHAKRA			
Saúde social: o que tem sido feito de sua parte para melhorar e prazer, paz e equilíbrio do planeta.	Ótimo	Regular	Ruim
Coopero e contribuo com o meio social?			
Tenho realizado trabalhos filantrópicos com amor?			
Critico?			
Sou ecológico fazendo escolhas que não afetam negativamente o meio ambiente e as pessoas?			
Compreendo as limitações alheias?			
Sou prestativo com as pessoas?			
Proporciono criatividade, lazer, alegria e diversão para o meio?			

ANÁHATA CHAKRA			
Saúde sentimental: superação e maturidade ao lidar comigo mesmo.	Ótimo	Regular	Ruim
Sou verdadeiro e autêntico?			
Sou amoroso comigo, com quem me cerca? Demonstro e expresso amor?			
Sou grato com os recursos materiais, intelectuais, emocionais e espirituais que possuo agora?			
Sou capaz de propiciar compaixão, compreensão, perdão, aceitação e amor por mim mesmo?			
VISHUDHA CHAKRA			
Saúde Intelectual: A busca do conhecimento teórico e prático em relação àquilo que você deseja obter.	Ótimo	Regular	Ruim
Mantenho-me atualizado?			
Faço novos cursos e leio bons livros?			
Aprendo com meus erros?			
Supero crenças limitantes e empobrecidas?			
Comunico-me com clareza e utilizo as ferramentas de comunicação adequadamente?			
AJÑA CHAKRA			
Saúde perceptiva e intuitiva: Nível de identificação e aceitação de tudo como é. Realização e Propósito.	Ótimo	Regular	Ruim
Auto-observação.			
Percepção intuitiva.			
Sonhos premonitórios.			
Supero crenças limitantes e preconceituosas sobre religião ou outros temas?			
Observo os acontecimentos sem julgamento?			
Sou consciente que a mente nem sempre é real?			
Aceitação que tudo é o que é?			
Quanto você está comprometido com seu propósito e missão?			
Utiliza seus dons e talentos a serviço do meio?			
Está comprometido com sua realização pessoal e profissional?			

CHAKRA AJÑA			
Saúde Espiritual: abrange os aspectos da fé, desenvolvimento e conexão com a consciência divina, plenitude e felicidade.	Ótimo	Regular	Ruim
Silêncio.			
Meditação.			
Gratidão.			
Oração.			
Práticas espirituais.			
Quanto tempo dedico para minha espiritualidade?			
Quanto estou comprometido com felicidade e plenitude?			
Quais são as áreas que devo colocar mais foco?			
Quais são as áreas que devem ser beneficiadas melhorando meu equilíbrio emocional e físico?			

Avaliação do Nível de Satisfação

Nível de satisfação	Porcentagem
Saúde e Disposição.	
Recursos Financeiros.	
Relacionamento Amoroso.	
Família.	
Vida Social.	
Equilíbrio Emocional.	
Criatividade, Hobbis e Diversão.	
Plenitude e Felicidade.	
Contribuição Social.	

Desenvolvimento intelectual.	
Realização e Propósito.	
Espiritualidade.	

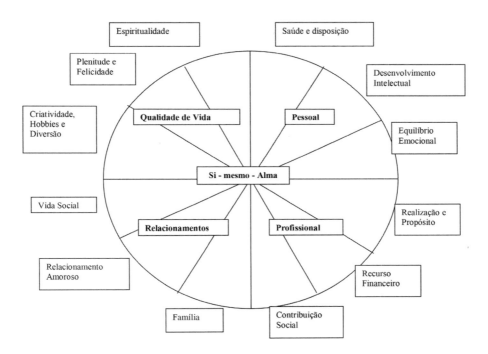

Koan

Sem nenhuma resposta ou história do seu passado responda: Quem é você? O que você é? O que você é no passado ou é agora?

Você é o ser original?

Vive sua vida ou a vida que o "mundo" o obriga a viver?

Sua experiência do divino é sua ou guiada por paradigmas impostos, tendências familiares, do ambiente e de tua religião? Você ainda tem esperança de se "encontrar" em algum lugar que não seja aqui/agora?

Dizem que no "não lugar" e "não tempo" você encontra felicidade. Onde observar isso?

Capítulo 4

Kundalinî - Shakti

O Poder da Serpente

Quando a deusa adormecida Kundalinî é despertada pela graça do mestre, então todos os lótus sutis e vínculos mundanos são atravessados. A pessoa deve elevar com firmeza e força a deusa Kundalinî, porque Ela é doadora de todos os poderes miraculosos.

Shiva Samhita

A Kundalinî é o poder da consciência (Cit-Shakti) e, como tal, é a força superinteligente que sustenta o corpo e a mente, tendo como instrumento de mediação a força vital (prana) a qual tem uma relação direta com a respiração e é acessível por meio dela.

Georg Feuerstein

O despertar de *kundalinî* é uma das metas maiores das práticas mântricas, do Yoga e do Tantra.

Kundalinî é o nome da energia sustentadora da vida, força vital presente em todos os seres e dá vida ao Universo. Tudo é energia, diz a ciência e tudo é um mar de energia *kundalinî*, aponta o Tantra. A palavra *kundalinî* vem do sânscrito *kundol*, que significa espiral ou enrolada. *Kundalinî* está adormecida no homem robótico (normose) sem evolução ou maturidade *(paçu)*, na base da espinha dorsal. E, para que o indivíduo possa ter uma vida consciente e plena (plenitude é um dos poucos sentidos da vida) é necessário que essa energia seja ativada, reconhecida e elevada até o alto da cabeça (Ajña Chakra).

Geralmente, a *kundalinî* aparece representada ou comparada com uma serpente adormecida e enroscada em descanso (enrolada em si mesma) que quando despertada seus movimentos espiralados. Sua energia é ígnea, é fogo, e enquanto

| 71 |

dorme está congelada, um fogo morto. Quando o praticante a desperta, sua força é tão grande que correntes tântricas a consideram "a mãe divina que alimenta seus filhos, além de vontade da Consciência presente em todo o cosmos. Você que agora lê esse texto é Consciência".

Kundalinî também pode ser definido como um aspecto da grande Deusa (aspecto feminino da existência), energia criadora, primordial ou Shakti, como é conhecida no Tantra.

No Ocidente, Freud a chamou de libido – energia do desejo de qualquer espécie, e Reich a conhecia como orgone – energia da vida, o tesão.

O escritor Sir John Woodroffe no recomendado livro "El Poder Serpentino" descreve: [...] *em síntese, Kundalinî é a representação corporal individual do grande poder cósmico, que cria e sustenta o universo. Quando esta Shakti individual, que se manifesta como a consciência pessoal (jíva) se absorve na consciência do Shiva supremo, o mundo se dissolve para esse jíva, e se obtêm a liberação.*

"O despertar e o estímulo ascendente do Kundalinî Yoga é uma forma dessa fusão do indivíduo na consciência universal, ou união dos dois, que é a finalidade de todos os sistemas de Yoga na Índia".

Osho define *Kundalinî como uma serpente que se move através dos chakras e, no fim, quando a Iluminação é alcançada, é liberada pelo último chakra localizado no alto da cabeça. Falar teoricamente sobre ela pode levar a alguns equívocos, por 'causa do conhecimento, sem o conhecer'.*

Kundalinî significa serpentina ou enroscada e provém do sânscrito kundala, que significa espiral. Essa forma curiosa de representar a Kundalinî mostra seu estado potencial, ou seja, ela não está ativa e precisa ser desenvolvida para produzir atividade constante nos chakras.

A Kundalinî não é exatamente uma energia, é um aspecto da consciência universal, com e sem atributos. Sem atributos (Nirguna), ela é a própria consciência pura, e com atributos (Saguna) é a personificação de shakti, a energia primordial. Observando a natureza, podemos perceber algo que aparentemente é uma constante, nada é absolutamente consciente ou inconsciente.

Quando a Kundalinî está ativa, ela sobe perfurando e diluindo o elemento de cada chakra, provocando fenômenos de purificação dos sentidos. Essas perfurações são denominadas bheda (perfurar). Existe uma série de percepções, mas citaremos apenas as quatro mais importantes: bindu bheda, desenvolve a faculdade de abrir as cortinas do véu de máyá e perceber o universo como ele é; karna bheda, a habilidade da audição sutil para a percepção da harmonia das esferas; shudda vidyábhedaé o conhecimento puro, sem inferência; para bhakti bheda – é a devoção soberana, onde não tem devoto, deus ou mundo, existe apenas a unidade com tudo que existe.

André DeRose

O trabalho iniciático de algumas tradições iniciáticas sérias é "elevar" a *kundalinî*, seja através do sexo sagrado, meditação, dança sagrada, etc.

Segundo o mestre de Yoga Shivánanda *Sem Kundalinî não há Samádhi*. Assim a elevação de *kundalinî* é um dos métodos de Iluminação.

Mesmo aqueles que não sabem o que é *kundalinî*, e estão em qualquer trabalho místico e religioso prático, estão atuando para elevação da mesma. Exemplo disso é um cristão, que faz uma oração e sente a presença do Espírito Santo, cujo símbolo é uma pomba, feminino, que representa *kundalinî* com outra definição. É interessante como a auréola na cabeça dos Santos assemelha-se à figura de Shiva ejaculando pela cabeça. Ambas representam *kundalinî*.

O ideal é a ativação da *kundalinî* por um processo lento, gradativo, que exige persistência e práticas constantes e competentes guiadas por um mestre experiente.

Kula Kundalinî, ó Brahmamayí, Tu moras em mim,
no Muladhara, no Saháshara e
na cidade de Chintámani.

Tu moras em mim, ó Tara, minha Mãe:
de um lado e do outro da Sarasvatí
refletes o Ganga e o Yamuná:

À direita Shiva, à esquerda Shakti.
Bendito aquele que metida Naquela
que tem a forma de uma serpente vermelha
enrolada em torno de Svayambhu.

No muladhara, no Swadhisthana, no
Manipura, no centro do umbigo.

Dentro do Anáhata e Vishuddha,
Tu és na verdade, ó Mãe,
a forma das letras: va, sha, ba, la, da, pha, ka, tha,
e as dezesseis vogais da garganta.

Entre as sobrancelhas, onde residem as letras ha e ksha,
tem engastada a ordem do Guru:
Medita no interior do teu corpo!

Contempla sobre o lótus a hierarquia dos deuses:
Brahmá, Vishnu, Rudrá, Ichá, Sadashiva e Sambhu,
e o cortejo das seis Shakti conduzidas por Dakini.

Contemple suas montarias:
O elefante, o Makara, o carneiro, o antílope negro,
e o belo elefante branco!

Ao ser retido seu alento, ó o conhecimento se revela
como um zumbido de abelhas embriagadas.

Terra, água, fogo, ar fundem-se de imediato
ao som dos mantram Yam, Ram, Lam, Vam, Om,
e pela graça de Teu olhar, ó Mãe, tudo é recriado;
Ondas de néctar correm de teus pés!

Tu és a Lua, receptáculo de néctar.

Quem poderia divisar a Alma Única?

Por que se afligir com a diversidade dos cultos?

Mahákalí tem Kala sob seus pés!

Quanto sono para despertá-la!

Porque tu transformas, ó Mãe, tua criatura em Shiva
e a liberação que põe a seu serviço
como uma filha devotada.

Torna-se de novo ao mundo,
os objetos dos sentidos não o atraem mais.

Perfure o centro de minha garganta, ó Mãe,
põe fim aos males de teu bhakta,
e sob a forma de um cisne
une-te ao Cisne dos cisnes!

Lótus das mil pétalas no alto da cabeça,
e lá que habita o Senhor;

Nas palavras de Prashada
o Yoguin se sente porta
sobre um oceano de Alegria.

Rampashada (Mestre do Tantra Kaula)

Ao ser desperta, a *kundalinî* se expande por meio das *nadis* (*nadi* vem de *nad*, e significa movimento, corrente). As *nadis* são canais que conduzem a energia pelo corpo, o que inclui os meridianos (conhecidos pela acupuntura), os vasos, os nervos, as artérias, os músculos e as veias.

O yogue Gopi Krishna descreve assim o despertar de *kundalinî*:

> *De repente, com um rugido semelhante ao de uma catarata, senti uma corrente de luz líquida penetrando no meu cérebro – através da medula espinhal. Eu não estava em absoluto preparado para esse acontecimento e fui completamente pego de surpresa; mas, recuperando instantaneamente o autocontrole, continuei sentado na mesma postura e com a mente voltada para o objeto de concentração. A Iluminação foi ficando cada vez mais brilhante, o rugido cada vez mais forte, eu me senti como se estivesse balançando e depois percebi-me saindo do corpo, completamente envolvido por um halo de luz.*

O mestre Datrateya conta-nos que *Kundalinî desperta e ascendendo é inconfundível, é sentida como uma emoção interior, um fogo 'líquido', simultaneamente quente e frio, elétrico, quase paralisante, iluminando e liberando.*

O Guru tântrico *Harish Johari*, baseado no texto Kundalinî Shakti descreve as seguintes manifestações de Kundalinî em diferentes tipos de praticantes:

1. Movimento da anta: Há uma sensação de rastejamento na espinha quando o elemento terra prithvi está dominando. A sensação é concentrada na base da espinha.

2. Movimento da rã: Saltar e parar, e novamente saltar, é a sensação sentida na espinha quando o elemento água apah está dominando. Há uma sensação de pulsação: ora forte, ora fraca.

3. Movimento da serpente: Há uma sensação de calor forte ou fogo na área do umbigo quando domina o elemento fogo agni. A sensação de subida de uma corrente ígnea na espinha fica presente. É no elemento fogo que a Kundalinî é, algumas vezes, experimentada como uma terrível energia ígnea.

4. Movimento do pássaro: Sente-se uma sensação de levitação, iluminação, ausência de peso ou de limpeza, um movimento leve de flutuar na espinha quando o elemento ar vayu domina. O movimento é regular, e a sensação é muitas vezes na região do coração. Pode haver uma visão de luz no coração, ou uma sensação de frio na espinha.

5. Movimento do macaco: Há uma sensação de salto quando domina akasha (elemento espaço/éter). Neste estado a Kundalinî move-se com tal força que atravessa vários chakras de uma vez. Em akasha o movimento não é constante como no elemento terra, nem líquido como no da água e nem ígneo como no do fogo. Vem como uma tempestade, e em nenhum momento ascende ao centro mais elevado.

O caminho e os cuidados do despertar de Kundalinî

Insisto que é absolutamente para ativar esta energia a purificação do corpo físico, emocional sutil, mental e libertar as toxinas acumuladas pela má alimentação e respiração inadequada e superficial.

Purificação do corpo

O Hatha Yoga (Yoga tântrico) apresenta um sistema, conhecido como kshata karmas (kshata, "seis"; karma, "ação"), ou "seis atos de purificação". Eles são um legado dos Hatha yoguis para purificação. Os kshata karmas são:

1. Dhauti
2. Vasti
3. Neti
4. Trataka
5. Nauli
6. Kapalabhati

Quando apropriadamente guiados e administrados, estes seis atos de purificação são muitos eficazes. Eles são mais bem realizados em local calmo e limpo. Recomenda-se que eles sejam realizados sob a orientação de um mestre adepto. Os yoguis advertem que as técnicas atuais dos kshata karmas devem ser mantidas em segredo entre os iniciados do Yoga.

I. Dhauti – Limpeza da Garganta

É realizada com uma gaze natural de quatro dedos de largura e quinze palmos de comprimento, segundo as instruções de um mestre.

2. Vasti – Limpeza Anal e do Trato Intestinal Inferior

É feita com uma vara de bambu macio e fresco, com cerca de seis dedos de comprimento e um dedo e meio de diâmetro.

3. Neti – Limpeza do Sinus

É realizada com pedaço de fio sem nós. Amacie-o com ghee (manteiga purificada). Coloque uma extremidade do fio em uma narina, fechando a outra com um dedo, inale através da narina aberta e exale pela boca. A repetição deste processo conduzirá o fio para a garganta. Puxe cuidadosamente o fio. Repita o processo começando com a outra narina. Desta vez será possível colocar o fio em uma narina e puxá-lo pela outra. Assim o processo estará completo.

4. Trataka – Exercício para Limpeza dos Olhos

É uma prática tântrica que consiste no ato de olhar fixamente para um objeto evitando piscar e em completa concentração, até haver lacrimejamento.

5. Nauli – Exercício Abdominal

Este Kriya é prática fundamental do Hatha Yoga. E difícil de dominar sozinho e requer disciplina. No início, pode parecer impossível, mas, através da força de vontade constante, dominamos o nauli.

Curvando-se ligeiramente para frente, permaneça com os pés afastados e com as mãos apoiadas sobre os joelhos. Solte o ar dos pulmões. Contraia os músculos abdominais, retraindo-os tanto quanto possível. Movimente-os com os músculos abdominais para a direita e para a esquerda com a velocidade. Respire ao término de cada rotação. Repita diversas vezes.

6. Kapalabhatí – Exercício da Respiração dos Pulmões

Inale e exale rápida e uniformemente, como um fole. Interrompa ao primeiro sinal de cansaço ou dores de cabeça e nos ombros. Kapalabhatí acaba com todas as doenças causadas por catarro.

Purificação da Mente

O sistema do Yoga prescreve um caminho de oito etapas para a purificação da mente. O Hatha Yoga Pradpika, principal tratado de Hatha Yoga, delineia desta forma as etapas:

1. Yama
2. Niyama
3. Asana
4. Pranayama
5. Pratyahara
6. Dharana
7. Dhyana
8. Samadhi

1. Yama

Os dez yamas são não violência (com todos os seres), verdade (palavras verdadeiras e vida verdadeira), honestidade, sacralização da sexualidade, paciência, firmeza, gentileza, prontidão, moderação na dieta e pureza (limpeza corporal). A prática dos yamas, tornando-se um hábito, purifica as palavras, pensamentos e impulsos.

2. Niyama

Os dez niyamas são austeridade (disciplina), contentamento (gratidão), respeito a tudo o que é divino, justiça e ações justas e caridosas, culto ao transpessoal, ouvir as explicações sobre as doutrinas/escrituras, modéstia, mente aberta, repetição das preces e a oferta/execução de sacrifícios religiosos. A prática constante dos niyamas cria uma atitude espiritual e desperta a consciência atuante. Por meio da aplicação destas disciplinas, a mente automaticamente se desprende das ligações com os objetos mundanos, capacitando para concentração.

3. Asana – Posturas corporais físicas

Asanas são posturas físicas, biológicas ou psicofísicas. Existem dezenas de posturas no Hatha Yoga. Na prática mântrica a postura principal é manter a espinha dorsal reta, cabeça e pescoço eretos em alinhamento. A postura correta possui efeito nivelador, acalmando as forças presentes no corpo e diminuindo o ritmo respiratório e a circulação sanguínea, torna o praticante firme e forte, facilitando a meditação e estimulando a saúde e o aquietamento da mente.

Algumas asanas ativam vários centros nervosos e ajudam o corpo a secretar hormônios do crescimento e a produzir anticorpos. Quando o aspirante é capaz de se sentar em uma postura firme e confortavelmente por um longo tempo, dá-se um movimento da energia nos chakras superiores.

> *Quando eu tinha 22 anos, contrariando todo o bom-senso e as recomendações de meus professores de Yoga e mestres tântricos, resolvi por conta própria ter uma experiência com essa energia. Corri atrás do Samádhi e, por aproximadamente um ano, praticava várias vezes ao dia Yoga tântrico, artes marciais, longas meditações, jejuns, monodietas de frutas, estímulo dos bija das pétalas dos chakras (não recomendado a iniciantes), maithuna (ato sexual tântrico), limpezas corporais, e, um dia, para aprofundar, fui praticar viparita karani (posição de Yoga invertida sobre os ombros) dentro de um pequeno riacho em Visconde de Mauá. Foi uma experiência inesquecível. Um calor intenso saiu de minha região pélvica, subindo pela coluna e lembro-me de algo parecido com um desmaio e sensações muito gostosas. Ria muito e reconheci pela primeira vez que sou o 'observador' de tudo, não sou meu corpo, nem minha mente, emoções, sentimentos e desejos. Tudo é passageiro a não ser o Observador ou testemunha, O Purusha, o Si Mesmo. Toda a energia de um 'eu social' desaparecera por completo. Contudo, as reações físicas não foram interessantes: vômito, náuseas, dores no corpo, diarreia e febre.*

Meu amigo Roberto Arantes trouxe-me de volta a São Paulo, onde me tratei com Ayurvédica e tive a supervisão de um Mestre Tântrico. Assim, em todos os mantras que ensino nesse livro, eu tomei o cuidado de não estimular em você, leitor, o exagero e a irresponsabilidade que tive um dia.

Prána, chakras e Kundalinî
Pedro Kupfer

O Yoga vê o homem como um reflexo do macrocosmo. A energia criadora que engendra o Universo manifesta-se no homem, que não está separado nem é diferente dela. O nome dessa energia é Kundalinî. A nossa consciência individual é apenas uma das suas dimensões, pois energia e consciência não são coisas separadas. A ciência concorda com o Yoga em que o universo é um verdadeiro mar de energia.

Eles diferem, entretanto, quanto ao significado dessa constatação. O Yoga diz que ela possui implicações pessoais profundas. Se a matéria é de fato vibração, então o corpo humano, que faz parte do mundo material, também é energia. Consciência e energia estão intimamente ligadas, pois são dois aspectos da mesma realidade.

O corpo humano não é apenas matéria inconsciente ou uma carcaça habitada por uma alma etérica, mas uma realidade vibratória animada pela mesma consciência que anima a própria mente. Por isso, deveríamos deixar de vê-lo como algo diferente do nosso ser 'invisível'. Pense no seu corpo como um receptáculo de energia cósmica, um aglomerado de átomos conscientes, construído à imagem do macrocosmo. A consciência vibra em cada uma das suas células, o prána está presente em todos seus tecidos. Quando corpo e mente se unem, a consciência do corpo sutil começa a revelar-se.

O Yoga afirma: você é a própria existência. Toda divisão do tipo corpo-mente, carne-espírito, etc., é pura especulação. A diversidade aparece dentro da Unidade, sem separar-se dela. A existência é uma continuidade que se estende desde o princípio da Consciência (Purusha) até o aspecto mais denso da matéria. O microcosmo reflete o macrocosmo: o infinitamente grande é igual ao infinitamente pequeno. É sabido que o homem utiliza menos de dez por cento da capacidade do seu cérebro.

O Yoga é um caminho para desenvolver os outros noventa por cento e penetrar em dimensões desconhecidas do nosso ser. Kundalinî é a detentora da força, o suporte e o poder que move não apenas o indivíduo, mas também o Universo. Macrocosmicamente, ela é Shakti, Prakriti, a manifestação do poder de Shiva. Na escala humana é a energia, o motor, a causa do movimento e da vida do indivíduo. O despertar dessa força conduz à iluminação.

A Kundalinî se representa simbolicamente no homem como uma serpente adormecida, enroscada na base da coluna. Kundalinî ou kundalí significa serpentina, aquela que está enroscada como uma serpente. A ativação deste poder produz um calor muito intenso. A sua ascensão através dos chakras, num processo sistemático e gradual, desenvolve os poderes latentes no homem. O processo consta de duas etapas: na primeira, o yogui provoca uma saturação de energia no organismo; a segunda é o despertar em si.

A técnica consiste em concentrar a energia em idá e pingalá nádí, os canais prânicos ao longo da coluna, levando esse prána para o chakra básico. O praticante faz com que a energia chegue até a Kundalinî, imobilizando a circulação pelos outros canais e concentrando-se na entrada da sushumná. Feito isso, acontece o despertar e desenvolvem-se os fenômenos subseqüentes: ascensão pela sushumná nádí, penetração e ativação dos centros de força e samádhi, que acontece quando a serpente chega ao sétimo chakra, chamado sahásrara, no alto da cabeça.

O Hatha Yoga Pradípiká (III:67-8) descreve este fenômeno da seguinte forma: Um clarão intensamente abrasador brota no corpo. Kundalinî adormecida, aquecida por esse abrasamento, desperta. Tal como uma serpente tocada por uma vara, ela levanta-se sibilando; como se entrasse em sua toca, introduz-se na brahmanádí (sushumná nádí).

Durante a sua ascensão, Kundalinî encontrará três obstáculos: os granthis, nós ao longo da sushumná nádí, localizados no múládhára chakra (brahmagranthi), anáhata chakra (vishnugranthi) e ajña chakra (rudragranthi). A imagem do triângulo invertido (yoni) com um lingam no seu interior indica a presença de um granthi em cada um desses chakras.

O sádhaka precisará de muita perseverança na sua prática para neutralizar cuidadosamente esses obstáculos sem produzir um arrombamento energético, pois eles estão ao longo do caminho para prevenir despertamentos indesejados. Se formos pensar na correspondência entre a localização desses nós e as tendências latentes em cada centro, poderíamos identificar esses obstáculos com as disposições afetivas inerentes a cada um deles: os laços da pulsação sexual (primeiro granthi, no múládhára chakra), do amor e da auto-estima (segundo granthi, no anáhata) e do orgulho intelectual e a soberba (terceiro granthi, no ajña). Os chakras são os centros de captação, armazenamento e distribuição de prána no corpo. Literalmente, chakra significa roda, disco ou círculo. Também recebem o nome de padma ou lótus.

Existem milhares de centros de força distribuídos pelo corpo todo. Porém, para efeito da prática, nos ocuparemos apenas dos sete principais, que ficam ao longo da coluna vertebral e na cabeça. Eles são: múládhára, swádhisthána, manipura, anáhata, vishuddha, ajña e sahásrara chakra. Estão unidos entre si pelas nádís, os canais da força vital, como as pérolas de um colar. A aparência desses chakras é circular, brilhante, como pequenos CDs, de quatro ou cinco dedos de largura, que giram vertiginosamente. O elemento que corresponde a cada chakra determina a sua cor.

Cada um tem um bija mantra, isto é, um som semente, ao qual responde quando é estimulado. Representam-se com um número definido de pétalas, sobre as quais aparecem inscritos fonemas do alfabeto sânscrito, os bijas menores, que simbolizam as manifestações sonoras do tipo de energia de cada chakra. Dessa forma, cada fonema estimula uma pétala definida de um chakra. Esse é o motivo pelo qual o sânscrito é considerado língua sagrada: o seu potencial vibratório produz efeitos em todos os níveis.

O corpo do poder serpentino, a Kundalinî, está formado pelas 50 letras do alfabeto sânscrito, chamadas mátriká, ou mãezinhas. Essas mãezinhas correspondem às 50 caveiras que usa a deusa Kali, a destruidora do tempo. São as matrizes sutis de todos os sons sagrados e profanos. O alfabeto é chamado grinalda de letras, varna málá, sugerindo o mais alto propósito dado à linguagem humana pelos sábios védicos: honrar e expressar apropriadamente a realidade transcendental.

Cada chakra tem igualmente uma deidade e uma shakti, com diferentes nomes, atributos, emblemas, etc. Isso não significa que existam no corpo sutil pequenas imagens de deusas e deuses cheios de braços e cabeças, e armados até os dentes, assim como não há neles diagramas geométricos ou animais imaginários. São símbolos das propensões e latências samskâricas associadas a cada centro.

Esses símbolos falam diretamente à mente subconsciente. Não precisam ser 'interpretados'. A única coisa a fazer é observar-se frente a eles, e às emoções que despertam. Quando você visualiza, por exemplo, uma deusa-shakti carregando uma caveira cheia de sangue ou uma espada na mão, deve prestar atenção à reação que essa imagem provoca em você. Isso tem por objetivo detectar seus condicionamentos para poder trabalhar neles. Preste muita atenção a esses detalhes. Observe-se atentamente o tempo todo, porém, com mais cuidado ainda enquanto acompanha a construção mental dessa parte dos chakras.

Compare essas vivências e seus resultados, e veja como elas mudam de chakra para chakra. Se em algum momento você percebe que um símbolo destes provoca uma reação como medo ou surpresa em você... atenção! Pode ser sinal de que poderá ter uma revelação sobre si próprio nos próximos minutos. Observe-se. Observe-se o tempo todo.

Entretanto, a experiência com essas imagens só pode aproveitar-se devidamente quando o praticante consegue um bom grau de auto-observação. Existe uma analogia entre os chakras e os diversos plexos e órgãos do corpo físico, mas é um erro querer identificá-los com as partes da anatomia humana.

Daremos a continuação uma breve descrição de cada um desses sete centros e seus vínculos com os vrittis, as latências mentais presentes em cada um deles, que por sua vez determinam os condicionamentos e as ações do indivíduo.

Ficando atentos à atividade mental, verificaremos a presença dos vrittis, vórtices da atividade consciente que se formam de acordo com nosso samskára, dando origem aos pensamentos e à vida consciente e subconsciente. Os vrittis podem comparar-se às ondas que se formam na superfície da água quando cai uma pedra nela. E são transmissíveis. Por isso estamos atraindo pessoas no nosso mesmo nível vibracional.

O corpo funciona como um receptor de prána cósmico, captando energia do ambiente através dos chakras, que vibram em consonância com o samskára de cada um. Samskára é o conjunto das tendências subconscientes, de caráter inato e hereditário, principal causa dos condicionamentos humanos. Vásanás são os desejos que funcionam como força motriz dos pensamentos e ações do indivíduo. Os vrittis acionam o sistema glandular, que fabrica os hormônios.

Através das práticas, agindo sobre os centros de força, podemos controlar as propensões da mente e sublimar o samskára. Fazendo ásana e bandha, por exemplo, pressionamos e massageamos as glândulas do sistema endócrino, que estão relacionadas à atividade dos vrittis. As mudanças biológicas causam reações nas outras áreas do ser humano: consciência, mente, emoções e atividade subconsciente.

O súkshma sháríra, ou corpo sutil, está relacionado às emoções: da mesma forma, também, os endocrinologistas sabem que certos desequilíbrios emocionais estão ligados a disfunções glandulares. As glândulas do sistema endócrino atuam em consonância com os sete principais chakras. Cada glândula desempenha um papel no funcionamento do corpo, segregando hormônios e substâncias químicas sob influência do tattwa ou princípio de realidade dominante em cada chakra.

Koan

(Repito: Compreenda que nos Koans o que importa é a jornada e não a chegada).

Sua mente acredita que sabe quem você é? Então, pergunte-se: Quem sou Eu?

Se houver um movimento mental em responder essa questão como eu sou isso ou aqui aquilo permita.

Eu sou... (permita vir o que vier).

Eu sou... (seu nome, alma, ser humano, dentista, médico, um político – brincadeira minha).

Agora questione: Quem sou eu antes do eu Sou? Antes de eu sou isso ou aquilo quem é você?

"Quem ou o que é seu eu?".

Sem nenhuma ideia da mente sobre Si mesmo, quem é você? Descartando todas as ideias que lhe ensinaram sobre o Ser, quem é você aqui e agora?

Sem nenhuma resposta ou história do seu passado responda: Quem é você? O que você é? É no passado ou é agora?

Você é o ser original?

Vive sua vida ou a vida que o "mundo" o obriga a viver?

Sua experiência do divino é sua ou guiada por paradigmas impostos, tendências familiares, do ambiente e de tua religião? Você ainda tem esperança de se "encontrar" em algum lugar que não seja aqui/agora?

Dizem que no "não lugar" e "não tempo" você encontra felicidade. Onde observar isso?

Investigue.

Capítulo 5

Mudrás apoio à meditação. Gestos magnéticos e de poder

Mudrás são uma combinação de movimentos físicos e sutis que alteram a disposição, atitude e percepção, e que aprofundam a atenção e concentração.

Satyananda

Assim, deve-se praticar com empenho os diversos mudrás a fim de despertar a poderosa deusa Kundalinî que dorme fechando a porta de acesso ao Absoluto. (Sushumná Nadi).

Hatha Yoga Pradipika

Mudrá é um gesto simbólico e mágico carregado de poder que usualmente é feito com as mãos. Literalmente, a palavra *mudrá* quer dizer "selo", "gesto" ou ainda "reflexo" de algo.

Os hindus místicos o chamam de gesto de poder, já que sua prática cria estados alterados de consciência, como elevação de *kundalinî* e consciência do Si Mesmo e do Universo que nos cerca. Consciência aqui significa acordar do sono robótico em que muitos vivem.

O significado da palavra *mudrá* encontra-se no *Kulanarva Tantra* e no *Nigranth Tantra*, segundo os quais *mud* = força de poder; êxtase (para fora) e êntase (para dentro); prazer, e *dra* (*dravay*) = controlar; manter; capacidade de manter.

A Yogue Lúcia Maria de Oliveira Nabão define assim os mudrás:

Mudrás são gestos realizados com a mente, as mãos, os pés, a boca, os olhos ou com o corpo todo. São muito usados no Yoga e nas danças indianas, pois fazem uma reverência a vários aspectos das divindades hindus e da natureza. Nas palavras de Caio Miranda (1962), os mudrás, 'encerrando um profundo simbolismo, têm por objetivo unificar dualidades, como por exemplo, unir a consciência individual

à consciência cósmica, o prana solar ao prana lunar, a matéria ao espírito, etc.'.
Tanto os yoguis como as dançarinas hindus dedicam muitos anos aprimorando-se
na prática dos mudrás, que exige treinamento e concentração nos detalhes.

No Hinduísmo e em outras correntes metafísicas é comum o mestre tocar o discípulo com um *mudrá* como forma de iniciação ou batismo. O nome desse toque no Tantra é *kripa guru* e transmite toda a força da tradição em questão do iniciador para o iniciado. (Esse tema é aprofundado em meu livro "Maithuna – Sexo Tântrico" – Ed. Alfabeto).

Os *mudrás* aparecem em todas as tradições influenciadas pelo Tantra (budismo, hinduísmo, magia, teosofia etc.). No Ocidente, é comum um gesto de oração ou prece em que se unem as duas mãos, palma com palma, o que na Índia se chama de *pronan mudrá*.

Os *mudrás* sintonizam com as origens das tradições que queremos enfocar. Segundo o professor Humberto Gama, em seu livro "Mudrás – Gestos Magnéticos do Yoga" (Ed Vidya), *[...] o objetivo é a autenticidade, a receptividade. E para isso o mudrá trabalha profundamente no interior de cada ser humano.*

Cada gesto ou selo produz uma infraestrutura psicofísica e predispõe o praticante a um estado interior. Os mestres são de opinião que o *mudrá* possui quatro "estados" ou "poderes" especiais e distintos, que são: *Identificação; Assimilação; Domínio; Desenvolvimento.*

Dentre os textos clássicos, encontramos no *Kulamava Tantra* sua interpretação erudita: *O mudrá prepara o praticante para um estado interno de identificação em que este, concentrado e interiorizado no gesto, controla a força adquirida e a dirige para qualquer parte de seu corpo ou para fora dele.*

Os *mudrás* atuam também, profundamente, em nosso sistema nervoso simpático e parassimpático, além dos terminais dos meridianos usados em medicina chinesa (*tsubos*).

Relação dos dedos com os mudrás

Quando indicamos que alguém deve "pensar na vida", o fazemos apontando ou levantando o dedo **indicador** (elemento ar) para a cabeça.

Quando queremos nos referir a um gesto sexual, mostramos o dedo **médio** (elemento fogo).

Utilizamos o dedo **anular** (elemento água) para unir os que se amam. Não por acaso essa união é o elemento água, que diz respeito a nossas emoções e sentimentos.

Reis e rainhas de todos os tempos usavam anéis no dedo **mínimo** (elemento terra) para simbolizar a prosperidade sobre a matéria.

O dedo **polegar** (elemento éter) é o do espírito e representa a Alma. Quando uma situação está bem, costumamos levantar o polegar para representar o fato.

Quando praticamos um mudrá com a mente concentrada (*manas mudrá*), podemos facilmente estimular os cinco elementos representados nos dedos.

Elemento	Dedo
Terra	Mínimo
Água	Anular
Fogo	Médio
Ar	Indicador
Éter	Polegar

Principais mudrás do Tantra e do Hinduísmo

Shiva mudrá

Expressa respeito à ancestralidade, sinceridade e receptividade. É um gesto de silêncio e ao fazê-lo devemos imaginar que deste "cálice com as mãos" estamos disponíveis para receber todos os benefícios de uma prática (*sadhana*) de mantra. É um *mudrá* normalmente usado em inícios de rituais, práticas de Yoga, nos mantras de Shiva e de algumas escolas budistas.

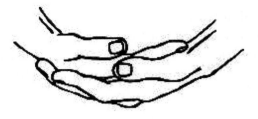

Ãnjali mudrá ou Pronam Mudrá

Este é um gesto de cumprimento, reverência, saudação, reflexão e interiorização, por isso tem característica reflexológica forte. É o que usamos ao iniciar e terminar uma prática de escolas de mantra, Tantra e Yoga. No Ãnjali mudrá Jiva, as mãos ficam na altura do peito. No *pronam mudrá Atmam* (alma), as mãos elevam-se a altura do rosto.

Representa ainda a união (Yoga) de todos os sentimentos dos praticantes. É usado no Tantra como um cumprimento junto com o mantra Om Hara ou Hare Om, que pode ser traduzido como "observe a totalidade em sua volta". No Budismo, esse gesto chama-se Gasho e representa uma saudação: Todos são budhas, todos são Iluminados, eu saúdo toda a existência que é buda.

Jñanã Mudrá

É o gesto da sabedoria. Serve para impedir que energias se dispersem nas práticas principalmente mântricas e do Yoga. Ao se ligar o polegar com o indicador, fecha-se um circuito eletromagnético.

Nas práticas mântricas realizadas entre seis e dezoito horas (dia/sol), as palmas devem se voltar para cima (*mudrá surya*, ou sol). Na prática feita entre dezoito e seis horas (noite/lua), voltamos as palmas das mãos para baixo (*mudrá chandra*, ou lua). Esse é um mudrá que pode ser utilizado com qualquer mantra e prática meditativa.

Trimurti Mudrá

É a união das mãos em forma da pirâmide ou trindade divina (Brahma, Vishnu, Shiva); também chamado de gesto das "três faces".

Estimula os chakras *muladhara*, *anahata* e *ajña*. Quando as mãos se voltam para baixo, em direção ao solo, denomina-se *trimurti mudrá prithivi* (terra); se voltadas para cima, com os braços elevados, chama-se *trimurti mudrá vayu* (ar).

Yônilingam mudrá

Gesto que representa a fusão de energia entre Shiva (princípio masculino) e Shakti (princípio feminino). É o mais forte de todos os *mudrás* quando utilizado nas práticas tântricas. Deve ser utilizado com mantras tântricos, de Shiva e Shakti.

Trishula

O polegar fecha um circuito de força com o dedo indicador, formando um gesto de força. Os três dedos (indicador, médio e anular) simbolizam o tridente de Shiva, usado para destruir as correntes de inconsciência, egoísmo e ignorância sobre o Si mesmo. É indicado com os mantras de Shiva.

Pushpaputa mudrá (cesto de flores)

Expressa uma oferenda, devoção, e é também um símbolo de desapego.

Como citado no início do texto, esses são os principais *mudrás* do Hinduísmo e do Tantra. O número total de *mudrás* é incerto, pois em cada parte do Oriente existem muitas escolas e filosofias.

Basicamente os mudrás hinduístas e tântricos dividem-se em:

- **Samyukta hasta:** realizado com as duas mãos.
- **Asamyukta hasta:** realizado com uma só mão.

Utilize-se dos *mudrás* em suas práticas de mantras para potencializar o poder das palavras.

Capítulo 6

O Málá – Alavanca mântrica

Mantra é uma ferramenta para conectar-nos com a sabedoria espiritual e a energia da consciência escondida no universo como um todo.

David Frawley

Mantra é uma palavra de poder e luz que vem da inspiração ou de um plano muito elevado de intuição.

Sri Aurobindo

Málá, também conhecido como *japa-mantra*, *japa-málá* (cordão de Japa) e *mantra-málá*, é um colar de contas semelhante em sua função ao rosário ou ao terço adotado pelos cristãos. Serve para a contagem do número de vezes que se entoa um mantra. Geralmente é confeccionado em sândalo, tulsi, nin, pipal (árvores hindus) ou com semente de *rudráksha*, fruto encontrado na Índia, no Nepal e no Tibete. *Rudráksha*, que significa "lágrimas de Shiva", contém uma bactéria que influencia o aquietamento, a concentração mental e a intuição. Sua importância é tão grande que existe um livro sagrado hindu – o "Rudráksha Upanishad" – à sua reverência.

O *málá* hindu possui 108 contas, que simbolizam o número de desejos que o homem deve observar para não se perder nos mesmos, em busca do reconhecimento de sua Iluminação (Si Mesmo) e também o número de linhas de Yoga existentes *(Raja, Hatha, Bhakti, Jñana etc.)*. Isso significa que, quando entoamos o mantra 108 vezes, estamos dedicando uma vez para cada linha do Yoga e seus respectivos atributos.

É importante a egrégora (tradição) do número 108. Na numerologia pitagórica, estudada pelo amigo, professor e maçom

Alexandre Garzeri, 108 corresponde a 9 (1+0+8), que é o símbolo do Eremita, ou seja, aquele que observa, que é introspectivo. No Tantra, o número 1 é o praticante, o 8 a Iluminação. Há também no *málá* uma conta maior, que recebe o nome de *sumeru*. É a partir dessa conta que tem início a prática: Com o colar entre o dedo médio (que corresponde a Shiva e ao elemento fogo) e o polegar (dedo de Brahma e do elemento éter), o praticante principia as entoações, cantando mantra por mantra a partir do *sumeru*. O dedo indicador não deve ser utilizado, uma vez que corresponde ao ar, elemento associado à atividade exagerada da mente. O mantra busca, dentre outros, fazer cessar ou arquitetar o pensamento.

Caso o praticante deseje entoar o mantra mais de 108 vezes, deve, depois de dar a volta por todo o *málá*, chegar novamente ao *sumeru* (que representa a conta 109 – a morada dos deuses, onde habita o espírito) e iniciar a recontagem em sentido contrário, ou seja, sem passar ou pular o *sumeru*.

As 108 contas também significam o movimento, a matéria (*prakriti*), a ilusão; o *sumeru* é o *purusha* (espírito).

Além dessas regras básicas na utilização do *málá*, devem-se observar ainda alguns outros cuidados, como guardá-lo num local apropriado e tratá-lo como um objeto sagrado, pois na prática tântrica ele é mais do que um instrumento ritualístico. Constitui uma arma contra a inquietação mental, e é usada para equilibrar nosso corpo mental tão desequilibrado pelo excesso de racionalização da cultura ocidental.

Arjuna, no épico hindu *Bhagavad-Gita*, diz que a mente é inquieta, impetuosa e rebelde. Seu mestre Krishna responde-lhe que com persistência podemos dominá-la e aquietar os pensamentos.

Dos *Japamálás* tântricos originou-se o terço cristão, pois a palavra "conta", usada para nomear as sementes colocadas em um fio, está relacionada com o verbo "contar".

Há ainda outros tipos de *málá*, como o *brahmamálá*, pertencente aos nascidos na casta dos sacerdotes da Índia e o *shivamálá*, da tradição secreta tântrica. Este é uma comenda, que pode ser entregue por um mestre ao discípulo.

Málás	Japamálá	Brahmamálá	Shivamálá
Cor	Tons avermelhados	Branca ou creme	Negra
Nº de contas	108	Nenhuma	De 3 a 9
Fio que segura as contas	Algodão (no Ocidente se usa náilon)	Algodão	Lã tragada

Quem usa	Praticantes de Tantra ou Yoga	Hindus da casta dos sacerdotes	Iniciados no swásthya-Yoga ou no Tantra secreto
Onde portar	No pescoço	Cruzando o peito	Em contato com o corpo

No livro "O Poder do Som" de Padma-Patra (Ed. Ibrasa) encontramos essa definição prática do málá.

Mala-japa ou mala-mantra

Para utilizá-lo, é preciso deixar o mala-japa descansar no dedo anular e ir passando as continhas (para dentro) com o polegar. Nesse ato podemos observar vários simbolismos. O anular representa a consciência individual, pessoal. As contas se passam em direção ao corpo do estudante, representando a necessidade de interiorização, de introspecção. O polegar faz lembrar a vida universal.

Sabemos que de pouco serve a mão para apanhar coisas sem o dedo polegar; ele está em posição oposta aos outros, mas serve para complementá-los. No antigo Japão, uma forma de humilhar um samurai era cortar-lhe o polegar, pois nunca mais poderia utilizar uma espada. Geralmente, esse ato era seguido do hara-kiri, pois o samurai preferia a morte a perder seu orgulho ou dignidade de lutador. Também no Mahabharata aparece o fato de cortar o polegar como supremo sacrifício, que Drona (mestre de Arjuna) pede a Ekalavya.

O mistério das 108 contas

Uma das perguntas mais comuns dos estudantes é: por que o número 108? Primeiramente, devemos esclarecer que ele às vezes varia. Tivemos oportunidade de ver mala-mantras com 36, 54 e 72 contas. Mas, se fizermos a soma esotérica, veremos que 3 + 6 = 9, 5 + 4 = 9, 7 + 2 = 9 e 1 + 0 + 8 = 9. A soma dá nove, número que simboliza o caminho; nove são os dias que separam a terra do inferno, e nove os dias que separam a terra do céu. Se a esse 9 somarmos a última conta, chamada Meru ou Sumeru, temos o número 10, símbolo do universo, do círculo, da eternidade.

Quando perguntamos aos swamis de diversas seitas o significado disso, obtemos diferentes respostas, segundo o enfoque adotado. Por exemplo: Swami Brahmavidyananda dizia que, nos Vedas, Deus aparece com 108 nomes. Os krishnaitas (devotos de

Krishna) sustentam que Krishna teve 108 esposas. Além dessas explicações místicas existe a popular, que afirma a existência de 108 yogas.

Mas as análises mais interessantes correspondem ao estudo esotérico das técnicas de pranayama (respiração) para despertar a Kundalinî (a energia adormecida no chakra de muladhara). Uma delas realiza 108 respirações, ativando os chakras até se imaginar o estalar da energia da Kundalinî. Logicamente isto constitui uma prática perigosa para o principiante.

Por último, há a explicação psicológica, que sustenta um número mínimo de repetições do mantra para criar um silêncio mental. As 108 vezes que se recita o mantra são o ciclo mínimo para permitir o silêncio criativo e ativar as sementes no plano mental.

Mestre George Feuerstein ensina outro método para seguir o rastro da quantidade de repetições que é contando-as pelos dedos: "Vários métodos são conhecidos, e alguns são específicos para certos mantras. Não é considerado propício contar meramente com as pontas dos dedos; em vez disso dever-se-ia, segundo o Mantra-Yoga-Samhitā, usar também outras falanges, como mostrado na figura abaixo".

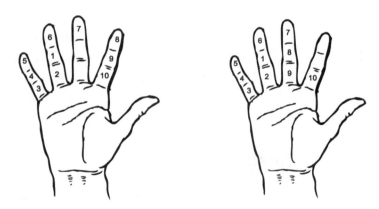

As falanges dos dedos são usadas para contar as recitações mântricas, às vezes, em sequência específica.

Um mantra deveria ser recitado com a entonação correta, como aprendida de um mestre, e também no ritmo adequado. Se, como deixa claro o Kula-Amava-Tantra (15.55), ele é repetido rápido demais, existe o perigo de doença. Se ele é recitado com demasiada lentidão, porém, isso reduzirá a energia da pessoa. Seja como for, a japa será inútil como água numa jarra rachada. Este Tantra (15.57-58), além disso, assinala as impurezas naturais na abertura e encerramento da recitação, que deve ser uma contra-ordem de uma prática mântrica especial, ou seja, recitando o mantra sete ou 108 vezes com Om no começo e no fim.

Como os mantras devem ser recitados inúmeras vezes durante muitas horas por dia antes que possam dar frutos, é fácil um praticante ficar cansado. Nesse caso, as escrituras tipicamente recomendam mudar da japa para a meditação. Depois novamente, quando a mente está exausta da meditação, voltar a recitar um mantra pode trazer vigor renovado e entusiasmo.

Os mantras podem não só ser falados ou recitados mentalmente, mas também escritos em papel, metal, pano ou outros materiais. Esta técnica é conhecida como likhita-japa, que nas palavras de Swami Sivananda Radha, 'traz a paz, equilíbrio e força interior'. Claro que o mesmo também é verdadeiro de outras formas de japa. Juntamente com todas as práticas yóguicas, o sucesso da recitação mântrica depende em amplo grau da motivação e dedicação do praticante.

Georg Feuerstein

Koan

(Repito: Compreenda que nos Koans o que importa é a jornada e não a chegada.)

Sua mente acredita que sabe quem você é? Então, pergunte-se: Quem sou Eu?

Se houver um movimento mental em responder essa questão como eu sou isso ou aqui aquilo permita.

Eu sou... (permita vir o que vier)

Eu sou... (seu nome, alma, ser humano, dentista, médico, um político – brincadeira minha).

Agora questione: Quem sou eu antes do eu Sou? Antes de eu sou isso ou aquilo quem é você?

"Quem ou o que é seu eu?".

Sem nenhuma ideia da mente sobre Si mesmo quem é você? Descartando todas as ideias que lhe ensinaram sobre o Ser quem é você aqui e agora?

Sem nenhuma resposta ou história do seu passado responda: Quem é você? O que você é? É no passado ou é agora?

Capítulo 7

Om – A força procriadora do Cosmo

O praticante sábio deve destruir todo o karma
pela prática do mantra Om.
Deve misticamente rejeitar suas funções corporais.
Assim, cessará de participar nas conseqüências
da ação e não precisará renascer de novo.
Shiva Samhita

Om:
meditando só sobre esse som, a mente funde-se nele para
passar por dentro do éter da pura consciência.
Nada Bindu Upanishad

A sílaba Om é conhecida como o som primordial do universo (*uni* = Deus/Deusa; *verso* = manifestação). Assim, pode-se afirmar que Om é o princípio, meio e fim. É a totalidade. Segundo o *Mandukya Upanishad*, Om é aquele que existe, que existiu e existirá sempre. Na Índia, é conhecido por *mátriká mantra*, o som matriz, matriarcal, que tudo originou.

Os pesquisadores do Hinduísmo Nick Douglas e Penny Slinger escrevem: *O Om é o barco que permite a uma pessoa atravessar os rios do medo. É o poder criativo em evolução e o som do amor verdadeiro.*

Nos *Vedas*, é definido como *[...] aquele que tudo inclui a origem e o fim do universo.* Por tudo isso, Om é o mais conhecido e poderoso de todos os mantras, capaz de tocar a essência de *Ishwara*, o Supremo. Entoado corretamente, tem o poder de estimular os vários corpos do homem. Om é aquilo que o protege e abençoa (*avathiraksati*) e é o som do infinito e a semente que dá vida aos outros mantras.

Quem pratica o mantra Om tem maior clareza e reconhece a própria Iluminação (tu és isso... tu já és isso). Por isso, não se prende a ilusões, nem acredita que possa ser imortal aquilo que é perecível. E tudo é perecível, a não ser aquilo que é.

ॐ Om é ainda o símbolo de vários ramos de Yoga e de escolas ocultistas, mas sua grafia varia de região para região. Aquele desenho que parece o número 30 é uma sílaba constituída por três letras: **A**, **U** e **M**. As letras **A** e **U** formam **O**, pronunciando-se Om ( ). Essas três letras representam os três estados de consciência humana: sono, sonho e vigília. A letra **A** se relaciona com o estado desperto, quando se começa o som é o mundo material, físico. **U** representa todo estado sutil, os pensamentos, o sonho; e **M** todo o mundo causal, já que tudo se dissolve no **M**, no sono profundo. Om é tudo o que existiu antes e depois da criação.

> *Então, aquele que dorme e a experiência do sono, o sonhador e a experiência do sonho, o acordado e a experiência do acordado, todos estes três constituem o que nós chamamos como tudo o que existe. Todos estes três juntos representam Om.*
>
> Swami Dayananda

ॐ O Om grafado ( ) é um Yantra (símbolo sagrado de meditação, concentração de energia e de magia operacional). Somente ao ser vocalizado ou mentalizado como um som torna-se um mantra.

Conforme o erudito hindu Pranavopanishad, a sílaba **A** é *nirman* (criação de tudo), é Brahma, o criador e a Terra. **U** é *shiti* (conservação do Universo), é Vishnu, o preservador. O espaço **M** é *pralaya* (transformação do Universo), é Shiva, o destruidor e a Iluminação.

O mestre Sivananda ensina:

> *Viva em Om. Medite em Om. Inspire e expire Om. Descanse em paz em Om. Refugie-se em Om.*

Dentro do símbolo há ainda os cinco elementos do universo causal – terra, fogo, ar, água e éter.

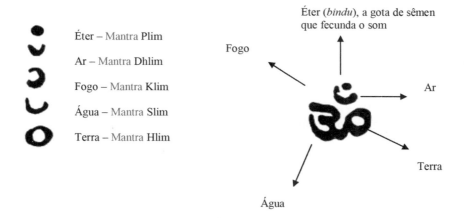

Quando ouvem o pranava (Om), as pessoas ouvem o próprio absoluto. Quando pronunciam o pranava (Om), dirigem-se à morada do absoluto. Aquele que percebe o pranava (Om) contempla o estado do absoluto. Aquele que tem sempre o pranava em sua mente tem a forma do absoluto.

Mantra-Yoga-Samhita ,73

Sendo o som mais completo, sua prática é adequada a todos que buscam consciência de sua Iluminação e a vida plena.

O Om usado pelos monges tibetanos, que sabem entoá-los de forma correta, é impressionante. Eles cultivam uma tonalidade aguda e um grave muito difícil de alcançar, pois requer relaxamento total de gengivas, garganta, lábios, pulmões, o que é obtido com a meditação. Esse tipo de canto é encontrado em tradições religiosas na Sibéria, na Ilha de Sardenha, na Bulgária e entre os xamãs e índios da América do Sul.

Segundo os *Upanishades*[...] quem expressar 35 milhões de vezes este que é o mantra da palavra sagrada será libertado do seu karma. Será libertado de todas as amarras e conseguirá alcançar a liberdade absoluta.

O Yoguin Van Lysebeth diz que [...] o Om representa a energia cósmica em estado puro, o som primordial que suscita as galáxias. Om é a sílaba mística graças à qual o homem pode entrar em contato intuitivo com a realidade suprema, com a própria raiz do universo.

Prática do Om – As 7 formas sagradas

Vocalizações

A respiração deve ser circular e sempre regular. O mantra se faz na expiração, sem tremor de voz. A nota musical deve ser a mais natural possível, mas para isso é preciso relaxar o corpo ao máximo. O som começa com a boca aberta, mantendo a língua próxima ao palato mole (fundo do céu da boca) e a garganta relaxada. O som vem do centro do crânio, fazendo vibrar a garganta e o peito. Tente levar a língua mais para trás, mantendo a boca aberta e o som se transformará num "O". Ainda sem fechar a boca, a língua prende a passagem de ar, que ao sair pelas narinas, faz o som se tornar um M, vibrando intensamente no crânio. Utilize as mãos para sentir a vibração passando do peito para a testa.

Outra maneira de entoar o mantra é começar pela letra O, emitindo seu som com a boca bem aberta e a musculatura do rosto completamente relaxada. Depois, deve-se emitir um M prolongado e ir baixando o tom de voz até sumir por completo.

O aperfeiçoamento das vocalizações depende da persistência. Dessa forma, se desenvolvem também muitos poderes psíquicos.

Há ainda sete formas de pronunciar o mantra Om que poderão ser aprendidas com yoguins e praticantes tântricos (sadhus). A seguir há algumas dicas que podem facilitar as pesquisas e a consulta de praticantes.

1ª **prática:** Repetição do som **Om– Om– Om– Om– Om...** Por muito tempo. Estimula a concentração e meditação.

2ª **prática:Ooommm** (contínuo). Estimula os poderes dos yoguins (*sidhis*).

3ª **prática:Om**. Dar ênfase à letra Ó. Fornece grande vibração na caixa craniana para o *ajña* e o *sahasrara chakra*.

4ª **prática:** Om. É um sopro com o Om (soltando-se o ar). Pode-se enviar mentalmente esse som para qualquer pessoa, animal ou objeto com a intenção de harmonia.

5ª **prática:Ohmmmmmm**. Inicia-se com a boca fechada, concentra-se no M contínuo. Essa prática recarrega as energias.

6ª **prática:Àaâòoôùuûmmm** (com todos os fonemas). Efeito global. Atua desenvolvendo e energizando todos os corpos, nadis e chakras, permitindo vários estados de consciência.

7ª **prática: Õõõõmmmm...** Esse Om contínuo é o mais poderoso, o único que não se pode fazer sozinho, mas sempre em grupo, pois quando uma pessoa termina a outra começa.

Em todas as práticas com o mantra Om você poderá idealizar objetivos de vida ou situações positivas ao final da vocalização ou mentalização.

O pranava (o mantra Om) é a jóia principal entre os outros mantras;
o pranava é a ponte para atingir os outros mantras; todos os mantras recebem
seu poder do pranava; a natureza do pranava é o Shabda Brahman (o Absoluto).
Escutar o mantra Om é como escutar o próprio Brahman.
Pronunciar o mantra Om é como entrar na residência do Brahman.
A visão do mantra Om é como a visão da própria forma do Brahman.
A contemplação do mantra Om é como atingir a forma do Brahman.

Mantra Yoga Samhitá, 73

O significado do símbolo Om

Segundo mestre Swami Dayananda Saraswati em suas palestras de SatSangs (encontro com a verdade) Om é uma palavra muito bonita de uma sílaba.

Os Vedas falam sobre "aquele" objetivo: para conhecê-lo as pessoas entregam-se a uma vida de estudo e disciplina. Aquele, eu lhes direi resumidamente. Aquele é "Om". Então, desejando isto, as pessoas entregam-se a uma vida estudiosa, contemplativa e disciplinada, sacrificando muito. E o que é isto? Om. Você não pode ser mais sucinto...

...Em sânscrito, o significado de Om é rakshati ou 'aquilo que protege, sustenta'. Portanto, aquilo que sustenta tudo é Om e o que sustenta tudo é o que nós podemos ver como a ordem. Podemos ir mais adiante; esta ordem é a realidade de tudo. A própria ordem é uma realidade. E então, a essência da própria ordem é Om. Isto significa que Om é o nome do Senhor que permeia o seu ser, que preserva tudo no mundo na forma de niyati, a forma da ordem que sustenta...

Om é também usado como um símbolo (pratika em sânscrito) para tudo, o universo inteiro, porque Om sustenta tudo. O universo inteiro significa não somente o universo físico, mas também a experiência dele. Este é o significado que os Vedas depositam neste símbolo.

Sendo uma tradição oral, os Vedas explicam Om como feito de três partes. São partes fonéticas deste som Om e cada uma dessas partes carrega um certo significado. Isto é chamado superimposição, adhyasa. Você superimpõe um significado sobre estes sons.

Vidim aviditam sarvam oàkarah

Nós vimos que o que existiu antes, o que existe agora e o que existirá mais tarde, tudo é Om. *Igualmente, tudo que é desconhecido, o que é experienciado, a experiência e o experienciador é também Om. Isto é o Senhor, Bhagavan ou Ishvara.*

...Linguisticamente, dar um nome ao Senhor – que é todos os nomes e formas – é uma tarefa impossível. Portanto, nós abandonamos os idiomas. Assim, nós temos outra explicação para o Om, que não é lingüística. Não olhe para ele como uma palavra. Olhe para ele como algo que é puramente fonético.

Todos os nomes são somente palavras. Todas as palavras são somente letras e todas as letras são somente sons. Letras e alfabeto também diferem. Em inglês você tem de 'A' a 'Z'; em Sânscrito ele vai do 'A' ao 'H'.

...Quando você abre sua boca e faz um som, o som que é produzido é A. Se você fecha sua boca e faz um som, esse som é M. Você não produz nenhum outro som posteriormente. Todos os outros sons estão entre os sons A e M, sejam eles consoantes ou vogais. Entretanto, há um som que pode representar todos os outros sons, no sentido de completar todos os sons, você o faz arredondando seus lábios. Ele é U. Agora posso combinar esses três sons que representam todos os sons: A + U + M e fazer uma única palavra que se tornará Om, o nome do Senhor. Uma vez que você diz Om, você diz tudo.

Quando você conhece o significado, Om torna-se o nome do Senhor para você. Então você pode chamá-lo, invocá-lo e orar para Ele. É por isto que muitas preces, cânticos e mantras começam com Om.

Koan

Você é o ser original?

Vive sua vida ou a vida que o "mundo" o obriga a viver?

Sua experiência do divino é sua ou guiada por paradigmas impostos, tendências familiares, do ambiente e de tua religião? Você ainda tem esperança de se "encontrar" em algum lugar que não seja aqui/agora?

Dizem que no "não lugar" e "não tempo" você encontra felicidade. Onde observar isso?

Investigue.

Capítulo 8

Mitos, Egrégoras e Deuses do Hinduísmo e do Tantra

Eu sou o amor puro dos amantes que lei nenhuma pode proibir.
Krishna

As mitologias e a mística hindu e tântrica são algumas das mais profundas e arcaicas de toda vida de nosso planeta. São centenas de deuses, deusas, devas (seres equivalentes aos anjos da tradição ocidental), semideuses e avatares (manifestação de leis transpessoais, onde *ava* significa manifestação e *tara* é a lei ecológica que vê a interdependência de todos os seres) que se torna praticamente impossível enumerá-los. Selecionei nesse capítulo algumas das principais divindades dessas tradições. Dentre elas, os três deuses/deusas que constituem a trindade máxima (*trimurti*) do Hinduísmo e de parte das escolas tântricas – Brahma, Vishnu e Shiva e suas parceiras cósmicas. É importante afirmar que, embora alguns textos apresentem hierarquia entre as divindades do *trimurti*, não há supremacia. Os três são independentes e complementares.

Shiva, O Transformador ou Destruidor

Shiva, o auspicioso e a terceira divindade do *trimurti é o primeiro aqui que defino por minha ligação como sacerdote tântrico (Nath). Shiva representa o deus maior tântrico,* Shiva é o destruidor, a morte física e mental, a passagem para uma nova fase ou para um novo mundo. Shiva e seu arquétipo mostram que nada é permanente, tudo tem um começo, um meio e um fim. Tudo é impermanente.

É ainda o arquétipo do xamã, do pajé ou medicine man das tradições tribais.

Representado como um deus pulsante, cheio de energia e pleno que dança, celebra, ama, luta, e tem muito bem integrado os aspectos masculinos e femininos

| 105 |

de seu Ser e em suas representações mais assertivas Shiva está em contato com a natureza. Assim, é o deus maior do xamanismo tântrico, do Yoga e das religiões das florestas. Ser Shivaísta e ter contato com a natureza nos lembra dos sistemas tribais e xamânicos como formas de um bem viver.

Representada por um belo homem azul, de cabelos longos, essa divindade tem em evidência, entre os olhos, o *ajña* chakra (terceiro olho).

Shiva é conhecido por muitos nomes, como Maheswara (O Grande Deus), Ishwar (O Glorioso), Chandrashekara (O Que Tem a Meia-Lua à Frente), Mritunjaya (O Que Vence a Morte), Isana (O Governante), Tryambaka (O de Três Olhos), Sri Kanta (O Que Possui Formoso Colo), Bhuteswara (O Senhor dos Bhuts, dos Elementos da Terra), Gangadhara (O Que Leva o Rio Ganges nos Cabelos), Sthau (O Imperecível), Mahakala (O Grande Tempo), Girisha (O Senhor das Colinas), Digambara (O Que se Veste Com o Espaço) e Bhagavat (O Senhor).

Sua esposa é Shakti. Embora tenha a vida conjugal mais conturbada da mitologia hindu, por possuir várias amantes, o amor que une Shiva e Shakti é absolutamente profundo. Devido a esse amor, depois da morte de Shakti os deuses/deusas concederam nova vida a ela, que renasceu com o nome de Parvati.

Shiva no Yoga

No Yoga, Shiva é o que destrói para construir algo novo, motivo pelo qual o chamam de "renovador" ou "transformador". As primeiras representações surgiram no período Neolítico na forma de Pashupati, o "Senhor dos Animais". A criação do Yoga, prática que produz transformação física, mental e emocional, portanto ligada à transformação, é atribuída a ele.

Shiva é o deus supremo (Mahadeva), o meditante (Shankara) e o benevolente, onde reside toda a alegria (Shambo ou Shambhu).

A Naja

A naja é a mais mortal das serpentes. Ter uma serpente em volta da cintura e do pescoço simboliza que Shiva tornou-se imortal. Ela também representa Kundalinî, a energia de fogo que reside adormecida na base da coluna. Quando despertamos essa energia, ela sobe pela coluna, ativando os centros de energia (chakras) e produzindo o estado de samádhi, ou iluminação.

Tangosa

No alto da cabeça de Shiva há um jorro d'água. É o rio Ganges que nasce aos pés de Vishnu e que jorra na cabeça de Shiva. Há uma lenda que diz que o Ganges era um rio muito violento e que não podia descer à Terra, pois, senão, a destruiria com a força do impacto. Então, os homens pediram a Shiva que ajudasse e ele permitiu que o rio, tão logo saísse do Mundo Espiritual, caísse primeiro sobre sua cabeça, amortecendo o impacto. Depois, o rio correria sobre a Terra.

Lingam, o signo do poder

Lingam, também chamado de Linga, é o símbolo de Shiva. Ele representa o pênis, instrumento da criação e da força vital, a energia masculina que está presente na origem de tudo. Está associado ao poder criador de Shiva.

Na Índia, reverenciar o Lingam é o mesmo que reverenciar Shiva.

Nos templos, se penduram sobre o Lingam uma vasilha com um pequeno orifício no fundo. A água é derramada constantemente sobre ele em forma de reverência. A base do Lingam representa Yoni, a vagina, mostrando que a criação se dá com a união do masculino e feminino.

Damaru, o som cósmico

Seu tambor representa o som da Criação do Universo. No Hinduísmo, o Universo brota da sílaba sagrada Om.

É com o som do damaru que Shiva marca o ritmo do Universo e de sua dança. Quando ele deixa de tocar por um instante, todo o Universo se desfaz e só reaparece quando a música recomeça.

Fogo (Kundalinî)

Shiva está associado ao fogo, que representa a transformação. Nada que tenha passado pelo fogo permanecerá o mesmo, tudo se transforma. A água evapora-se, os corpos cremados transformam-se em cinzas. Assim, Shiva convida-nos a transformarmo-nos através do fogo do Yoga. O calor físico e psíquico que essa prática produz auxilia-nos a transcender os nossos próprios limites.

Nandi (touro, animal de poder)

Nandi é o touro branco que acompanha Shiva, sua montaria e seu mais fiel servo. O touro está associado à virilidade, à força física e à violência. Montar o touro significa controlar sua força.

A lua crescente em seus cabelos

A lua, que muda de fase constantemente, representa a ciclicidade da natureza e a renovação contínua. Também representa as emoções que são regidas por esse astro.

Nataraja (Dançarino Cósmico)

Aqui, Shiva aparece como o Senhor (raja) dos dançarinos (nata). Ele dança dentro de um círculo de fogo, símbolo da renovação e, com sua dança, cria, conserva e destrói o Universo. Ela representa o eterno movimento do Universo que foi impulsionado pelo ritmo do tambor e da dança. Apesar de seus movimentos serem dinâmicos, como mostram seus cabelos esvoaçantes, Shiva Nataraja permanece com seus olhos parados, em atitude meditativa. Ele não se envolve com a dança do Universo, pois sabe que ela não é permanente.

Em uma das mãos, ele segura o Damaru, o tambor que o fluir do tempo. Na outra, traz uma chama, que destrói de tudo que é ilusório. A mão direita representa um gesto de proteção e bênçãos (abhaya mudrá). A esquerda representa a tromba de um elefante, aquele que destrói os obstáculos.

Shiva Nataraja pisa com seu pé direito sobre as costas de um anão. Ele é o demônio da ignorância interior, a ignorância que impede reconhecer seu ser (Si – Mesmo ou Purusha). O pedestal da estátua é uma flor de lótus, símbolo do mundo manifestado.

Pashupati (Xamã senhor dos animais)

Pashupati ("senhor dos animais", de pashu, "animais", "feras", e pati, "mestre") é uma das primeiras representações de Shiva e provavelmente vem do período neolítico. É representado com três faces, olhando o passar do tempo. A coroa em forma de cornos de búfalo evidencia a proximidade de Shiva com esse animal que representa as forças da terra. Pashupati está sentado em posição de meditação, o que nos faz pensar que as técnicas meditativas já existiam naquele período. Os quatro animais ao seu redor são o tigre, o elefante, o rinoceronte e o búfalo. Por ser o Senhor das Feras, Shiva podia sentar-se entre elas sem ser atacado. Mas há outro simbolismo. Esses animais podem representar nossos instintos mais básicos, como a força bruta, a raiva e a sexualidade sem intimidade e amor. Pashupati, então, é também aquele que domou suas feras interiores, suas emoções e convive sabiamente com elas.

Figura de Shiva meditando entre as feras do xamanismo arcaico hindu (2000 A.C.)

O mantra de Shiva, ou **Shiva Mantra**, é muito utilizado nas práticas de Yoga e Tantra e proporciona consciência, saúde, longevidade e alegria com a elevação de kundalinî. Para praticá-lo é necessário que se tenha *bhava* (devoção). Deve ser entoado oito vezes ao dia, e é um dos mantras mais conhecidos do Oriente: **Om Namah Shivaya**.

Mantras principais do Shivaísmo

Diversos mantras de Shiva

- Namah Shivaya, namah Shivaya, namah Shivaya.
- Shiva, Shiva, Shiva, Shiva, Shivaya namah Om.
  Hara, Hara, Hara, Hara, namah Shivaya.
  Hari Om namah Shiva.
  Hari Om namah Shiva Om, Hari Om namah Shiva.
- Shivaya namah Om, Shivaya namah Om,
  Shivaya namah Om, namah Shivaya.
- Namah Shiva, namah Shivaya Om.)
  Shivaya Om.
- Om namah Shiva, Om namah Shivalinga.
- Shivaya namah Shiva.
  Shivaya namah Om, namah Shivaya.
- Om namô, namah Shivaya,
  Namo, namah Shivaya.
- Kailash ki Shakti Shiva Shankara ki jay jay.
  Yamuna ki jay jay Ganga ki jay jay.
- Jay a jaya Shiva Shambhô.
  Mahádeva Shambhô.
- Hari Om namah Shiva,
  Hari Om namah Shiva, Shiva,
  Hari Om namah Shiva.
  Hari Om namah Shiva,
  Shiva Shankara,
  Gauri Shankara jay Shambhô.
  Hari Gauri Shankara jay Shambho.
- Shiva, Shiva, Shiva, Shiva, Shiva Shambhô.
  Shiva, Shiva, Om namah Shivaya.
- Shiva, Shiva, Mahádêva, namah Shivaya, Sadáshiva.
- Jaya Shiva Shankara Umápatê,
  Shambhô Shankara Pashupatê.

Jagadìshwara, Paramêshwara,
Gañgadhara Shiva Párvatíramana.

- Om Shiva, Om Shiva paratpará.
Om kara Shiva tava sharanam.
Namámi Shankara, Bhajami Shankara.
Girija Shankara tava sharanam.
Brhama Vishnu Sadáshiva.
Hara, Hara, Hara, Hara Mahádêva.
Shiva, Shiva, Shiva, Shiva Sadáshiva.

108 Mantras e Nomes de Shiva

Esses nomes podem ser utilizados em rituais Shivaístas, ou seja, a quem acredita se devotar à divindade. Podem ser utilizados separadamente ou em uma única liturgia de evocação dos 108 nomes na ordem a seguir.

- *Om Shivaya Namah* - Reverências ao Iluminado.
- *Om Maheshvaraya Namah* - Reverências ao grande deus Shiva.
- *Om Shambhave Namah* - Reverências ao deus que existe para a nossa felicidade.
- *Om Pinakine Namah* - Reverências a Shiva, que guarda o caminho do dharma.
- *Om Shashishekharaya Namah* - Reverências ao deus que usa a lua crescente em seu cabelo.
- *Om Vamadevaya Namah* - Reverências ao deus que é agradável e auspicioso.
- *Om Virupakshaya Namah* - Reverências ao deus de forma impecável.
- *Om Kapardine Namah* - Reverências ao Senhor com cabelo densamente emaranhado.
- *Om Nilalohitaya Namah* - Reverências ao deus esplêndido como o sol vermelho de madrugada.
- *Om Shankaraya Namah* - Reverências à fonte de toda a prosperidade.
- *Om Shulapanaye Namah* - Reverências ao deus que carrega uma lança.
- *Om Khatvangine Namah* - Reverências ao deus que carrega espinhos serrilhados.
- *Om Vishnuvallabhaya Namah* - Reverências a Shiva, que é querido pelo Senhor Vishnu.
- *Om Shipivishtaya Namah* - Reverências ao Senhor cuja forma emite raios de luz.

- *Om Ambikanathaya Namah* - Reverências ao Senhor Ambika.
- *Om Shrikantaya Namah* - Reverências a ele, cuja garganta está brilhando na cor azul.
- *Om Bhaktavatsalaya Namah* - Reverências ao Senhor que ama seus devotos como bezerros recém-nascidos.
- *Om Bhavaya Namah* - Reverências ao deus que é a própria existência.
- *Om Sarvaya Namah* - Reverências a Shiva que é tudo.
- *Om Trilokeshaya Namah* - Reverências a Shiva que é o Senhor de todos os três mundos.
- *Om Shitakanthaya Namah* - Reverências à alma primitiva cuja garganta é azul.
- *Om Shivapriyaya Namah* - Reverências ao deus que é querido por Shakti.
- *Om Ugraya Namah* - Reverências a Shiva, cuja presença é esmagadora.
- *Om Kapaline Namah* - Reverências ao deus cuja taça de esmolas é um crânio humano.
- *Om Kamaraye Namah* - Reverências a Shiva que conquista todas as paixões.
- *Om Andhakasura Sudanaya Namah* - Reverências ao Senhor que matou o asura Andhaka.
- *Om Gangadharaya Namah* - Reverências ao deus que detém o rio Ganges em seu cabelo.
- *Om Lalatakshaya Namah* - Reverências ao Senhor cujo esporte é a criação.
- *Om Kalakalaya Namah* - Reverências a Shiva que é a morte da morte.
- *Om Kripanidhaye Namah* - Reverências ao deus que é o tesouro de compaixão.
- *Om Bhimaya Namah* - Reverências a Shiva cuja força é incrível.
- *Om Parashu Hastaya Namah* - Reverências ao deus que empunha um machado em suas mãos.
- *Om Mrigapanayae Namah* - Reverências ao Senhor que cuida da alma no deserto.
- *Om Jatadharaya Namah* - Reverências a Shiva que tem uma massa de cabelo emaranhado.
- *Om Kailasavasine Namah* - Reverências ao deus que habita no Monte Kailas.
- *Om Kavachine Namah* - Reverências ao Senhor que está envolto em uma armadura.
- *Om Kathoraya Namah* - Reverências a Shiva que gera todo o crescimento da alma.
- *Om Tripurantakaya Namah* - Reverências ao Senhor que destruíram as três cidades demoníacas.

- *Om Vrishankaya Namah* - Reverências ao deus cujo emblema é um touro.
- *Om Vrishabharudhaya Namah* - Reverências a Shiva que monta um touro.
- *Om Bhasmoddhulita Vigrahaya Namah* - Reverências ao Senhor coberto de cinza sagrada.
- *Om Samapriyaya Namah* - Reverências ao deus que entoa os hinos do Sama Veda.
- *Om Svaramayaya Namah* - Reverências a Shiva que cria através do som.
- *Om Trayimurtaye Namah* - Reverências ao Senhor que é adorado em três formas.
- *Om Anishvaraya Namah* - Reverências ao Senhor indiscutível.
- *Om Sarvagyaya Namah* - Reverências ao deus que sabe todas as coisas.
- *Om Paramatmane Namah* - Reverências ao Ser Supremo.
- *Om Somasuragni lochanaya Namah* - Reverências à luz dos olhos de Soma, Surya e Agni.
- *Om Havishe Namah* - Reverências a Shiva que recebe oferendas de ghee (manteiga purificada).
- *Om Yagyamayaya Namah* - Reverências ao arquiteto de todos os ritos de sacrifício.
- *Om Somaya Namah* - Reverências à Lua-brilho da visão mística.
- *Om Panchavaktraya Namah* - Reverências ao deus das cinco atividades.
- *Om Sadashivaya Namah* - Reverências a Shiva eternamente auspicioso.
- *Om Vishveshvaraya Namah* - Reverências ao governante que a tudo permeia do Cosmos.
- *Om Virabhadraya Namah* - Reverências a Shiva, o principal dos heróis.
- *Om Gananathaya Namah* - Reverências ao deus dos Ganas.
- *Om Prajapataye Namah* - Reverências ao Criador.
- *Om Hiranyaretase Namah* - Reverências ao deus que emana almas de ouro.
- *Om Durdharshaya Namah* - Reverências ao ser invencível.
- *Om Girishaya Namah* - Reverências ao monarca da montanha sagrada Kailas.
- *Om Girishaya Namah* - Reverências ao Senhor do Himalaia.
- *Om Anaghaya Namah* - Reverências a Shiva que inspira coragem.
- *Om Bujangabhushanaya Namah* - Reverências ao Senhor adornadas com serpentes de ouro.
- *Om Bhargaya Namah* - Reverências o principal dos rishis (Sábios).
- *Om Giridhanvane Namah* - Reverências ao deus cuja arma é uma montanha.

- *Om Giripriyaya Namah* - Reverências ao Senhor que gosta de montanhas.
- *Om Krittivasase Namah* - Reverências ao deus que usa roupas de couro.
- *Om Purarataye Namah* - Reverências ao Senhor que está em casa no deserto.
- *Om Bhagavate Namah* - Reverências ao Senhor da prosperidade.
- *Om Pramathadhipaya Namah* - Reverências ao deus que é servido por Pritivis (seres da floresta).
- *Om Mritunjayaya Namah* - Reverências ao vencedor da morte.
- *Om Sukshmatanave Namah* - Reverências ao mais sutil do sutil.
- *Om Jagadvyapin Namah* - Reverências a Shiva que preenche o mundo inteiro.
- *Om Jagadgurave Namah* - Reverências ao guru de todos os mundos.
- *Om Vyomakeshaya Namah* - Reverências ao deus cujo cabelo é o céu.
- *Om Mahasenajanakaya Namah* - Reverências à origem da Mahasena (um lendário rei do Sri Lanka, que segundo a lenda governou Sri Lanka, enquanto Buda visitou a ilha).
- *Om Charuvikramaya Namah* - Reverências a Shiva, o guardião dos peregrinos errantes.
- *Om Rudraya Namah* - Reverências ao Senhor que é digno de louvor.
- *Om Bhutapataye Namah* - Reverências à origem dos seres vivos, incluindo o Bhutas, ou criaturas fantasmagóricas (dos cemitérios).
- *Om Sthanave Namah* - Reverências à firme e inabalável divindade.
- *Om Ahirbudhnyaya Namah* - Reverências ao Senhor que guarda a Kundalinî em repouso.
- *Om Digambaraya Namah* - Reverências a Shiva cujas vestes é o Cosmo.
- *Om Ashtamurtaye* - Reverências ao Senhor que tem oito formas.
- *Om Anekatmane Namah* - Reverências ao deus que é a única alma.
- *Om Satvikaya Namah* - Reverências ao Senhor de energia ilimitada.
- *Om Shuddha Vigrahaya Namah* - Reverências àquele que é livre de todas as dúvidas.
- *Om Shashvataya Namah* - Reverências a Shiva, infinito e eterno.
- *Om Khandaparashave Namah* - Reverências ao deus que corta o desespero da mente.
- *Om Ajaya Namah* - Reverências ao instigador de tudo o que ocorre.

- Om Papavimochakaya Namah - Reverências ao senhor que libera de todos os grilhões.
- Om Namah mridaya Namah - Reverências ao senhor da misericórdia.
- Om Pashupataye Namah - Reverências ao governante de todas as almas dos animais.
- Om Devaya Namah - Reverências ao principal do deva.
- Om Mahadevaya Namah - Reverências ao maior dos deuses.
- Om Avyayaya Namah - Reverências ao nunca sujeito à alteração.
- Om Haraye Namah - Reverências a Shiva que dissolve toda a escravidão.
- Om Pashudantabhide Namah - Reverências a Pushan o deus da reunião, e para a boa sorte em viagens.
- Om Avyagraya Namah - Reverências ao Senhor que é firme e inabalável.
- Om Dakshadhvaraharaya Namah - Reverências o destruidor do sacrifício de Daksha vaidoso.
- Om Haraya Namah - Reverências ao Senhor do Cosmos.
- Om Bhaganetrabhide Namah - Reverências a Shiva que ensina a vermos mais claramente.
- Om Avyaktaya Namah - Reverências a Shiva que é sutil e invisível.
- Om Sahasrakshaya Namah - Reverências ao Senhor de formas ilimitadas.
- Om Sahasrapade Namah - Reverências ao deus que está em pé andando em todos os lugares.
- Om Apavargapradaya Namah - Reverências ao Senhor que dá e tira todas as coisas.
- Om Anantaya Namah - Reverências ao deus que é infinito.
- Om Tarakaya Namah - Reverências ao libertador da Humanidade.
- Om Parameshvaraya Namah - Reverências ao grande deus.

Shiva Yantra

Yantra (O símbolo cósmico)

A mandala possui uma eficácia dupla:
conservar a ordem psíquica se ela já existe; restabelecê-la, se desapareceu.
Nesse último caso, exerce uma função estimulante e criadora.

C.G. Jung

O termo Sânscrito Yantra significa instrumento de contemplação, meditação e concentração. Nas sílabas da palavra Yantra, temos Yan que significa "apoio", "alavanca", "essência de um objeto", enquanto a sílaba Tra é "libertação" ou "construção". Assim, podemos interpretar Yantra com "ferramenta que alavanca a consciência, oferece liberdade".

Os Yantras são figuras geométricas compostas de formas arquetípicas que existem na natureza: o ponto, círculo, triângulo, quadrado e a composição dessas formas dão vida ao Yantra que no Tantra é chamado de símbolo de poder. Os mandalas se diferem dos yantras por conter figuras de animais, budas, divindades, elementos da natureza.

No Tantra, nas práticas mântricas e no Yoga a prática de visualização dos Yantras é das mais importantes, pois ali está contida a essência de uma divindade, a forma geométrica das formas universais. O Kularnava Tantra diz que a "Divindade" permeia da mesma forma o Yantra e o Mantra. O Yantra é o corpo da Divindade e Mantra é seu som.

Ao meditarmos num yantra ou em mandalas, observamos desenhos que contêm em seu interior o centro e ao redor, formas geométricas variadas e símbolos.

Universalmente, o Yantra é um símbolo de união, consciência e totalidade, da integração de forças. A forma yântrica pode ser encontrada em todo início, meio e fim do Cosmos nas células, no embrião, nas sementes, no caule das árvores, no grão de areia, nas flores, nos cristais, no gelo, nas galáxias, nos planetas, nas nebulosas. Se observarmos o cotidiano à nossa volta, perceberemos estruturas yântricas onde nunca pensaríamos haver, nas várias estruturas circulares que nos rodeiam e com as quais interagimos a todo instante.

Os yantras são encontrados no homem primitivo, existem desenhos de mandalas nas cavernas de povos tribais e nômades (me recuso a usar o termo pré-história por discordar de quem determina o que é história e o que é pré-história), ainda que bastante simplificados. Ao longo dos séculos diversos tipos de Yantras surgiram em diferentes civilizações e religiões, tais quais tribos dentro do xamanismo, na cultura egípcia, tibetana, budista, judaica e até cristã, como as rosáceas das grandes Catedrais, a cruz.

Um yantra sem a meditação no mesmo representa muito pouco de seu potencial. Só quando é despertado pela meditação (Dhyana) e junto com a utilização de seus mantras específicos é que surge o Poder do Yantra.

Na meditação ou visualização segundo escolas tântricas pede que se coloque a figura pendurada de frente para o Norte ou Leste. O centro ou Bindu do Yantra deve estar na altura dos olhos. Sente-se em postura meditativa (Sugestões no capítulo de Zazen). Faca algumas respirações completas e profundas.

Mantenha a atenção no centro e observe o Yantra inteiro de uma vez e utilize o mantra do mesmo. Exemplo: Esse Yantra de Shiva deve ser visualizado com algum mantra de Shiva.

A experiência será indescritível. Depois de pelo menos sete dias de meditação Yantra você será capaz de atingir a mesma energia sem a figura (poderá evocar o Yantra com os olhos fechados).

Não persiga um objetivo específico ao fazer meditação Yantra, simplesmente deixe fluir gradualmente, orientado pelas energias sublimes do macrocosmo.

Brahma, o Criador (Egrégora da criação)

Primeira divindade do *trimurti* que também é conhecido como Prajapati, pai de todas as raças. É o deus criador, pai dos deuses, dos homens e do mundo. Governa a sabedoria, magia e o conhecimento, senhor de todos os seres, descrito com quatro ou cinco cabeças. Veste-se com roupas brancas e cavalga sobre um ganso.

Uma das lendas sobre o surgimento de suas múltiplas cabeças conta que, de sua própria "substância imaculada", Brahma deu origem a uma companheira chamada Shatarupa (com cem lindas formas). Brahma, ao contemplar a beleza sublime de sua companheira foi arrebatado por tão grande amor, que não conseguia deixar de olhar Shatarupa. Para que continuasse a mirá-la, mesmo quando ela se deslocava para outros lados (direito, esquerdo, trás e alto), Brahma deixou que novas cabeças surgissem. Por fim, Brahma tomou-a por companheira e juntos deram origem a *suras* (deuses) e *asuras* (demônios). Outro mito é que cada uma de suas quatro cabeças recita um dos Vedas (texto sagrado).

Não se deve confundir Brahma com o Supremo Ser Cósmico da filosofia Vedanta conhecido por Brahman.

Na esfera das escrituras védicas, Brahma somente ocasionalmente interfere nos assuntos dos outros devas (deuses), e mais raramente ainda nos assuntos de mortais.

Brahma é autonascido (sem mãe) na flor de lótus que cresceu a partir do umbigo de Vishnu, no início do Universo. Isso explica o seu nome Nabhija (nascido do umbigo). Outra lenda diz que Brahma nasceu da água. Segundo o Tantra, Brahma seria também o filho do Ser Supremo, Brahman, com a energia feminina conhecida como Prakriti ou Maya.

Brahma é o criador, mas não necessariamente considerado como Deus no Hinduísmo. Ele é mais considerado como uma criação de Deus / Brahman.

Ele é ainda retratado tal qual um ser de barba branca, indicando a sua existência eterna e não porta nenhuma arma, ao contrário da maioria dos outros Deuses hindus. Uma das mãos é mostrada segurando um cetro na forma de uma colher, que é associado com o derrame de ghee (manteiga purificada) sagrado ou óleo em uma pira sacrificial, indicando que Brahma é o Senhor dos sacrifícios. Em outra de suas mãos segura um pote ou casca de coco com água. A água representa o éter inicial abrangente, o primeiro elemento da criação. Brama também mantém um cordão de contas de oração que usa para controlar o tempo do Universo.

O mantra de Brahma, ou *Brahma Mantra*, proporciona contentamento, saúde e longevidade. Concede também um sentimento profundo de devoção e confiança. Deve ser entoado, no mínimo, oito vezes: *Om Hrim Brahmaya Namah.*

Sarasvati, a Deusa da Sabedoria
(Egrégora do saber)

É a manifestação feminina de Brahma, sendo sua companheira e filha por ter surgido diretamente da matéria do Criador e tê-lo amado. Seus outros nomes são *Savitri, Gayatri e Brahmani*. Representa a sabedoria. Mãe dos *Vedas* (textos sagrados hindus) e inventora do alfabeto *dêvanágarí* (escrita dos deuses), é representada como uma bela jovem de quatro braços. Está na maior parte das imagens sentada em uma flor-de-lótus, símbolo da transmutação, trazendo em uma das mãos uma flor para oferecer a Brahma e na outra um livro, símbolo de sua sabedoria. Em outra mão, segura um *shivamala* (colar de Shiva), que lhe serve para contar os mantras que entoa, e na outra, um pequeno tambor, chamado *damaru*, que lembra seu amor à arte e à música. Também é representada como uma jovem com apenas dois braços que toca um instrumento de cordas, sentada sobre uma flor de-lótus.

Os mantras de Sarasvati, ou *Sarasvati Mantra*, visam à sabedoria, à criatividade e à inteligência. Deve ser entoado, no mínimo oito vezes: *Om Sri Sarasvatiaya Namah*.

- Om Eim Saraswatyei Swaha
- Om Brahma Jnanayei Namah
- Om Maha Vidyayei Namah
- Vedanam Matram Pasya Matstham Devim Saraswati
- Eim Hrim Srim Klim Sauh Klim Hrim Eim Blum Strim Nilatari Saraswati Dram Drim Klim Blum Sah
Eim Hrim Srim Klim Sauh Hrim Swaha.

Segundo a mística tântrica, a repetição fiel desse mantra, no decorrer do tempo, auxiliará a transformação daquele que o entoa em uma pessoa de conhecimento do Si mesmo.

Vishnu, o Mantenedor

Segunda divindade do *trimurti*, Vishnu é a energia conservadora. Manifesta-se em oito encarnações ou avatares. Leva um disco na mão, mostrando que mantém o *dharma*, a retidão, a justiça, a honradez e a ordem do Universo. A concha simboliza a remoção da ignorância e a música do Cosmo. O lótus representa a beleza do Universo e a pureza, assim também a transformação. O veículo de Vishnu é Garuda, o homem-águia, uma figura de grande força e poder.

O Sahasranama (um tipo de escritura Hindu) declara Vishnu como Paramatma (alma suprema), Parameshwara (deus supremo) e como a essência que permeia tudo de todos os seres, o mestre para além do passado, presente e futuro, o criador e destruidor de todas as existências, quem apóia, sustenta e governa o Universo e origina e desenvolve todos os elementos. Nos textos sagrados os Puranas, Vishnu, é descrito como detentor da cor divina de nuvens (azul escuro), quatro braços, segurando uma flor de lótus, uma concha, e chakra (roda).

O mantra de Vishnu, ou *Vishnu Gayatri Mantra*, tem como efeito principal estimular a força física do praticante. Deve ser entoado no mínimo oito vezes ao dia:

Om Narayanaya Vidmahe Vasudevaya Dhi Mahi
Tanno Vishnu Prachodayata.

As oito manifestações de Vishnu e seus mantras

A tradição hinduísta aponta que Vishnu se manifestou em oito formas divinas. Algumas poucas escolas ocultistas e hinduístas acreditam que Siddharta Gautama – o Buda – seja a nona manifestação.

1ª manifestação: Matsya

Matsya significa peixe e nessa manifestação Vishnu é um peixe enorme com escamas de ouro e um chifre. Ele avisou Manu (o "Noé" hindu) sobre o dilúvio e salvou-o em um barco preso ao seu chifre.

2ª manifestação: Kurma

Vishnu, aqui, se transforma em Kurma, a tartaruga, a fim de salvar o Monte Mandara – que continha o leite da imortalidade – do ataque de demônios destruidores.

3ª manifestação: Varaha

Quando a Terra estava submersa sob as águas de um segundo dilúvio, Vishnu encarnou em um javali, matando um gigante que aprisionava a Terra.

4ª manifestação: Nara Simha

Vishnu aqui é Nara Simha, meio homem, meio leão. No crepúsculo matou um demônio que tinha invulnerabilidade durante o dia e a noite. Essa manifestação deveu-se à necessidade de combater a idolatria (principalmente material) do homem.

5ª manifestação: Trivik Rama

Desejando terminar a guerra entre deuses/deusas e demônios, Vishnu manifesta-se em anão com poderes mágicos que dominam os três mundos (físico, emocional e espiritual). O mantra que invoca Vishnu e o domínio dos três planos é: *Om Trailokya Nathaya Namah.*

6ª manifestação: Parasu Rama

Nessa manifestação Vishnu aparece como um sacerdote hindu. Ele matou o rei Kshatryia, que roubou seu pai. Os filhos do rei, por sua vez, mataram seu pai, o que fez com que Parasu Rama matasse todos os homens descendentes do rei durante 21 gerações.

7ª manifestação: Rama

Rama é um guerreiro que sai em resgate de sua esposa Sita, capturada pelo demônio Râvana. Na batalha descrita na "Epopéia Ramayama", Rama tem um fiel amigo, o macaco Hanumam, deus da devoção.

8ª manifestação: Krishna

Krishna é considerado a manifestação plenamente consciente de Vishnu. É o Iluminado que traz caminhos de paz, plenitude e amor na era em que vivemos (kali-yuga) ou idade das trevas e de falta de justiça e ética ecológica.

Este é o mantra de Krishna, popularizado no Ocidente, a partir do fim dos anos 60, pelos Beatles:

Hare Rama, Hare Rama

Rama Rama, Hare Hare

Hare Krishna, Hare Krishna

Krishna Krishna, Hare Hare.

Krishna, O Amor Puro

Manifestação de Vishnu, Krishna é um dos mais conhecidos avatares. Seu nome significa "escuro", graças à sua pele de tom azulado. É representado por um jovem formoso, de corpo forte e cabelos anelados. É a divindade manifesta que conta com o maior número de adeptos na Índia e em todo o mundo, ao lado de mestre Jesus e Buda.

No *Mahabharata* – a grande odisseia hindu e o mais famoso poema épico de toda a Índia – Krishna aparece ao lado de seu primo e escudeiro Arjuna. Em um dos livros do *Mahabharata*, o "Bhagavad Gita" (A Canção do Senhor), Krishna personifica a divindade suprema, enquanto Arjuna representa o ser humano preso a valores egoicos e temporais, que encontra em Krishna um guia e conselheiro.

É a divindade do amor e também recebe os nomes de Govinda (Pastor), Kezava (O Que Possui Cabelos Abundantes), Gopinath (Senhor dos Leiteiros) e Gopal (Pastor). O mantra de Krishna, ou *Krishna Mantra*, permite ao discípulo desenvolver grande força física e moral e, claro, amorosidade, gentileza e compaixão. Krishna é frequentemente descrito como uma criança, tocando uma flauta como no *Bhagavata Purana*, ou como um príncipe jovem que dá sentido e orientação, no "Bhagavad Gita". As histórias de Krishna aparecem amplamente na filosofia hindu. Nessas histórias Ele é retratado em várias perspectivas: uma criança-deus, um ser brincalhão, amante, herói divino e do Ser Supremo.

A entoação constante deste mantra proporciona confiança e faz com que o praticante passe a acreditar em sua própria capacidade de realização. Para ele o impossível torna-se possível, a dor se transforma em alegria, e as dificuldades, em satisfação. Este mantra deve ser repetido oito vezes ao dia: *Om Klim Krishnaya Namah.*

Alguns mantras relacionados à Krishna

Mantras de Krishna (para felicidade): *Om Hrisi Keshâya Namah.*

Este mantra pode ser entoado, também, para despertar todos os nossos potenciais do ser (plenitude ou totalidade).

Govinda é o chefe dos pastores e este mantra é uma alusão ao mestre Krishna, o pastor dos espíritos, entoado por aqueles que buscam orientação mística de seu mestre interno (ou quem sabe externo): *Om Govindaya Namah.*

O mantra que homenageia Krishna, o matador de demônios, deve ser entoado para nos proteger de inimigos: *Om Madhusudanaya Namah.*

Este é o mantra de proteção que invoca Vasudeva, o pai de Krishna: *Om Namo Bhagavate Vasudevaya.*

A repetição deste mantra sagrado aumenta sensivelmente nosso poder de cura energética: *Om Sri Krishnaya Govindaya Vallabrâva Swáhá.*

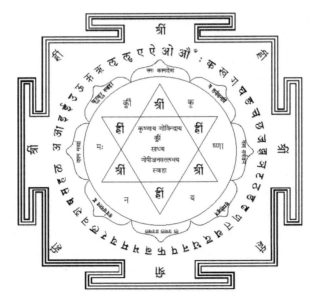

Krishna Yantra

Lakshmi, A Energia da Prosperidade

É a manifestação feminina de Vishnu, o conservador, que também é conhecida como Sri. Segundo a tradição, Lakshmi é eterna e onipresente. Na Índia, quando alguém enriquece, diz-se que Lakshmi foi visitá-lo, pois a mesma concede prosperidade e fartura aos homens. Atua também na beleza e no amor. É a deusa da fertilidade. Uma das mãos está posicionada em um gesto que diz: "Não tenhas medo". A outra se posiciona com os dedos para baixo, como a conceder a graça e a prosperidade. É também representada por uma jovem de cor dourada, sentada em uma flor-de-lótus. Com o mantra de Lakshmi, ou *Sri Mantra*, busca-se felicidade (ou prazer) pessoal e no mundo material (de forma ética e não predadora do planeta). Ao entoar este mantra, o praticante pode, a fim de alavancar a prática, conservar junto de si um vaso com flores vivas. Deve ser proferido no mínimo oito vezes ao dia: *Om Srim Hrim Klim Sriyai Namah*.

Om Shrim Lakshmiyei Swaha
Om Shrim Maha Lakshmiyei Swaha
Om Padma Sundharyei Namah
Om Shrim Siddhayei Namah
Om Shantiyei Namah
Om Satyei Namah
Om Shri Dhanvantre Namah

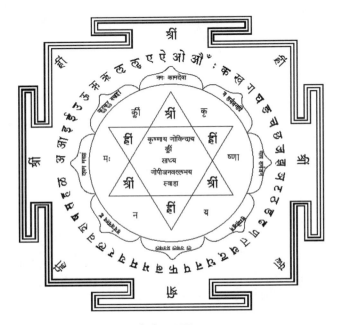

Lakshimi Yantra

Shakti, O Poder do Feminino

É filha de Daksha, que por sua vez é filho de Brahma. Recebe os nomes de Uma, Ambika e Devi e simboliza o ideal feminino de sensualidade, beleza, alegria, sabedoria, virtude e sinceridade. Foi a amada de Shiva em sua primeira manifestação na Terra e ela renasceu várias vezes para tornar a se unir a ele.

A palavra Shakti deriva do sânscrito "Shak" que significa "ser capaz" ou "o poder de", daí sua atuação e força sagrada ou o poder de uma deusa. Significa também sua esposa. Assim, Párvati é a shákti de Shiva, Lákshmi a Shakti de Vishnu e Sarasvati a Shakti de Brahma.

Representada por uma mulher jovem e linda, ricamente ornamentada, sua expressão é serena e seus grandes olhos negros transmitem compreensão e sabedoria. Quase sempre aparece ao lado de Shiva.

Na Índia, Shakti é a manifestação da energia cósmica dinâmica. Shakti, a deusa mãe, também conhecida como Ambaa (mãe), ou Devi (deusa). Shakti é a mãe de Skanda e Ganesha. No Tantra, acredita-se que Shakti seja a força e a energia, nas quais o Universo é criado, preservado, destruído e recriado (pela trindade do Hinduísmo: Brahma, Vishnu e Shiva).

128 | *Mantra – O espírito do som e o poder do verbo*

Shakti é adorada em várias formas:

- Como Kamakshi, ela é a mãe universal.
- Como Uma ou Parvati, ela é a gentil cônjuge de Shiva.
- Como Meenakshi é a rainha de Shiva.
- Como Durga, monta um tigre, que simboliza a vitória do bem contra o mal.
- Como Kali, ela destrói e devora todas as formas de demônios. Também é a personificação do tempo.

Acreditar em Shakti como o aspecto feminino de uma divindade é comum na Índia.

Práticas tântricas envolvendo gestos (mudrás), cantos e yantras são executados em adoração a Shakti.

O **Mantra de Shakti** pode ser entoado por homens, mas é especialmente recomendado para as mulheres, já que sua prática constante torna-as mais sensíveis, belas e conscientes. O principal atributo desse mantra é o desenvolvimento do poder de geração e criação. Deve ser entoado oito vezes ao dia: Om Shaktiaya Namah.

Mantras de Shakti

- *Hara Mahádêva,*
  Párvatí valab Sadáshiva.
  Párvatí valab Sadáshiva Om,
  Párvatí valab Sadáshiva.

- *Hê Kalyaní, hê Bhaváni,*
  Hê Mahêshwarí namô namah.
  Shakti Durgáni namô namah,
  Shakti Bhaváni namô namah.

- *Jagajaganí, Jagam Mata, Ádi Paráshaktí Mahálakshmí.*
  Jagadíshvarí, Bhuvanêshvarí, Adi Paráshaktí MaháKali.
  Shivashankarí Bhuvanêshvarí Adi Paráshaktí Mahálakshmí.

- *Samba Sadáshiva, Samba Sadáshiva,*
  Samba Sadáshiva, Samba Shiva Om Hara.
  Om Mata, Om Mata, Om Sri Mata Jagadambá.
  Uma Paramêshwarí Sri Bhuvanêshwarí,
  Ádi Parashaktí Devi Mahêshwarí.

- *Ádi divya jyôti mahá Kálimá namah.*
  Madhu shumbha mahisha mardini mahá shaktayê namah.
  Brahma, Vishnu, Shiva svarúpa tvam na anyathá.
  Charácharasya páliká namô namas sadá.

Shakti Yantra para meditação.
Esse é um poderoso símbolo do tantra.

Parvati, A Grande Mãe

Parvati é uma manifestação de Shakti. Também conhecida pelo nome de Gauri (Dourada), é nessa manifestação que se torna a deusa da atração e da beleza. Representada por uma mulher serena e paciente, seus principais atributos são tipicamente femininos, por isso Parvati relaciona-se a elementos tais quais a maternidade, o carinho e a harmonia.

O mantra de Parvati, ou *Gauri Mantra*, concede ao praticante força consciência pessoal. Deve ser entoado oito vezes ao dia: *Om Hrim Gauryai Namah*.

Outro mantra de Parvati proporciona contentamento e alegria profissional e deve ser entoado oito vezes ao dia: *Om Hrim Gauri Rudradayite Hum Phat Swáhá*.

Parvati Yantra

Durga, O poder da Natureza

Outra manifestação de Shakti, Durga é a própria Parvati. Aqui, porém, ela assume a postura de uma guerreira, capaz de eliminar os demônios que prejudicam os deuses/deusas e os homens. Tem uma beleza forte e cativante e, por demonstrar coragem e astúcia, revela outro aspecto da feminilidade, menos conhecido e mais guerreiro. A palavra Durga significa "inacessível", no sentido de algo ilusório, imaterial.

E também é conhecida como Maa Durga ou Ma Durga ("Mãe Durga"), é, no Hinduísmo, uma forma de Devi, a deusa suprema e como a mãe de Ganesha, Kartiqueia, assim como de Sarasvati e Lakshmi. Ainda a esposa de Shiva, a deusa Parvati, a caçadora de demônios. Durga é descrita como um aspecto guerreiro da Devi Parvati com 10 braços, cavalgando um leão ou um tigre, carregando armas e assumindo mudrás, ou gestos simbólicos com a mão. (Shakti).

Durga na tradição tântrica

Na mítica Tântrica, Durga nasceu já adulta das bocas chamejantes de Brahma, Vishnu e Shiva. A Grande Deusa Durga é dita ser absolutamente bela. Sua imagem é extremamente brilhante (devi), com três olhos iguais a lótus, cabelos exuberantes com formosos anelados, pele vermelho-dourada brilhante e um quarto crescente em sua testa. Usa um brilhante traje azul-marinho que emite raios. Seus ornamentos são esculpidos em ouro, com pérolas e pedras preciosas. Cada deus também lhe deu a sua arma mais poderosa: o tridente de Rudra, o disco de Vishnu, o raio de Indra, o kamandal de Brahma (é um pote com o elixir da vida), o gada (antiga clava indiana) de Kubera. O Himalaia presenteou-lhe com um feroz leão dourado.

A deusa também surge sob outras manifestações, com os nomes de Jagaddharti (Mãe do Mundo), Dasabhuja (Deusa de dez mãos), Muktakesi (A que tem cabelos ao vento), Tara (A salvadora), Chinnamustaka (A decapitada), Krishnakrora (A que amamentou Krishna), Jagadgauri (Mulher dourada de fama universal), Annapuma (A que traz fortuna), Pratyangira (A bem proporcionada), Singhavahini (A que monta um leão), Mahishamardini (A que matou o demônio Mahisha) e Kali (A negra), esta a mais conhecida de suas manifestações.

O mantra de Durga, ou *Durga Hridaya Mantra*, proporciona proteção feminina, consciência, sexualidade e segurança. Deve ser entoado oito vezes ao dia: *Om Em Hrim Klim Camunda Vicai Namah.*

Dentro da tradição tântrica e hindu há dez divindades relacionadas com Durga que conferem atributos variados. Seus dez mantras de sabedoria (*Dasha--Mahavidyas*) são:

- **Deusa Bhuvaneshuari** (sustentação da vida) é a deusa criadora: *Om Bhuvaneshuari Namah.*
- **Deusa Matangi** (poder de dominar) é a deusa energizadora: *Om Matangi Namah.*
- **Deusa Kali** (poder sobre o tempo) é a deusa controladora: *Om Kali Namah.*
- **Deusa Bagala** (destruição do negativo) é a deusa protetora: *Om Bagala Namah.*
- **Deusa Chinnamasta** (distribuição da energia da vida) é a deusa iniciadora: *Om Chinnamasta Namah.*
- **DeusaDhumavati** (domínio da natureza) é a deusa desafiadora: *Om Dhumavati Namah.*
- **Deusa Tara** (recriação da vida) é a deusa libertadora: *Om Tara Namah.*
- **Deusa Bhairavi** (modificações na vida) é a deusa tecelã: *Om Bhairavi Namah.*
- **Deusa Sodashi** (aperfeiçoamento) é a deusa preservadora: *Om Sodashi Namah.*
- **Deusa Kamala** (restauração) é a deusa dos poderes: *Om Kamala Namah.*

Entoe esses mantras 108 vezes ou em múltiplos de 8.

O Devi Mahatmyam

Hino místico de invocação a Shakti Durga em forma mântrica

1. *Namo Devyei Maha Devyei Shivayei Satatam Namah Prakrityei Bhadrayei Niyata Pranata Smatam*

   "Saudações ao Grande Feminino, que é a morada de todas as bênçãos. Ela que é a energia primordial do Cosmos e o princípio que o sustenta. Nós oferecemos adorações com a mais profunda devoção".

2. *Raudrayei Namo Nityayei Gauryei Dhatrayei Namo Namah Jyotsnayei Chandu Rupinyei Sukhayei Satatam Namah*

   "Adorações a Ela que é terrível e eterna. Ela é a resplandecente que sustenta o Cosmos com uma forma suavizante da Lua com o seu frescor, graça e encanto".

3. *Kalyanyei Pranata Vridyei Siddyei Kurmo Namo Namah Nairatyei Bhubritam Lakshmiyei Sharvanyei Te Namo Namah*

   "Adorações para Ela que é a fonte de todas as bênçãos. Ela é prosperidade, sucesso e todas as formas de riqueza".

4. *Durgayei Durga Parayei Sarayei Sarva Karineyi Khyatyei Tathaiva Krishnayei Dhumrayei Satatam Namo Namah*

   "Eu faço minhas reverências mais profundas e ofereço minha homenagem interior ao absoluto Feminino que conduz o seu rebanho através do oceano das tribulações".

5. *Ati Saumya Atiraudrayei Nata Statsyei Namo Namah Namo Jagat Pratistayei Devyei Krityei Namo Namah*

   "Saudações a Ela que pode ser terrível quando for necessário, mas que é gentil por natureza e sustenta o Universo. Ela é a fonte de toda criatividade. A ela nós nos curvamos vezes e mais vezes".

6. *Ya Devi Sarva Bhuteshu Vishnu Mayeti Shabdita Nama Stasyei Nama Stasyei Nama Stasyei Namo Namah*

   "Saudações ao Grande Feminino, poder do próprio Vishnu, que habita em todos os seres. Saudações e mais saudações".

7. *Ya Devi Sarva Bhuteshu Cheteneya Rupena Bhiditate Nama Stasyei Nama Stasyei Nama Stasyei Namo Namah*

   "Eu me curvo ao Grande Feminino que habita em todos os seres sob a forma da Consciência Infinita".

8. *Ya Devi Sarva Bhuteshu Buddhi Rupena Samsthita Nama Stasyei Nama Stasyei Nama Stasyei Namo Namah*

   "Eu me curvo ao Grande Feminino que habita em todos os seres sob a forma da Inteligência".

9. *Ya Devi Sarva Bhuteshu Nidra Rupena Samsthita Nama Stasyei Nama Stasyei Nama Stasyei Namo Namah*

   "Eu me curvo ao Grande Feminino que habita em todos os seres sob a forma do Sono".

10. *Ya Devi Sarva Bhuteshu Kshudhi Rupena Samsthita Nama Stasyei Nama Stasyei Nama Stasyei Namo Namah*

    "Eu me curvo ao Grande Feminino que habita em todos os seres sob a forma da Fome".

11. *Ya Devi Sarva Bhuteshu Chaya Rupena Samsthita Nama Stasyei Nama Stasyei Nama Stasyei Namo Namah*

    "Eu me curvo ao Grande Feminino que habita em todos os seres sob a forma da Reflexão".

12. *Ya Devi Sarva Bhuteshu Shakti Rupena Samsthita Nama Stasyei Nama Stasyei Nama Stasyei Namo Namah*

    "Eu me curvo ao Grande Feminino que habita em todos os seres sob a forma do Poder".

13. *Ya Devi Sarva Bhuteshu Thrishna Rupena Samsthita Nama Stasyei Nama Stasyei Nama Stasyei Namo Namah*

    "Eu me curvo ao Grande Feminino que habita em todos os seres sob a forma da Sede".

14. *Ya Devi Sarva Bhuteshu Kshanti Rupena Samsthita Nama Stasyei Nama Stasyei Nama Stasyei Namo Namah*

    "Eu me curvo ao Grande Feminino que habita em todos os seres sob a forma do Perdão".

15. *Ya Devi Sarva Bhuteshu Jati Rupena Samsthita Nama Stasyei Nama Stasyei Nama Stasyei Namo Namah*

    "Eu me curvo ao Grande Feminino que habita em todos os seres sob a forma do Gênio".

16. *Ya Devi Sarva Bhuteshu Laja Rupena Samsthita Nama Stasyei Nama Stasyei Nama Stasyei Namo Namah*

    "Eu me curvo ao Grande Feminino que habita em todos os seres sob a forma da Modéstia".

17. *Ya Devi Sarva Bhuteshu Shanti Rupena Samsthita Nama Stasyei Nama Stasyei Nama Stasyei Namo Namah*

"Eu me curvo ao Grande Feminino que habita em todos os seres sob a forma da Paz".

18. *Ya Devi Sarva Bhuteshu Shraddha Rupena Samsthita Nama Stasyei Nama Stasyei Nama Stasyei Namo Namah*

"Eu me curvo ao Grande Feminino que habita em todos os seres sob a forma da Fé".

19. *Ya Devi Sarva Bhuteshu Kanti Rupena Samsthita Nama Stasyei Nama Stasyei Nama Stasyei Namo Namah*

"Eu me curvo ao Grande Feminino que habita em todos os seres sob a forma da Beleza".

20. *Ya Devi Sarva Bhuteshu Vritti Rupena Samsthita Nama Stasyei Nama Stasyei Nama Stasyei Namo Namah*

"Eu me curvo ao Grande Feminino que habita em todos os seres sob a forma da Atividade".

21. *Ya Devi Sarva Bhuteshu Smritti Rupena Samsthita Nama Stasyei Nama Stasyei Nama Stasyei Namo Namah*

"Eu me curvo ao Grande Feminino que habita em todos os seres sob a forma da Memória".

22. *Ya Devi Sarva Bhuteshu Daya Rupena Samsthita Nama Stasyei Nama Stasyei Nama Stasyei Namo Namah*

"Eu me curvo ao Grande Feminino que habita em todos os seres sob a forma da Compaixão".

23. *Ya Devi Sarva Bhuteshu Tusti Rupena Samsthita Nama Stasyei Nama Stasyei Nama Stasyei Namo Namah*

"Eu me curvo ao Grande Feminino que habita em todos os seres sob a forma do Contentamento".

24. *Ya Devi Sarva Bhuteshu Matri Rupena Samsthita Nama Stasyei Nama Stasyei Nama Stasyei Namo Namah*

"Eu me curvo ao Grande Feminino que habita em todos os seres sob a forma da Mãe".

25. *Ya Devi Sarva Bhuteshu Bhranti Rupena Samsthita Nama Stasyei Nama Stasyei Nama Stasyei Namo Namah*

"Eu me curvo ao Grande Feminino que habita em todos os seres sob a forma da Ilusão".

26. *Indriyanam Adhistatri Bhutanamcha Akilei Shucha Bhuteshu Satatam Tasyei Vyapti Devyei Namo Namah*

    "Eu me curvo repetidas vezes às regras de todos os elementos e sentidos. Saudações ao Grande Feminino".

27. *Chiti Rupena Ya Krits Nametat Vyapya Stitha Jagat Nama Stasyei Nama Stasyei Nama Stasyei Namo Namah*

    "O Grande Feminino reside em todos os seres sob a forma da consciência e permeia todas as partes do Universo, adorações a Ela vezes e mais vezes".

Durga Yantra

Kali, A Destruição

Uma das manifestações mais conhecidas e veneradas de Durga, Kali é a Mãe Negra, a deusa da morte, (transformação) representada por uma mulher de pele escura e quatro braços. Leva nas mãos uma espada e a cabeça de um gigante a quem venceu e matou. Seus olhos são avermelhados e há rastros de sangue no rosto e nos seios. No passado, a corrente de esquerda do tantrismo dedicava a Kali ritos sanguinários. Sua simbologia deve ser compreendida no aspecto mais profundo, que é, na verdade, a destruição e a morte do ego, do apego e das ilusões, que geram sofrimento.

Kali é uma guerreira feminina cuja sexualidade se manifesta em sua forma mais atuante e primitiva, já que os instintos se sobrepõem à sua condição de deusa.

É a representação da natureza e a essência de toda a realidade. Deusa da morte e da sexualidade, Kali é a "esposa" do deus Shiva, em algumas tradições, Shiva é transformado em Kali, que seria um de seus aspectos. Segundo o tantrismo, é a divina "mãe" ou pai do Universo, destruidor de toda a maldade. É representada como uma mulher exuberante, em uma parte da Índia; em outra, como homem de pele escura, que traz um colar de crânios em volta do pescoço e uma saia de braços decepados – expressando, assim, a implacabilidade da morte.

Conta-se que, em uma luta entre Durga e o demônio Raktabija, este fez o desespero de Durga com um maléfico poder: cada gota do sangue se transformava em um demônio. Durga e Shiva, ao tentar matar os vários demônios que surgiam a cada gota de sangue, cortavam a cabeça (e daí nasciam mais e mais demônios). Já em desespero, surge Kali, que cortava as cabeças e lambia o sangue (daí representado pelo colar de cabeças, pela adaga e a língua de fora). Assim, dizimou os demônios de Raktabija.

Mas Kali não é uma deusa maléfica, pois, na verdade, o papel de ceifadora de vidas é absolutamente indispensável para a manutenção do mundo. Os devotos são recompensados com poderes paranormais e com uma morte sem sofrimentos.

A figura da deusa tem quatro braços, pele azul, os olhos ferozmente arregalados, os cabelos revoltos, a língua solta, os lábios tintos de hena. No pescoço, traz um colar de cabeças humanas e, nos flancos, uma faixa de mãos decepadas.

Kali aponta o lado escuro da mulher ou do transgênero e a verdadeira força feminina. Kali é venerada na Índia como uma mãe pelos seus devotos e devotas, que esperam dela uma morte sem dor ou aflição.

O mantra de Kali, ou *Kali Mantra*, atua sobre o despertar da energia da vida (kundalinî), eliminando o egocentrismo do praticante e preparando-o para alcançar a maturidade, individuação (Jung) e o respeito dos que o cercam. Deve ser entoado oito vezes ao dia: *Om Sri Kalikaya Namah*.

Outros mantras da tradição de Kali.

1. *Om Klim Kalika-yei Namah*
"Om e saudações. Eu atraio aquela que é negra e poderosa".

2. *Om Hrim Shreem Klim Adya Kalika Param Eshwari Swaha*
"Om e saudações a Ela que é a primeira, negra em sua própria realidade, o supremo feminino primordial, que abre caminho através da ilusão, removendo obstáculos e vencendo dificuldades até a verdade completa da existência".

Kali Yantra

Lalita

É uma manifestação de Kali que representa o poder criativo do Universo. Lalita é o grande princípio feminino, conhecida como Mãe Divina por Paramahansa Yogananda.

- *Om Shrim Shriyei Namah*
  "Om e saudações para a abundância criativa que é a verdadeira forma deste Universo".

- *Om Eim Klim Sau Sau Klim Eim*
  (Consistindo inteiramente em (bijas sílabas-sementes), esse mantra pode ajudar muito a melhorar a concentração e a atrair Shakti para o aquietamento da mente).

- *Om Papa Nashinyei Namah*
  Om Kama Dayinyei Namah
  Om Bhoginyei Namah
  Om Nishka Mayei Namah
  Om Mula Mantra'tmikayei Namah
  Om Muladharaik Nilayayei Namah
  "Om e saudações a Ela que é o poder de Kundalinî que reside no chakra Muladhara na base da coluna vertebral".

- *Om Bhakta Saubhagya Dayinyei Namah*
  "Om e saudações a Ela que compassivamente oferece qualidades de si mesma aos seus devotos, incluindo Iluminação, glória, beleza e outros atributos que tornam radiante o futuro deles".

- *Om Bhakti Gamayei Namah*
  "Om e saudações a Ela que é alcançada por meio da devoção e do serviço".

- *Om Bhaya Pahayei Namah*
  "Om e saudações a Ela que remove o medo fortalecendo-nos com o poder do conhecimento".

- *Om Sri Karayei Namah*
  "Om e saudações a Ela que se tornou Lakshmi, a esposa de Vishnu".

- *Om Nitya Buddhayei Namah*
  "Om e saudações a Ela que é a morada do Conhecimento".

- *Om Mada Nashinyei Namah*
  "Om e saudações a Ela que erradica a arrogância".

- *Om Dukha Hantrayei Namah*
  "Om e saudações a Ela que erradica as tristezas deste mundo".

- *Om Sarva Mangalayei Namah*
  "Om e saudações a Ela que é tudo aquilo que é venturoso e oferece isso aos Seus devotos".

- *Om Sarva Mantra Swarupinyei Namah*
  "Om e saudações a Ela que é a forma suprema de todos os mantras e fórmulas sagradas".

- *Om Maha Siddhayei Namah*
  "Om e saudações a Ela que é a morada das capacidades ou poderes espirituais e os concede aos seus devotos".

- *Om Charu Rupayei Namah*
  "Om e saudações a Ela que incorpora a beleza e a elegância".

- *Om Vishwa Rupayei Namah*
  "Om e saudações a Ela que é a forma do universo inteiro".

- *Om Purnayei Namah*
  "Om e saudações a Ela que é completa, unificada e perfeita, sem limitações de qualquer tipo".

- *Om Hrim Karayei Namah*
  "Om e saudações a Ela cuja semente sonora (Hrim) é a causa de o Universo aparecer ou desaparecer".

- *Om Yoginyei Namah*
  Mantra que estimula as práticas e o poder do Yoga.

- *Om Iccha Shakti Jnana Shakti Kriya Shakti Swarupinyei Namah*
  "Atua no poder das principais Shaktis, bem como de todo o restante".

Ganesha, Sabedoria e Prosperidade

Ganesha é filho de Shiva e Parvati. É cultuado como deus da sabedoria, da superação dos obstáculos e da prosperidade. Sua ajuda é solicitada na execução de qualquer projeto, especialmente naqueles de natureza intelectual, material ou profissional.

Ganesha também está associado à prudência, à diplomacia e ao poder. Arquetipicamente, é representado por um homem de corpo robusto e cabeça de elefante. O corpo forte indica firmeza; a cabeça, sagacidade. Sua tromba simboliza o órgão genital masculino, associado à força, e sua boca representa o órgão genital feminino, vinculado à intuição. Dessa forma, Ganesha é a manifestação do equilíbrio perfeito, da interação da força masculina e feminina.

Ganesha no Tantra e Hinduismo

No Tantra é representado por uma divindade amarela ou vermelha, com uma grande barriga, quatro braços e a cabeça de elefante com uma única presa, montado em um rato. Habitualmente está sentado, com uma perna levantada e curvada por cima da outra. Em geral, antepõe-se ao seu nome o título Hindu de respeito "Shri" ou Sri. (Senhor)

Seu corpo é humano enquanto que a cabeça é de um elefante; ao mesmo tempo, seu transporte (vahana) é um rato. Desta forma, Ganesha representa uma solução lógica para os problemas, ou "Destruidor de Obstáculos". Sua consorte é Buddhi (um sinônimo de mente) e ele é adorado junto de Lakshmi (a deusa da abundância) pelos mercadores éticos e que não fazem mal aos animais. A razão, sendo a solução lógica para os problemas, e a prosperidade, são inseparáveis.

O *deus da Prosperidade*

Ganesha é uma divindade amada e muito invocada, já que é a divindade que proporciona prosperidade e também o Destruidor de Obstáculos de ordem material ou espiritual. É por este motivo que sua graça é invocada antes de iniciar qualquer tarefa com Mantras. Todas as sessões de bhajan (cântico devocional) são iniciadas com uma invocação de Ganesha, o Senhor dos "bons inícios". Por toda a Índia, o Senhor Ganesha é a primeira deidade colocada em qualquer nova casa ou templo.

Além disso, Ganesha é associado com o primeiro chakra, que representa o instinto de conservação e sobrevivência e de procriação.

Símbolos

Do mesmo jeito que acontece com todas as outras formas nas quais o Tantra representa semideuses, a figura de Ganesha é, também, um arquétipo cheio de múltiplos simbolismos que expressa um estado de perfeição, assim como os meios de obtê-la.

Ganesha é o som primordial, Om, do qual todos os hinos nasceram. Quando Shakti (Energia) e Shiva (Matéria) se encontram, ambos o Som (Ganesha) e a Luz (Skanda) nascem. Ele representa o perfeito equilíbrio entre força e bondade, poder e beleza. Ele também simboliza as capacidades discriminativas que provê a habilidade de perceber a distinção entre verdade e ilusão, o real e o irreal.

Atributos

A **cabeça de elefante** indica fidelidade, inteligência e poder discriminatório.

O fato de ele ter apenas uma única presa (a outra estando quebrada) indica a habilidade de Ganesha de superar todas as formas de dualismo; é descrito também que ele retirou sua outra presa para escrever os Vedas.

As **orelhas abertas** denotam sabedoria, habilidade de escutar pessoas que procuram ajuda e para refletir verdades espirituais. Elas simbolizam a importância de escutar para poder assimilar ideias. Orelhas são usadas para ganhar conhecimento.

A **tromba curvada** indica as potencialidades intelectuais que se manifestam na faculdade de discriminação entre o real e o ilusório.

Na testa, o Trishula (arma de Shiva, Tridente) é desenhado, simbolizando o tempo (passado, presente e futuro) e a superioridade de Ganesha sobre ele; também representam os chamados "três modos da natureza material", bondade, paixão e ignorância, que são superados por Ganesha.

A **barriga** de Ganesha simboliza a benevolência da natureza e equanimidade, a habilidade de Ganesha de sugar os sofrimentos do Universo e proteger o mundo.

A posição de suas pernas (uma descansando no chão e a outra em pé) indica a importância da vivência e participação no mundo material assim como no mundo espiritual, a habilidade de viver no mundo sem ser do mundo.

Os **quatro braços** de Ganesha representam os quatro atributos do corpo sutil, que são: mente (Manas), intelecto (Buddhi), ego (Ahamkara), e consciência condicionada (Chitta). O Senhor Ganesha representa a pura consciência – o Atman – que permite que estes quatro atributos funcionem em nós;

A mão segurando uma **machadinha** é um símbolo da restrição de todos os desejos, que trazem dor e sofrimento. Com esta machadinha Ganesha pode repelir os obstáculos.

As outras mãos seguram um **chicote**, símbolo da força. O chicote nos fala que os apegos mundanos e desejos devem ser deixados, outra mão está em uma pose de bênçãos, refúgio e proteção (abhaya) e a última segura uma flor de lótus (padma), que simboliza a realização do seu verdadeiro ser.

A presa partida. A presa quebrada de Ganesha simboliza sua habilidade de superar ou "quebrar" as ilusões da dualidade.

Um elefante normalmente tem duas presas. A mente também frequentemente propõe duas alternativas: o bom e o mau, o excelente e o expediente, fato e fantasia. Ele que tem apenas uma presa, para lembrar a todos que é necessário possuir determinação.

O Senhor cuja forma é Om. Ganesha é também definido como Omkara, que significa "tendo a forma de Oum". A forma do seu corpo é uma cópia do traçado da letra Devanagari que indica este Bija Mantra. Por causa disso, Ganesha é considerado a encarnação corporal do Cosmos inteiro.

O rato. O divino veículo de Ganesha, o rato representa sabedoria e inteligência. Um rato vive uma vida clandestina nos esgotos. Então ele é também um símbolo da ignorância. Como veículo do Senhor Ganesha, o rato nos ensina a estar sempre alerta.

Outra visão é que o rato representa o ego, a mente com todos os seus desejos, e o orgulho. Ganesha, guiando sobre o rato, se torna o mestre dessas tendências, indicando o poder que as faculdades discriminatórias têm sobre a mente. O rato (extremamente voraz por natureza) é representado próximo a uma bandeja de doces com seus olhos virados em direção de Ganesha, enquanto ele segura um punhado de comida entre suas patas, como se esperando uma ordem de Ganesha. Isto representa a mente que foi completamente subordinada à faculdade superior do Ser, que olha fixamente para Ganesha e não se aproxima da comida sem sua permissão.

Histórias Mitológicas

Decapitado e reanimado por Shiva

Uma vez, quando sua mãe Parvati queria tomar banho, não havia guardas na área para protegê-la de alguém que poderia entrar na sala. Então ela criou um ser na forma de um menino, esse ser foi feito da pasta que Parvati havia preparado para lavar seu corpo. A deusa insuflou vida no boneco, então Ganesha nasceu. Parvati ordenou a Ganesha que não permitisse que ninguém entrasse na casa e Ganesha obedientemente seguiu suas ordens. Dali a pouco Shiva retornou da floresta e tentou entrar na casa, Ganesha parou a divindade. Shiva se enfureceu com esse menino que tentava desafiá-lo. Ele disse a Ganesha que ele era o esposo de Parvati e disse que Ganesha poderia deixá-lo entrar. Mas Ganesha não obedecia a ninguém que não fosse sua mãe. Shiva perdeu a paciência e teve uma batalha com Ganesha. No fim, ele decepou a cabeça de Ganesha com seu Trishula (tridente). Quando Parvati saiu e viu o corpo sem vida de seu filho, ordenou que Shiva devolvesse a vida de Ganesha. Mas o Trishula de Shiva foi tão poderoso que jogou a cabeça de Ganesha muito longe. Todas as tentativas de encontrar a cabeça foram em vão. Assim Shiva pediu ajuda para Brahma que sugeriu que ele substituísse a cabeça de Ganesha com o primeiro ser vivo que aparecesse em seu caminho. Shiva então mandou seu exército celestial para encontrar e tomar a cabeça de qualquer criatura e encontraram um elefante que dormia, tomaram sua cabeça, e colocaram a cabeça do elefante no corpo de Ganesha trazendo-o de volta à vida. Dali em diante ele é chamado de Ganapathi, ou o chefe do exército celestial, que deve ser adorado antes de iniciar qualquer atividade.

Na Índia não há praticamente uma casa, templo ou mosteiro em que sua imagem não ocupe lugar de destaque. Além disso, existe uma corrente do hinduísmo que faz de Ganesha objeto supremo de adoração e seus seguidores são chamados *ganapatyas*.

Essa divindade aparece em várias manifestações ou formas diferentes e cada qual exalta uma qualidade.

Mantras de Ganesha

1º mantra: *Om Gunapravanasaantushtaaya Namahá.*
Para inspirar virtudes.

2º mantra: *Om Gunaikabhuvae Namahá.*
Autorrespeito.

3º mantra: *Om Gunapoornaaya Namahá.*
Tolerância.

4º mantra: *Om Gunavachhakra Samsaraaya Namahá.*
Escapar da roda de reencarnação. (Samsara)

5º mantra: *Om Gajjapatayae Namahá.*
Conquistar o poder pessoal.

6º mantra: *Om Gajatratrae Namahá.*
Compreender a natureza de tudo.

7º mantra: *Om Gajamaayaaya Namahá.*
Destruir ilusões.

8º mantra: *Om Gajahaetavae Namahá.*
Meditar na transitoriedade da vida.

9º mantra: *Om Gajasaetavae Namahá.*
Justiça.

10º mantra: *Om Gajadaityaghnae Namahá.*
Destruir a ignorância.

11º mantra: *Om Gajapungavaaya Namahá.*
Para a prudência.

12º mantra: *Om Garjito Ji Tadaityasavae Namahá.*
Acalma a mente sempre obsessiva.
O efeito desse mantra é colocar sua mente em "obsessões" saudáveis como dançar, cuidar do corpo, estudar, ajudar o próximo, amar, etc.

13º mantra:*Om Gaanatattvavivaechakaaya Namahá.*
Excelência musical.

14º mantra:*Om Gaanashlaghinae Namahá.*
Conhecer a filosofia do som.

15º mantra: *Om Gaanaayattaaya Namahá.*
Energia física.

16º mantra: *Om Gurubhujaaya Namahá.*
Acalma o coração afetivamente.

146 | *Mantra – O espírito do som e o poder do verbo*

17º mantra: *Om Gurupriyaaya Namahá.*
Tolerância com o próximo e com você mesmo.

18º mantra: *Om Gurushreeaye Namahá*
Energia.

19º mantra: *Om Garishthaaya Namahá.*
Autoestima.

20º mantra: *Om Gurukantayae Namahá.*
Autoaceitação.

21º mantra: *Om Guruputra Paritratrae Namahá.*
Proteger as crianças.

22º mantra: *Om Guruputraarti Shamanaaya Namahá.*
Harmonia familiar.

23º mantra: *Om Gauraaya Namahá.*
Reconhecimento da sua Iluminação.

24º mantra: *Om Govardhanaaya Namahá.*
Alegria.

25º mantra: *Om Goshtaaya Namahá.*
Para observar o silêncio que é tua essência.

26º mantra: *Om Gatatraasaaya Namahá.*
Libertar-se da fadiga.

27º mantra: *Om Gatajvaraaya Namahá.*
Estimular a saúde.

28º mantra: *Om Gataaya Namahá.*
Propiciar liberdade.

29º mantra: *Om Grahabhartrae Namahá.*
Sair das ilusões.

30º mantra: *Om Gudaaya Namahá.*
Tornar-se amoroso.

31º mantra: *Om Ganeschaya Namah.*
Facilita e abençoa as práticas tântricas.

32º mantra: *Om Garvanudae Namahá.*
Egocentrismo.

33º mantra: *Om GuruTantraaya Namahá.*
Inspiração aos praticantes de Yoga.

34º mantra: *Om Gataahitaaya Namahá.*
Para saudar Ganesha, o auspicioso.

Estes são dois mantras de Ganesha que despertam o poder pessoal do praticante:

35º *Om Ganapatayê Namah;*
Saudações aos irmãos animais.

36º *Om Sri Ganeschaya Namah;*
Superação de obstáculos.

37º mantra: *Om Gangaambu Sundaraaya Namahá.*
Para fazer-nos belos.

38º mantra: *Om Gaheshaaya Namahá.*
Para reconhecer a eternidade da sua natureza.

39º mantra: *Om Grahabhartrae Namahá.*
Para sair das ilusões de maya.

40º mantra: *Om Gudaaya Namahá.*
Tornar-se plenamente amoroso.

41º mantra: *Om Gudaakesha Sakhaaya Namahá.*
Facilitar as práticas de Tantra e Yoga.

42º mantra: *Om Guhapritikaraaya Namahá.*
Devoção a todas as formas de vida.

43º mantra: *Om Goodhaaya Namahá.*
Revelar o desconhecido.

44º mantra: *Om Gambheeraaya Namahá.*
Estimular o otimismo.

45º mantra: *Om Garvanudae Namahá.*
Diminuir o ego.

46º mantra: *Om Gunaamabodhayae Namahá.*
Despertar virtudes.

47º mantra: *Om Gunaikaraajae Namahá.*
Estimular virtudes incomparáveis.

48º mantra: *Om Gaanakrutae Namahá.*
Compor músicas.

49º mantra: *Om GuruTantraaya Namahá.*
Para dar inspiração aos praticantes de Tantra.

148 | *Mantra – O espírito do som e o poder do verbo*

50º mantra: *Om Gurudrishae Namahá.*
Revelar sua essência.

51º mantra: *Om Golokaaya Namahá.*
Saudar Ganesha, o transcendental.

52º mantra: *Om Gataahitaaya Namahá.*
Saudar Ganesha, o auspicioso.

Ritual a Ganesha

Sri Ganapati puja simplificado
(Ritual simplificado por Pedro Kupfer)

Perante a deidade Ganesha que tradicionalmente é de madeira, cobre ou bronze, fique com os olhos fechados e as mãos unidas em añjali mudrá durante algumas respirações para aquietar o pensamento. Faça os mantras com a consciência de que você está invocando a força Sri Ganapati.

Ao pronunciar a palavra samarpayami (que significa literalmente, 'eu ofereço'), ofereça dois akshatha (arroz sagrado) a Sri Ganapati, com amor e devoção (akshatha é arroz inteiro, colorido com cúrcuma e um pouco de água. O akshatha pode ser preparado com antecedência para a semana e mantido perto do altar). Este puja dura apenas alguns minutos.

É importante visualizar claramente cada parte da oferenda, e perceber que, mesmo num ritual simplificado como este, Ganesha* ficará muito feliz com o convite que nós lhe fazemos para que nos visite e manifeste sua energia em nosso dia-a-dia.

Lembre igualmente que o propósito interior do puja é purificar o astral e a energia sutil do ambiente, estabelecer uma conexão com os mundos interiores e invocar a presença do Divino.

1. *Om dhyanam samarpayami - Medito em Sri Ganapati*

2. *Om avahanam samarpayami - Invoco a força de Sri Ganapati*

3. *Om ratnasimhasanam samarpayami - Ofereço um trono com pés de leão a Sri Ganapati*

4. *Om padyam samarpayami - Ofereço água para lavar os pés de Sri Ganapati*

5. *Om arghyam samarpayami - Ofereço água para lavar as mãos de Sri Ganapati*

6. *Om achamaniyam samarpayami - Ofereço água para Sri Ganapati beber*

7. *Om shnanam samarpayami - Ofereço água para Sri Ganapati banhar-se*

8. *Om maha abhishekam samarpayami - Ofereço abhishekam (aspersão de água sagrada) para Sri Ganapati*

9. *Om pratishtapayami - Ofereço assento a Sri Ganapati, para que permaneça entre nós*

10. *Om vasthram samarpayami - Faço oferendas a Sri Ganapati*

Ao concluir, coloque as mãos em añjali mudrá, unidas frente ao coração e, mantendo os olhos fechados por um minuto, agradeça mentalmente pela benção da visita que Ganapati faz a sua casa. Se você achou este ritual curto demais, poderá incluir após este ponto a repetição do mantra de Ganesha, Om Gam Ganapataye namah, durante 27, 54 ou 108 repetições, inspirando pausadamente pelas narinas entre mantra e mantra.

Depois do puja, opcionalmente, faça um arati, oferecendo luz (a chama de uma lampadina, um dipak, ou até mesmo uma vela) à deidade, fazendo movimentos circulares em sentido horário com o fogo, ao mesmo tempo em que você vocaliza ou ouve o cd com o arati de Ganapati. Ao longo do arati, ofereça a chama a quem estiver presente, para que seja tocada por eles. Para finalizar, ofereça a chama novamente à deidade.

Ao concluir, coloque as mãos em ânjali mudrá, unidas em frente ao coração e, mantendo os olhos fechados por um minuto, agradeça mentalmente pela benção da visita que Ganapati faz à sua casa. Se você achou este ritual curto demais, poderá incluir, após este ponto, a repetição do mantra de Ganapati, Om Gam Ganapataye namah, durante 27, 54 ou 108 repetições, inspirando pausadamente pelas narinas entre mantra e mantra.

Depois do puja, opcionalmente, faça um arati, oferecendo luz (a chama de uma lamparina, um dipak ou até mesmo uma vela) à deidade, fazendo movimentos circulares em sentido horário com o fogo, ao mesmo tempo em que você vocaliza ou ouve o cd com o arati de Ganapati. Ao longo do arati, ofereça a chama a quem estiver presente, para que seja tocada por eles. Para finalizar, ofereça a chama novamente à deidade.

Lista de itens para fazer puja:

1. *o altar e uma imagem sagrada (murti);*

2. *dois dipastambhas grandes (lâmpadas de pé, com pavios e ghi, manteiga clarificada);*

3. *fósforos e incenso;*

150 | *Mantra – O espírito do som e o poder do verbo*

4. *karpur (cristais de cânfora), kurkuma (pó vermelho), gopichandam (argila sagrada) e chandanam (pó de sândalo) para oferecer à deidade e colocar nos presentes;*

5. *um jarro de água limpa;*

6. *sankha (instrumento de sopro feito de uma concha do mar), um sino, um dipak (lamparina (para queimar a cânfora ou a manteiga clarificada) e mais um dipak com pavio e ghi, que deve ficar aceso ao longo do ritual todo ou, idealmente, ao longo do dia inteiro;*

7. *flores inteiras, pétalas, um japa mala, aksatha (arroz com cúrcuma);*

8. *dois kalasas (jarro de prata ou cobre que sustenta um coco inteiro, decorado com folhas de mangueira), dois pedaços novos de tecido, um coco seco e inteiro, meio quilo de arroz inteiro, uma moeda de ouro ou prata (o kalasa representa a deidade e deve ser colocado do lado da murti, imagem sagrada);*

9. *noz-moscada (6 unidades), bananas, folhas de bananeira e mangueira para decorar o altar e os kalasas;*

10. *naivedya ou prasada (oferenda do alimento): cinco bananas, arroz cozido e um coco seco;*

11. *este ou outro livro com os mantras e procedimentos;*

12. *uma bandeja de sapad para a prasada: oferenda de doce, parecido com o halva, que todos os presentes comerão no fim, preparado com semolina, leite, ghi, açúcar, bananas, canela e cardamomo. Cozinham-se os ingredientes numa panela até formar uma pasta gostosa e cheirosa. Uma vez pronta, o sapad decora-se com pistaches ou amêndoas fatiadas;*

13. *Se você quiser vestir-se à maneira hindu, poderá usar um dhoti ou lungi. Esta vestimenta, que consiste apenas num pano de algodão claro enrolado na cintura, não tendo costuras, representa o desapego dos laços materiais, emocionais e mentais. Isso é útil para tomarmos distância das preocupações do dia-a-dia, na hora em que formos fazer o ritual.*

Receita de gajjar halva para a oferenda de alimento (naivedyam)[3]

Ingredientes:

- 500 g de cenoura
- 200 g de açúcar
- 900 ml de leite fresco
- 50 g de ghi ou manteiga
- 25 g de uva passa
- 8 sementes de cardamomo pilado
- 15 g de amêndoas sem pele e cortada em lâminas ou
- 15 g de pistache

Cozinhe a cenoura ralada e o açúcar no leite até este evaporar. Tome cuidado para não grudar na panela. Use fogo baixo. Depois adicione o ghi e a uva passa e refogue por mais 25 minutos, mexendo constantemente. Apague o fogo e acrescente o cardamomo pilado. Despeje numa travessa e enfeite com as amêndoas ou os pistaches. Durante a preparação, cultive uma atitude serena e faça mantras para manter um estado de atentividade plena.

(Pedro Kupfer)

Ganesha Yantra

---

3 Nota do autor: tradição ou egrégora de Ganesha.

A pesquisa da mitologia e dos atributos das divindades tiveram como referência aWikipédia (a enciclopédia livre) que por sua vez usou como referência:

"O livro ilustrado da mitologia; Lendas e histórias fabulosas sobre grandes heróis e Deuses do mundo inteiro". Autor: Wilkinson, P.

"As religiões hoje". Autor: Samuel, A. Ed. Paulus.

Capítulo 9

Mantras curtos

Abaixo uma seleção de mantras curtos, mais poderosos e específicos para diversos fins, e devem ser aplicados a qualquer momento e respeitando as regras gerais das práticas.

- Esvaziar a mente:
  Hung Vajra Peh.
- Harmonização nas relações afetivas:
  Hrim Shrim Klin Parameshwari Swaha.
- Mantra ao sol para a cura dos olhos:
  Om Grinihi Suryaya Adityom.
- Mantra da água:
  Oushadhim Jahnavi Toyam
  Vaidyo Narayana Harihi.
- Mantra das bênçãos:
  Om Sharavana Bhavaya Namah.
- Mantra de Jesus (Joshua) utilizado na Índia:
  Om Jesu Christaya Paramatmane
  Purusha Avataraya Namah.
- Mantra para os atletas aumentarem força e agilidade:
  Om Sri Hanumate Namah.
- Mantra para fortalecer o prana:
  Om Hum Hunamate Vijayam.
- Mantra para saúde:
  Om Sri Dhanvantre Namah.
- Mantra para obter clareza espiritual:
  Sat Chid Ekam Brahma.

Mantra – O espírito do som e o poder do verbo

- Mantra para invocar Kalachakra, o Shiva Tibetano:
  Om Ha Ksa Ma La Va Ra Yam Swaha.
- Mantra para remover o medo da solidão e trazer companhia:
  Om Hraum Mitraya Namah.
- Mantra para transformar a energia do medo:
  Shante Prashante Sarva Bhaya,
  Upasha Mani Swaha.
- Mantra para transformar a energia negativa em positiva:
  Om Sri Maha Lakshmiyei Swaha.
- Mantra para transformar o medo e a raiva:
  Om Sri Rama Jaya Rama,
  Jaya Jaya Rama.
- Mantra Espiritual:
  Tattwan Asi. (Você já é o que busca.)
- Obter uma profissão ética, ecológica e próspera:
  Om Sri Shanaishwaraya Swaha.
  Om e saudações a Saturno, o planeta das lições.
- Para intensificar sua energia feminina e seu poder concomitante 01:
  Hrim Shrim Klin Parameshwari Swaha.
- Para intensificar sua energia feminina:
  Om Dum Durgayei Namah.
- Para intensificar sua energia masculina:
  Om Namah Shivaya.
- Poder de cura generalizada do sol:
  Om Arkaya Namah,
  Om Hiranyagarbhaya Namah.
- Resolução dos conflitos interiores:
  Om Gum Ganapatayei Namah.
- Saúde, proteção e alegria:
  Om Sri Durgaya Namah.
- Este mantra é exclusivamente masculino e também indicado para facilitar o encontro de bons relacionamentos afetivos:
  Om Pavan Putraya Namah.
- Paz, prosperidade e contentamento:
  Om Sri Govindaya Namah.

- Proporciona riqueza/valores:
  Om Sri Maha Lakshmyai Namah.
- Para sair de dificuldades:
  Om Sri Ganeshaya Namah.
- Criatividade:
  Om Hrim Vam Vagisaye Namah.
- Harmonia econômica:
  Om Namo Bhagawate Varahaya
  - Desperta o amor e o respeito nas pessoas:
  Om Srim Klim Hrim Hrum Trailokya Mohanaya Visnave Namah.
- Obtém-se o favor de qualquer pessoa (Seja ético ao utilizá-lo):
  Om Namo Bhagbatai Bhagmalini Visphur

Mantras para modificar estados interiores

Estados Interiores	Mantras
Vaidade exagerada	Shante Prashante Sarva Ahankara Upasha Mani Swáhá
Desejo obsessivo	Shante Prashante Sarva Kama Upasha Mani Swáhá
Orgulho exagerado	Shante Prashante Sarva Mada Upasha Mani Swáhá
Inveja	Shante Prashante Sarva Matsarya Upasha Mani Swáhá
Ciúme	Shante Prashante Sarva Irsha Upasha Mani Swáhá
Pânico	Shante Prashante Sarva Bhaya Upasha Mani Swáhá
Tristeza	Shante Prashante Sarva Vishada Upasha Mani Swáhá
Falsidade	Shante Prashante Sarva Katapa-Ta Upasha Mani Swáhá
Mágoas	Shante Prashante Sarva Shola Upasha Mani Swáhá
Falta de energia	Shante Prashante Sarva Shu-Shupti Upasha Mani Swáhá
Desconfiança	Shante Prashante Sarva Avish-Vasa Upasha Mani Swáhá
Timidez	Shante Prashante Sarva Sarva Laja Upasha Mani Swáhá

Avareza	Shante Prashante Sarva Lobha Upasha Mani Swáhá
Ódio	Shante Prashante Sarva Krodha Upasha Mani Swáhá
Inconstância	Shante Prashante Sarva Pishu-Nata Upasha Mani Swáhá
Ódio entre pessoas	Shante Prashante Sarva Mah-Na Upasha Mani Swáhá
Aversão	Shante Prashante Sarva Ghrina Upasha Mani Swáhá
Egocentrismo	Shante Prashante Sarva Dambha Upasha Mani Swáhá
Depressão	Shante Prashante Sarva Kheda Upasha Mani Swáhá
Aceitação de sua natureza	So Ham (Eu Sou)

- Mantra de Shiva a ser utilizado por praticantes iniciados na tradição tântrica a fim de se obter as bênçãos do Guru Shiva:
  Jaya Guru, Shiva Guru, Harê Guru Ram
  Jagat Guru, Param Guru, Sat Guru Sham
  Om Ady Guru, Advaita Guru, Ananda Guru Om
  Chit Guru, Chitgana Guru, Chinmaya, Guru Om.
- Para relaxar, ter bons sonhos, embalar uma criança e criar ambientes harmônicos. (Entoe este mantra como se fosse uma melodia de canção de ninar) uma cantiga de ninar:
  Bajo Nitay
  Gura Hare Sham
  Japa Hare
  Krishna Hare Ram.
- Propicia a união interna dos aspectos masculinos e femininos, este mantra é muito utilizado no Maithuna, ato sexual sagrado:
  Om Shiva Prenam Shakti
  Om Shiva Om Shiva.
- Facilita o conhecimento e o estudo:
  Patanjali Om Namah Guruji.
- Desperta a criança muitas vezes negada:
  Jaya Krishnaya Jaya Rama Krishnaya
  Rama Krishnaya Jaya Krishnaya Jaya.

- Este é um conhecido mantra hinduísta de felicidade. É muito bonita a versão desse mantra feita pelo compositor Thomaz Lima – Conhecido como o "Homem de Bem":
  Govinda Jaya Jaya
  Gopala Jaya Jaya
  Radha Ramana Harê
  Govinda Jaya Jaya.

- Para se reconhecer como paz:
  Om Shanti.

- Este mantra era muito utilizado na Índia por Satya Say Baba para seus kirtans e meditações: Sua melodia é muito bonita.
  Govinda Krishna Jey
  Gopala Krishna Jey
  Gopala Bala Radra Krishna Jey
  Krishna, Krishna, Krishna, Krishna
  Krishna Jey.

- Longevidade e autoconhecimento:
  Om Sri Brahmaya Namah.

- Favorece a união abençoada entre sexualidade e afetividade:
  Om Klim Krom.

- Estimula a longevidade com autoestima:
  Om Krim Krom Namahá.

- Estimula a longevidade com saúde:
  Om Krim Brahmaya Namahá.

- Vigor e saúde:
  Om Adityaya Namahá.

- Proteção feminina:
  Om Sri Durgaya Namahá.

- Autoestima e aceitação:
  Om Sri Ramaya Namahá.

- Ótimo para escritores:
  Om Sri Saraswati Namah.

- Paz e prosperidade:
  Om Sri Govindaya Namahá.

- Para obter riqueza, melhora financeira:
  Om Sri Lakshmiaya Namah.
- Mantra que atua na atração de relacionamentos afetivos (para ambos os sexos):
  Em Strim Om Hum Strim Om.
- Aumenta a força de vontade:
  Mahesaya Vidmahe Mahadevaya Dhimahi Tannaha Sivaha Pracodayata.
- Estimula a realização do que parece impossível:
  Om Klim Krishnaya Namahá.
- Para estimular o dom da cura, o xamã interior:
  Om Hrim Shrim Klim Krishnaya Govindaya Gopijan Vallabhaya Swáhá.
  (Este mantra é muito útil a praticantes de Reiki).
- Prolongar a vida e evitar acidentes:
  Om Jum Sah Vasata.
- Proteção e segurança:
  Om Trailokiaya Raksharakshaum Pratswáhá.
- Energia positiva para se evitar tragédias:
  Om Ainorim Chakcena Badhanami Namaschakraya Sawahá.
- Para curar enfermidades leves:
  Hum Khe Ca Che Kshah Strim Hum Kshe Hrim Phat.
- Combater o sentimento de culpa:
  Strim Hum Phat.
  (Sentir culpa é uma das melhores maneiras de se sofrer).
- Aquieta-se pensamentos que amedrontam:
  Dni Akshri Mantra Kheca.
- Aumenta a capacidade intelectual:
  Om Hrim Vam Vagisaye Namah.
- Estimula os estudos:
  Hascain Hamah-Has Namah Hasauh Namah.
- Desenvolve a beleza:
  Om Hrim Gauryai Namah.
- Fama e riqueza:
  Om Srim Krim Klimsriyai Namah.
- Prosperidade financeira:
  Om Em Reim Klim Camunda Vicai Namah.

- Contra o sentimento de inveja e de desejar o mal:
Om Namah Kali Kapalini Swahá.
- Purificação de todos os corpos:
Om Uabhava-Shuddhāh Sarva Dharmāh.
- Mantra ocultista para contato com a egrégora e sabedoria de Maitreya, o Buda libertador esperado por várias culturas para o início do século 21. Eu particularmente digo-lhe que você é o Budha, assim não há nada a se esperar e sim em reconhecer que o que você espera já veio:
Om Maitreya Maim Swahá.
- Mantra de Sarasvati que inspira criatividade:
Om Aim Sarasvatyai Namah Aim Namah Bhagavatyai Vada Vada Vaggdevi Svāha.
- Mantra de Sarasvati para situações de criação:
Om Sarasvatyai Vidmahe Brahma Putryai Dhimahi.
- Para adquirir a sabedoria do livro Bhagavad Gita:
Om Sri Bhagavad-Gitāya Namah Svāhā.
(Pratique antes da leitura do texto).
- Estabelece contato com a egrégora de Datatreya, um dos maiores mestres do Tantra:
Om Am Hrim Klim Ei Dattatreya Swáhá.
- Contra autossabotagem:
Om Krim Adyāyai Vidmahe Mahā Devāya Dhimahi Tannd Kāli Prachodayāt.
- Para celebrar e saudar a natureza:
Om Ham Hanumante Namah.
- Obtenção de valores financeiros:
Om Hrow Ambike Urjayantha Nivaasini Sarva Kalyana Hreem Kaarinee Namah.
- Obtenção de riqueza material suficiente para ter vida plena.
Om Hreem Hru Namo Arahanthaanam Hreem Namah.

  (Existem pessoas que nunca acharão que têm o suficiente. Esses jamais terão uma vida plena).
- Realização de desejos éticos e felizes.
Om Hreem A Si Aa U Sa Namah
Om Si Aa U Saa Namah
Om Hreem Arhathe Utpath Uthpath Swáhá.
- Estimula escrever poesia:
Om Hreem Saraswathayya Namah.

160 | Mantra – O espírito do som e o poder do verbo

- Adquirir consciência da sua essência:
  Om Krshnaa Vilepanaaya Swáhá.

- Obtenção de proteção ao iniciar uma jornada:
  Aem Hreem Sarva-Bhaya Vidraavani Bhayayai Namah.

- Auxilia uma gravidez tranquila:
  Om Namo Rathnathra-Yaya Amale Vimale Vara Kamale Swáhá.

- Curar a origem de dores de cabeça muito fortes:
  Om Ha Kshoom Kshoom Ha.

- Para afrontar lembranças de momentos desagradáveis:
  Om Hroom Mama Sarva Swáhá.

- Estimular uma alimentação saudável:
  Om Namo Rathnathrayaaya Swáhá.

- Para auxiliar os que sofrem a meditarem e descobrirem a causa do sofrimento:
  Om Namo Bhagavathe Pishaaja Rudraaya Kuru Teen Yah Bhanja Bhanja Hara Hara Daha
  Daha Pacha Pacha Grhana Grhana Maachiram Kuru Kuru Rudro Aajaapaya-athi Swáhá.

- Coragem:
  Om Namo Arihanthaanam Aamiranoo Mohanee
  Mohaya Mohaya Swáhá.
  Observe que existem muitos mantras para coragem e confiança, pois sem isso é muito penoso viver uma vida plena.

- Por reunir em si diversas shaktis (divindades femininas), este mantra possui uma energia poderosa. Sua prática constante leva as pessoas a unir-se amorosamente. Pode ser utilizado tanto por casais quanto por grupos de amigos que desejem estreitar ainda mais suas relações. Existe a lenda que o Ardha Nariswara Mantra concede ao praticante o dom de influenciar qualquer pessoa, bastando para isso um toque ou um olhar. Deve ser entoado 108 vezes ao dia:
  Om Srim Hrim Klim Gauriay Namah.

- Este mantra afasta os pensamentos de perseguição ou medos infundados. Deve ser praticado somente pela pessoa que se encontra nessa situação:
  Om Namo Bhagwati Jwala Malini Gridhara Gana Parivrite Swáhá.

- Embora o Tantra valorize mais a qualidade de vida do que a quantidade, esse é um mantra de longevidade. Atrai boa saúde e pode ser utilizado por pessoas que trabalham com curas:
  Om Jum Sah Vasata.
- Desenvolve a criatividade e a capacidade de absorver conhecimentos. Esse mantra ativa o hemisfério cerebral direito, responsável pelo nosso lado intuitivo, fortalece a capacidade imaginativa e nos torna mais alertas:
  Hasrain Hamah-Has Kal Rim Namah Hasauh Namah.
- Possibilita o conhecimento e capacita a pessoa a lutar pelas próprias necessidades:
  Om Ram Ramaya Namah.
- Para homens e mulheres que buscam relacionamento afetivo:
  Om Sri Ramaya Namahá.
  A alegria, o êxtase e o bem-estar do ser humano são preocupações presentes na tradição tântrica. Selecionei aqui alguns mantras voltados para a obtenção de felicidade que podem ser praticados no dia a dia, tornando a vida mais leve e prazerosa.
- Para favorecer a união de casais, principalmente se praticado pela mulher, nesse mantra de magia tântrica deve-se pronunciar o nome da pessoa a quem se quer unir após as palavras mohaya mohaya:
  Om Uttishtha Camunda Jambhaya Jambhaya Dipaya Dipaya
  Mohaya Mohaya (nome da pessoa)Vasmanaya Swáhá.
- Atração de uma pessoa do sexo oposto:
  Hum Strim Om.
- Permite a realização financeira e o crescimento profissional:
  Khe Strim Khe.
- Elimina remorsos e sentimentos de culpa:
  Strim Hum Phat.
- Este é um mantra de longevidade e de harmonia com a natureza:
  Om Hum Ham Saha.
- Conscientiza o praticante das contrariedades do dia a dia:
  Khe Ka.
- Mantra de prosperidade, utilizado com o poder de invocar a grande mãe do universo Lakshmi:
  Om Sri Mahalakshmiai.

162 | *Mantra – O espírito do som e o poder do verbo*

- Mantra de Lakshmi, utilizado para aqueles que temem o fracasso ou são pessimistas:
  Om Lakshmi Pataye Namah.

- Este mantra à bela deusa Gauri, que é um dos nomes da esposa de Shiva, atua também para atrair prosperidade:
  Om Hrim Gauryai Namah.

- Para obter vida longa e saudável:
  Om Hum Ham Saha.

- Aumenta seu amor próprio:
  Loona Loona Garihi Uppannaum Joginihi-upaayao
  Jaahi Galini Uratha-vikalijamashyu
  Dekhina Sakkayi Suvaamiya Paathaali.

- Confiança na existência:
  Om Aatma Chakshu Para Chakshu Bhootha Chakshu
  Shaakinee Chakshu Daakinee Chakshu Pisuna
  Chakshu Sarva Chakshu Hreem Phat Swáhá.

- Para tranquilidade mental:
  Hreem Swáhá.

Nada é necessariamente sagrado ou santo num mantra, cujo poder se presta a qualquer uso.

Mantra Vidya

Koan para sua Reflexão:

A segurança é em grande parte uma superstição. Ela não existe na natureza, nem os filhos dos seres humanos como um todo a experimentam.
A longo prazo, evitar o perigo não é mais seguro do que a exposição total.
Ou a vida é uma aventura ousada ou não é nada.

Helen Keller

A Iluminação é só um começo, um passo da jornada. Se você se agarrar a ela como se fosse uma nova identidade, terá dificuldades. Você precisa voltar à confusão da vida, se entregar a ela ainda por muitos anos. Só assim pode completar o que aprendeu. Só assim vai aprender a perfeita confiança.

Rimpoche

Capítulo 10

Gayatri Mantra

Caso se perguntasse um hindu praticante qual o mais sagrado de todos os mantras monossilábicos, ele indubitavelmente responderia: Om. Caso se perguntasse qual dos mantras compostos é o mais precioso, ele indicaria o gâyatrî-mantra. Todo dia, antes do nascer do Sol, milhões de hindus recitam esse mantra durante as abluções matinais. Especificamente, deve-se observar o samdhyâ (conjunção) desde um pouco antes do nascer do Sol até o momento em que o disco solar se torna totalmente visível acima do horizonte. Os textos sagrados recomendam que o gâyatrî seja recitado o mais possível durante esse curto período a fim de que o adorador tenha uma vida longa e auspiciosa e, além disso, adquira conhecimento espiritual. Tipicamente, o brâmane segura uma vasilha d'água em sua mão direita e, aproximando-a do nariz, sopra sobre a água, primeiro com a narina direita e depois com a esquerda, repetindo o gâyatrî três vezes antes de derramar a água.

George Feuerstein

Um dos mais poderosos mantras, detentor de grande respeito e considerado o mantra da Iluminação, é o Gayatri, que pratico regularmente no Yoga e no Tantra. Conta-se que na Índia um jovem meditador chamado Manu buscava a Iluminação. Ele fazia todas as práticas de Yoga, mas não tinha o menor interesse em ler ou estudar os livros sagrados. Era perito em exercícios respiratórios, posições físicas, meditação e concentração, mas não desejava ler, o que incomodava seus gurus.

Um dia, numa prática meditativa, Manu foi visitado pela deusa Indra, que já há muito observava as práticas do jovem. Indra disse a Manu:

– Suas práticas de Yoga e sua busca pela Iluminação me despertam a compaixão por ti e te ajudarei em tua busca. Pede-me o que desejares.

Manu, assombrado pela presença de Indra, fez-lhe uma reverência, inclinando-se, e disse:

– Permite-me conhecer todos os mistérios dos textos sagrados sem que eu os leia ou estude, pois minha natureza é a de praticante, e não a das teorias especulativas contidas em livros.

Indra, perplexa, riu diante do pedido e disse a Manu que seria impossível:

– Manu, pede-me outro desejo, pois até hoje nenhum ser atingiu a Iluminação sem antes estudar os textos sagrados. É como um homem que queira, jogando pedras sobre o mar, aterrá-lo. Isso é impossível como também é impossível conhecer os textos sem lê-los. Pede-me outra coisa, Manu.

Manu respondeu:

– Se é assim, nada desejo, pois somente a Iluminação é a minha meta. Não me interesso por nenhuma riqueza ou honra deste mundo.

Indra, feliz por reconhecer a humildade, seriedade e disciplina do jovem Manu, recuou em suas convicções e disse-lhe:

– Manu, por tua pureza e busca sincera, dou-te um mantra que, praticado, permitirá que alcances a Iluminação sem necessitar dominar texto algum.

E Indra ensinou o Gayatri Mantra:

<table>
<tr><td>Om Bhúr Bhuva Swáhá</td><td rowspan="4">ou</td><td>Om bhûr bhuvah svah (ou Suvah)</td></tr>
<tr><td>Tat Savitur Varenyam</td><td>(Om) Tat savithur varenyam</td></tr>
<tr><td>Bhargo Devasya Dhimahi</td><td>Bhargo devasya dhimahi</td></tr>
<tr><td>Dhyo Yo Nah Prachodayat.</td><td>Dhyo yo nah pracodayât</td></tr>
</table>

O Gayatri é, portanto, o Mantra da Iluminação, considerado por vários sábios o mais completo e poderoso que podemos praticar. Ele é total – atua desde os aspectos mais sutis do ser até a matéria.

Finalmente, cada um de nós alcança níveis elevados de desenvolvimento espiritual enquanto, na Terra, realiza um serviço para o planeta e seus habitantes. A humanidade tem um destino guiado pelos Grandes Seres. E, individualmente, nós podemos escolher compartilhar da Obra voltada para esse destino. Quando tais escolhas são feitas, torna-se mais fácil para a humanidade como um todo progredir. Como tais escolhas são feitas ao longo dos séculos, algum dia toda a humanidade alcançará uma 'massa crítica' espiritual e será transformada para sempre. O mantra de Gayatri desempenha um importante papel oferecido pela deusa para a elevação espiritual de toda a espécie. Quer os seus objetivos sejam pessoais, quer sejam altruístas, esse mantra pode ser de grande benefício.

David Frawley

Outro mito conta que numa reunião de vários sábios na Índia criou-se esse mantra, que é chamado de "Mãe dos Vedas", pois ao praticá-lo adquire-se todo o conhecimento dos textos sagrados e se acumulam méritos – karma positivo. Em suas sílabas está contida toda a essência da mística e filosofia hindu, na qual destaco:

- *Jnaña Yoga* – o conhecimento da sua eternidade e o abandono do impermanente.
- *Bhakti Yoga* – devoção a todos os elementos da natureza, já que o Gayatri contém em suas sílabas elementos como fogo, ar, água, terra, homens, animais, sol, lua, estrelas etc.
- *Karma Yoga* – que dá consciência de nossa interdependência com todos os seres vivos e nossa responsabilidade de deixarmos o planeta em paz.

Cada sílaba do *Gayatri* contém um significado transpessoal:

- *Om* – a mãe/o pai de toda a eternidade.
- *Bhúr* – a mãe Terra, o planeta Terra, o plano físico.
- *Bhuva* – o éter, a atmosfera, o plano astral.
- *Swáhá* – o céu, os planos não materiais celestes, conhecidos como angélicos ou devas.
- *Tat* – "aquele", nossa alma, a transcendência do ilusório e do triunfo.
- *Savitur* – o poder da luz, o abstrato, a vida presente em tudo, a nutrição.
- *Varenyam* – adoração por tudo.
- *Bhargo* – a irradiação da consciência da vida, a eliminação dos maus karmas e o acúmulo de méritos.
- *Devasya* – iluminação de todos os seres, a nossa Iluminação e a aceitação do que se é.
- *Dhimahi* – meditação, domínio.
- *Dhyo* – corpo, austeridade.
- *Yo* – alma, consciência.
- *Nah* – totalidade, criação.
- *Prachodayat* – iluminação e compaixão.

Bhúr, bhuva e swáhá são os três planos da existência. Na teoria védica das equivalências (bandhu), essa divisão tripartida do universo tem muitos níveis de significados. Refere-se aos três mundos: o infinitamente grande, o humano e o infinitamente pequeno; aos três gunas, ou às três qualidades da natureza: inércia, ação e equilíbrio (tamas, rajas e sattwa); ou ainda ao paralelo que existe entre as

168 | Mantra – O espírito do som e o poder do verbo

estruturas da consciência e da natureza. Ou seja, assim como é em cima, é também embaixo, o macrocosmo reflete o microcosmo. Savitur, o Sol, é o símbolo da consciência e ao mesmo tempo da kundalinî. Faz-se o *Gayatri* Mantra para celebrar a existência e harmonizar-nos com o poder de transformação presente na natureza. Esse mantra é um convite à contemplação da força que move o macrocosmo, o microcosmo e o homem.

No recomendadíssimo livro "Uma Visão profunda do Yoga" (Ed. Pensamento), Feuerstein propõe outra interpretação de profundidade abismal do mantra*gayatri*:

O gâyatrî-mantra invoca o Espírito Solar, cujo corpo é o nosso Sol. O Yoga mais antigo era um Yoga solar, e essa tradição ainda se encontra no âmago do Yoga hindu. Sem o Sol não haveria vida na Terra. Por isso, os hindus exaltam e adoram o Espírito Solar como o Senhor Vivificante e também como o Princípio que ilumina a mente e a inteligência.

O gâyatrî é explicado em muitos textos da literatura sânscrita. O Tripurâ-Tâpanî--Upanishad, por exemplo, obra bastante tardia pertencente à tradição Shâkta, liga esse mantra à adoração da Deusa Tripurâ. Ela é exaltada como o grande Poder (shakti) que está por trás de toda manifestação.

Esse mesmo texto nos informa que a palavra sânscrita tat ('isso') se refere ao Absoluto incondicionado e eterno (brahman), a Realidade transcendente a partir da qual surgiu o mundo inteiro, em seus muitos níveis.

Savitur (ou Savitrî), diz-nos ainda o Upanishad, refere-se ao poder primordial da Deusa Tripurâ, muito embora a palavra sânscrita Savitrî seja um substantivo masculino que significa 'Aquele que impele', ou seja, o Sol ou Espírito Solar. Não se deve confundir Savitrî com a deusa Savitrî, que governa todas as ciências e rege também o grande rio de mesmo nome que no passado descia do Himalaia até o Oceano Índico. O nome Savitrî deriva da raiz verbal su, que significa 'urgir, instigar, impelir', sentido primeiro que está estreitamente ligado ao segundo significado da mesma raiz, a saber, 'extrair, prensar, apertar'. O que Savitrî extrai de si mesmo, por seus exercícios ascéticos, são duas coisas intimamente ligadas entre si: a luz e o calor vivificantes, que movem ou impelem todas as coisas sobre a Terra.

Varenyam significa 'excelentíssimo' ou 'belíssimo' e denota aquilo que é excelso, acima do qual não há nada. Esse adjetivo qualifica a palavra bhargas.

Bhargo (de bhargas ou 'esplendor'), segundo se diz, é o aspecto transcendental de Savitrî, que nos enche de temor reverencial – um esplendor que não pode ser visto por olhos humanos, mas se revela à visão interior do grande adepto do Yoga.

Devasya (de deva) significa 'de Deus', isto é, 'de Savitrî'.

Dhímahi significa 'contemplemos' e implica um desejo profundo de concentrar a mente na Realidade suprema pela contemplação (dhi). No Rig-Veda, o termo arcaico dhi é usado nas mesmas situações em que depois se passou a usar a palavra dhyâna, que significa 'meditação' ou mais propriamente 'contemplação'.

Dhiyo (de dhiyas) é o plural de dhi. Os antigos sábios fixavam repetidamente sua atenção naquele Um, e os yogins contemporâneos seguem a mesma prática antiqüíssima. À medida que a contemplação se aprofunda, Savitrî ilumina cada vez mais a mente.

Yo (de yah) é simplesmente o pronome relativo 'que', referindo-se, neste caso, ao Deus Savitrî.

Nah significa 'nós/nosso' e qualifica as contemplações dos sábios.

Pracodayât deriva do verbo pracodaya (que significa 'fazer com que se inspire' ou 'inspirar').

Os mestres de antigamente sentiam que, sem Savitrî, suas contemplações não tinham inspiração. Só Savitrî podia inspirar ou iluminar seu mundo interior, assim como ilumina a Terra por meio de seu corpo radiante (o disco solar visível).

Abaixo estude o significado em separado de cada parte do mantra. Isso é utilíssimo aos já iniciados nos mistérios e nas práticas mântricas e tântricas.

Mantra (sílaba)	Cor (das sílabas)	Shakti (deusa do mantra)	Princípio cósmico (micro/macrocosmo)
Tat	Amarelo	Prahlãdini	Terra
Sa	Rosa	Pradhã	Água
Vi	Vermelho	Nityã	Fogo
Tuh	Azul	Visvabhadra	Ar
Va	Transparente	Vilãsini	Éter
Re	Branco	Prabhãvati	Olfato
Ni	Branco	Jayã	Paladar
Yam	Branco	Sãntã	Visão
Bha	Preto	Kãntã	Toque
Rgo	Vermelho	Durgã	Som

De	Lótus-vermelho	Saraswati	Fala
Va	Branco	Visvamãyã	Mãos
Sya	Dourado/ amarelo	Visãlesa	Genitália
Dhi	Branco	Vyãpini	Ânus
Ma	Rosa	Vimalã	Pés
Hi	Concha branca	Tamopahãrini	Orelhas
Dhi	Creme	Suksma	Boca
Yo	Vermelho	Visvayoni	Olhos
Yo	Vermelho	Jayãvahã	Língua
Nah	Cor-de-nascer-do-sol	Padmãlayã	Nariz
Pra	Lótus-azul	Parã	Mente
Cho	Amarelo	Sobhã	Ego/senso
Da	Branco	Bhadrarupã	Princípio criador
Yat	Branco, vermelho, preto	Trimurti	Três qualidades da natureza: Ação, inércia e equilíbrio

Uma prática adiantada de meditação é a união do mantra com o yantra do *Gayatri*.

Yantra é um símbolo ou mandala que representa algo, no caso, o *Gayatri* Yantra refere-se à Iluminação.

Yantra de Gayatri

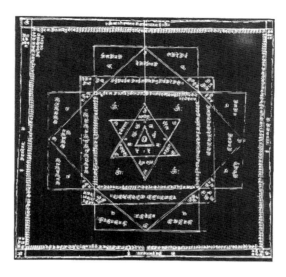

Para praticar o *Gayatri*, sente-se com a coluna ereta e com o yantra colocado à altura de seu rosto, iluminado pela chama de uma vela. Visualize o centro do símbolo, evitando piscar enquanto mentaliza ou vocaliza esse seu mantra.

Os efeitos dessa prática se fazem sentir principalmente à noite.

Kalu Rinpoche, em seu livro "The Dharma", diz:

Recitamos e meditamos sobre o mantra, que é o som iluminado, a fala da divindade, a união do som com a vacuidade. (...) Ele não possui uma realidade intrínseca, é simplesmente a manifestação do som puro, experienciado simultaneamente com sua vacuidade. Através do mantra, não nos apegamos mais à realidade da fala e do som encontrados no cotidiano, mas os experienciamos como sendo vazios. Então, a confusão do aspecto da fala de nosso ser é transformada na consciência iluminada.

Existe nos meios iniciáticos do Yoga outra versão do *Gayatri* chamado de Shiras (cabeça) e consiste em acrescentar no início do mantra as sílabas *Om* âpo jyotî raso'mritam brahma que pode ser interpretado como:

- *Om* – totalidade
- *Jyotî* – água, fluidez
- *Raso'mritam* – essência e imortalidade
- *Brahma* – o absoluto

O mantra completo:

Om âpo jyotî raso'mritam Brahma

Koan

Qual é seu verdadeiro lar?

Onde você mora?

Como alguém pode voltar para casa se já está em casa?

A mente pode lhe dar respostas ou o silêncio o faz?

O que você deve tornar-se?

Quem ou qual é o obstáculo para você se reconhecer?

Você seria o obstáculo?

Todos os caminhos levam à verdade? Será?

Quantos acordados você conhece?

A Verdade é algo vivo, pulsante no momento presente ou pode ser buscado no passado?

A Verdade tem templos, igrejas, centros, filósofos?

Você depende de quem para se reconhecer?

Quem lhe impede de ser feliz ou realizado?

Capítulo 11

Mantras Astrológicos – Magia tântrica

Os falcões não comem javalis.
Os falcões comem pombos.
É uma lei eterna, é o dharma dos falcões.

Mahabharata

Fascinado pelo enigma das estrelas distantes, pela grandeza do Sol e da Lua, o místico tântrico buscou nos astros explicações e respostas sobre sua própria existência. Transformou-os em deuses/deusas e estudou por milênios suas influências.

Quando os mesopotâmicos, que provavelmente desenvolveram os primeiros estudos astrológicos, logo detectaram que as energias que vinham do céu eram bastante reais e perceptíveis. Não demorou muito para que a astrologia começasse a ser difundida pelo mundo todo. Estudiosos do assunto despontaram na Grécia por volta do século III a.C. e em Roma 200 anos depois. Egípcios e chineses também passaram a se dedicar ao tema mais ou menos nessa mesma época. Mas os indianos praticantes do tantra foram talvez os pioneiros da astrologia. Há textos do século IV a.C. que tratam do assunto. O *Narad Nadi* e o *Surya Siddhant*, que tratam principalmente de previsões, foram escritos há séculos e constituem até hoje importantes fontes de pesquisa para o conhecimento astrológico.

Não fosse pelos antigos e sábios astrólogos hindus, atualmente não teríamos sequer noção principalmente da astrologia kármica nem da real importância da astrologia como fonte de autoconhecimento e auxiliar no processo de consciência, já que ajuda o homem a conhecer a si, a seu destino, e possível arbítrio pode determinar com sabedoria seu dharma – caminho de vida.

O karma é uma lei de causa e efeito e não uma forma de castigos e punições, menos ainda com sofrimento. É uma lei natural amoral. O indivíduo (dentro do que se tem de arbítrio) pode tomar muitas direções, caminhos, mas, seja lá o que

| 173 |

174 | Mantra – O espírito do som e o poder do verbo

for, receberá de volta o fruto de sua ação. Tudo tem seu preço. Para os iniciados, lembro que o karma faz parte do *Sankarma*, o mundo físico, emocional e mental. (Obs: A tua essência, aquilo que você É não pode ser tocado pelo Karma. O que é É).

Para identificar um planeta que aponta dificuldades em um mapa astrológico, é necessário consultar um astrólogo competente. E não se espante caso ele desconheça os mantras planetários: esse conhecimento ainda é muito pouco divulgado no Ocidente. Caso exista um aspecto de dificuldades em seu mapa, o mantra apropriado deve ser utilizado pela vida toda. Se for apenas uma fase de dificuldades – período (*dasas*) e subperíodo (*bhuktis*) – determinada por certo planeta, pode-se usar o mantra apenas durante esse momento (trânsito, revoluções, lunações etc.) específico. Porém, para detectar os *dasas* e *bhuktis*, é necessário fazer um estudo profundo da carta astrológica.

Os astrólogos hindus não consideram ainda a importância de planetas como Netuno, Plutão e Urano, descobertos recentemente e aos quais se atribui a regência dos signos de Peixes, Escorpião e Aquário, respectivamente. Dessa forma, os signos e planetas estariam relacionados da seguinte maneira:

Signo	Planeta regente
Áries (Mesh)	Marte (Mangal)
Touro (Vrishbh)	Vênus (Shukra)
Gêmeos (Mithun)	Mercúrio (Budha)
Câncer (Kark)	Lua (Chandra)
Leão (Singh)	Sol (Surya)
Virgem (Kannya)	Mercúrio (Budha)
Libra (Tula)	Vênus (Shukra)
Escorpião (Vrishchik)	Marte (Mangal)
Sagitário (Dhanu)	Júpiter (Guru)
Capricórnio (Makar)	Saturno (Shani)
Aquário (Kumbh)	Saturno (Shani)
Peixes (Meen)	Júpiter (Guru)

Cada planeta possui um mantra específico que pode servir, de acordo com a necessidade, para fortalecer ou atenuar suas influências. Existem também mantras referentes a outros aspectos astrológicos, como a Cauda (*ketu*) e a Cabeça do Dragão (*rahu*). Na astrologia, *ketu* representa as heranças de vidas pretéritas, enquanto *rahu* indica caminhos na existência presente.

Os Mantras

Mantra do Sol

Na astrologia, o Sol não é visto como uma estrela, mas o mais importante dos planetas. É a maior força no destino de um ser, o calor, a criação, o poder, o impulso de ser você, o centro do seu ser, seu caminho nesta viagem pelo planeta. Assim, seus atributos são a consciência de si, o entusiasmo, a verdade.

O signo solar é aquele que determina sua natureza. Mas, por representar o ego, o Sol também pode manifestar-se em seus aspectos negativos, que são a megalomania e o autoritarismo. Dessa maneira, a prática do mantra solar proporciona a oportunidade de viver plenamente a individualidade e de encontrar certo equilíbrio pessoal, sem cair no egocentrismo ou em seu extremo oposto, que é a falta de autoestima. Além disso, propicia o reencontro consigo mesmo. O mantra do Sol deve ser entoado preferencialmente durante o dia, não importando o número de vezes: **Om Sri Suryaya Namahá**

Mantra da Lua

Na astrologia, a Lua fornece informações sobre a natureza emocional, o maternalizar e cuidar e a convivência familiar. Assim, esse mantra auxilia a superar emoções negativas, a aperfeiçoar a vida em família e, no caso dos homens, a melhorar o relacionamento com os relacionamentos afetivos.

Para ser praticado com sucesso, esse mantra requer alguns pequenos rituais. Só poderá ser entoado à noite, de preferência um número múltiplo de 8: **Om Sri Chandraya Namahá.**

Mantra de Mercúrio

Mercúrio é o planeta que estabelece o potencial de inteligência, a capacidade de comunicação, a curiosidade e percepção. Quando a energia mercuriana encontra-se mal direcionada, manifesta-se sob a forma de cinismo, incoerência e inabilidade para raciocinar e tirar conclusões. O mantra de Mercúrio atua como um estabilizador mental, favorecendo a comunicação e o intelecto.

O horário ideal para a prática desse mantra é às 5 horas da tarde, devendo-se repetir oito vezes: **Om Sri Buddhaya Namahá**.

Mantra de Vênus

Vênus é o planeta da arte, do amor, do êxtase dos sentidos. Quando sua energia está mal canalizada, a pessoa encontra dificuldades para vivenciar a vida amorosa, tem medo da intimidade, do amor, não estabelece vínculos afetivos e demonstra insensibilidade e baixa estima.

O mantra de Vênus visa restabelecer o equilíbrio sentimental e trazer à tona qualidades positivas, como o altruísmo, a autoestima, a harmonia, o senso estético, a serenidade e a consciência do próprio corpo e dos desejos pessoais.

O melhor é fazê-lo às 6 horas da manhã, entoando oito vezes ou mais: **Om Sri Shukraya Namahá**.

Mantra de Marte

Marte é o planeta da agressividade, do impulso guerreiro, da energia yang (masculina). Determina o potencial de combatividade e liderança do indivíduo. A principal finalidade desse mantra é transmutar a agressividade em coragem, a ambição somente material em desejo de amadurecimento, a tirania em justiça. Atua ainda para estimular a disciplina, a vitalidade e o entusiasmo.

O melhor horário para entoá-lo é às 2 da tarde, repetindo-se oito vezes ou mais: **Om Sri Angarakaya Namahá**.

Mantra de Júpiter

Júpiter é o planeta da expansão, que traz características como simpatia, jovialidade, fé, desprendimento e senso de justiça, (não a justiça dos teus "líderes" políticos, mas a ética planetária) e o respeito e a tolerância por todos os seres. Quando negativas, as influências jupiterianas se traduzem em extravagância, irresponsabilidade e presunção. O mantra de Júpiter imprime ao praticante um temperamento mais alegre e otimista e deve ser feito em número múltiplo de 8: **Om Sri Gurave Namah**.

Mantra de Saturno

Saturno é o planeta do karma limitante, das dificuldades, obstáculos, mas também da maturidade, disciplina, paciência e reflexão. Portanto, a prática mântrica direcionada a Saturno tende a desenvolver qualidades positivas como a responsabilidade com o que é necessário, a prudência e a modéstia; e eliminar traços como egoísmo, avareza, desconfiança, melancolia e intransigência.

O mantra deve ser feito à noite, em número múltiplo de 8, entoando-se: **Om Sri Shanaishwaraya Swáhá.**

Como dissemos anteriormente, a Cauda e a Cabeça do Dragão são dois aspectos de grande importância em uma carta natal. Desse modo, *Rahu* e *Ketu* também possuem mantras específicos.

Mantra da Cabeça do Dragão (Rahu)

Tem por finalidade auxiliar a pessoa no cumprimento de suas metas individuais e coletivas no momento presente. Deve ser entoado à noite, no número de vezes desejado: **Om Sri Rahuve Namahá.**

Mantra da Cauda do Dragão (Ketu)

Esse mantra trabalha os apegos vindos de existências pretéritas que podem impedir a consciência do presente. Deve ser repetido à noite, no número de vezes desejado: **Om Sri Ketuve Namahá.**

Não há nenhum inconveniente em praticar mais de um mantra astrológico num mesmo período. O número de repetições sugerido em cada item é apenas um indicativo daquilo que seria ideal, não uma norma rígida. É melhor praticar pouco do que não praticar. Lembre-se que esses mantras são poderosíssimos, constituindo até bem pouco tempo um grande segredo para os não iniciados nas escolas de ocultismo orientais.

Fôssemos nós quem deveríamos ser e não haveria em nós a necessidade da ilusão.

Fernando Pessoa

Esse pensamento do escritor Fernando Pessoa traduz com exatidão um dos ensinamentos mais profundos do budismo e de outras tradições orientais. Quando não se conhece sua verdadeira essência, existe a tendência a se apegar à ilusão do mundo, imaginando que pessoas e situações são como você gostaria que fossem, e não como de fato são e se mostram.

Os mantras a seguir atuam no sentido de revelar sua **verdadeira natureza**. Gosto muito desse termo utilizado pelo budismo, em vez de "eu verdadeiro", adotado no Ocidente.

Vários foram os iluminados que ensinaram não haver um pequeno "eu", e sim um grande eu formado por um conjunto de "eus", que formam sua personalidade. Jung chamava isso de Self.

Utilize sempre o mantra do seu signo astrológico, repetindo-o oito vezes ou em múltiplos de 8, quando sentir que não está sendo você mesmo e vivendo sem consciência, de forma repetitiva e robótica.

Áries	Om Angarakaya Namahá.
Touro	Om Shukraya Namahá.
Gêmeos	Om Budhaya Namahá.
Câncer	Om Chandraya Namahá.
Leão	Om Suryaya Namahá.
Virgem	Om Budhaya Namahá.
Libra	Om Shukraya Namahá.
Escorpião	Om Angarakaya Namahá.
Sagitário	Om Gurave Namahá.
Capricórnio	Om Shanaishwaraya Namahá.
Aquário	Om Shanaishwaraya Namahá.
Peixes	Om Gurave Namahá.

Os mantras, a seguir são utilizados para aliviar trânsitos astrológicos difíceis ou planetas retrógrados:

É necessária a consulta com um astrólogo competente para avaliar a utilização dos mesmos.

Sol	Om Krim Hansa Suryaya Namah Om.
Lua	Om Som Somaya Namah Om.
Mercúrio	Om Bum Budhaye Namah Om.
Vênus	Om Shum Shu Kraye Namah Om.
Marte	Om Kujaye Namah Om.
Júpiter	Om Brim Brahastapaye Namah Om.
Saturno	Om San Saniaye Namah Om.

Koan

Ser um ser humano é ser uma casa de hóspedes.
Todas as manhãs chega alguém.
É uma alegria que chega, uma depressão, uma mesquinharia,
Um dar-se conta momentâneo:
Visitas inesperadas.
Dê as boas vindas a todos,
Mesmo quando um bando de tristezas
Carrega toda a mobília da casa.
Trate cada hóspede com reverência.
Talvez ele abra espaço
Para uma nova alegria.
O pensamento sombrio, a vergonha, a malícia,
receba-os na porta sorrindo,
e convide-os para entrar.
Agradeça quem quer que chegue,
Porque cada um foi enviado
Como um guia do além.

"Rumi, poeta de Deus"

Capítulo 12

Mantra e Rituais de Iniciação Pessoal

Qualquer caminho é só um caminho, e não há ofensa nem a nós mesmos, nem aos demais, em deixá-lo, se é isso o que seu coração lhe diz. Olhe cada caminho de perto e olhe com consciência. Tente-o tantas vezes quantas julgar necessário. Então, formule-se a si mesmo, e somente a si mesmo, uma pergunta... Esse caminho tem um coração? Se tem, o caminho é bom; se não tem, não serve.

Carlos Castañeda

No Oriente, principalmente na Índia e antigo Tibete, são feitos rituais em que o discípulo recebe do mestre ou *guru* uma *iniciação* num mantra que pode ser o pessoal, o astrológico ou um mantra genérico.

O termo mantra pessoal foi conhecido e divulgado no Ocidente através da Meditação Transcendental e do Power-Mantra, ambas associações dirigidas pelos gurus Maharishi e Srila Badrinarayana Bhagavata Bhusana.

Já iniciei ritualisticamente *(Kripa-Guru)* vários discípulos no mantra pessoal, utilizando a tabela mântrica chamada de *Kulakul-Chakra*, com base no nome, dia, mês e ano de nascimento. Uma escola que ficou mundialmente famosa no Ocidente é a Meditação Transcendental (MT), que conta com muita divulgação na mídia depois que o ex-beatle George Harrison passou a praticá-la. Essa escola utiliza-se de um mantra pessoal cuja prática repetitiva produz efeitos benéficos no cérebro, fato já comprovado até por meio de eletroencefalogramas. Esse benefício não se aplica apenas às práticas da Meditação Transcendental, mas a qualquer mantra que é repetido por algum tempo.

Sinto que a prática do mantra pessoal pela *Kulakul-Chakra* não é tão poderosa quanto a consagração de um mantra muito antigo genérico, que, por ser repetido por milhares de praticantes durante milhares de anos, acaba tendo maior egrégora.

Veja a seguir como consagrar um mantra e utilizá-lo como seu "som de poder" a ser invocado quando desejar.

Consagração e iniciação do mantra (Kulakul Chakra)

Acenda um incenso e uma vela, deixe uma xícara pequena com pouquíssimo leite ao seu lado. Escolha um mantra que lhe agrade, a fim de consagrá-lo, e mentalize-o.

Exemplo: **Om Sri Gam** (um dos mais poderosos que existe). Utilize sempre mantras curtos.

1º Desenhe à mão – **não importa** a beleza nem a exatidão do desenho – a tabela Kulakul-Chakra num papel, com todas as suas sílabas, e coloque-a no solo. A seguir, dê sete voltas em torno da tabela e leia cada um de seus sons/mantras: **VÃ, U, E, HA, SHA, SA, YA, MA, HÁ, BHA, JÑA, JHA, CHA, JÁ, Ã, A, SA, LA, RA, PA, PHA, THA, TA, NGA, CA, E, E, VA, DHA, NA, DHA, DA, GA, GHA, U, U, DA, TA, RNA, KA, KHA, RI, RI, THA, ANG, AH, LRI, LRI, AU, AI, AI, O.** Desejando, consulte o capítulo "Noções de Sânscrito" a fim de aperfeiçoar a pronúncia.

2º Coloque o dedo anular da mão esquerda em cada mantra da tabela, pronunciando "eu sou Om".

3º Escreva seu mantra pessoal (**Om Sri Gam**) num papel e use o prefixo **Ham So** e o sufixo **Soham** da seguinte maneira: **Ham So Om Sri Gam Soham**. Mentalize esse mantra por no mínimo oito vezes.

4º Escreva o mantra **Hum** nas extremidades do mantra pessoal (**Hum Om Sri Gam Hum**) e mentalize-o no mínimo oito vezes.

5º Escreva o mantra **Phat** nas extremidades do mantra pessoal (**Phat Om Sri Gam Phat**) e mentalize-o no mínimo oito vezes.

6º Escreva e mentalize o mantra **Ram Ham Sah Om** e mentalize-o no mínimo oito vezes.

7º Escreva **Om Trom Vasata** antes do mantra pessoal e, no fim, **Vasata Trom Om**, da seguinte maneira: **Om Trom Vasata Om Sri Gam Vasata Trom Om**. Mentalize-o no mínimo oito vezes.

8º Escreva **Swadha Vasata** no início e **Vasata Swadha** no final do mantra, assim: **Swadha Vasata Om Sri Gam Vasata Swadha**. Mentalize-o no mínimo oito vezes e ao mesmo tempo espalhe algumas gotas de leite sobre o solo, próximo à tabela *Kulakul-Chakra*.

9° Escreva **Hrim** no início e no fim do mantra pessoal (**Hrim Om Sri Gam Hrim**) e mentalize-o no mínimo oito vezes.

10° Esta é a última parte da liturgia e nela se escreve **Ha Om** no início e no fim do mantra, da seguinte forma: **Ha Om Om Sri Gam Ha Om**.

Após o ritual entoe o mantra pessoal 108 vezes, de preferência com um *japa-mala*, que será também consagrado automaticamente. Seu mantra agora é **Om Sri Gam** (ou outro de sua escolha).

O papel com os mantras escritos deve ser queimado e o mantra que você iniciou será seu som pessoal de poder.

Se desejar, inicie mais alguns mantras. O ideal é ter dois ou três no máximo.

Tanto na iniciação pessoal por um mestre de mantra quanto na autoiniciação recebe-se o *dishka* – a transmissão da força do som.

O mestre Sivananda diz: *A iniciação traz conhecimento espiritual e destrói os erros. À medida que uma lâmpada se acende em cima de outra, o divino poder (Shakti) do mantra é comunicado do guru para o discípulo.*

Faça os rituais com *bhava* (concentração e respeito) e aceitando de coração essa bênção.

Segundo o Tantra, *cada coisa, seja qual for sua constituição, nada mais é que uma concentração de energia, uma vibração.*

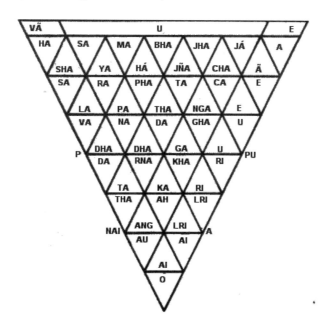

Mantra – O espírito do som e o poder do verbo

Quem deseja aprofundar ainda mais a confecção do mantra por meio da tabela kulakul-chakra pode pesquisar o livro raro "Mantras, palabras de poder", do doutor Kailash Vajpeyi (DR Editora, México).

Autoiniciação e mantras de cura

Visto que os mantras não têm sentido conceitual, não evocam respostas predeterminadas. Quando entoamos um mantra, ficamos livres para transcender os reflexos habituais. O som do mantra pode tranqüilizar a mente e os sentidos, relaxar o corpo e ligar-nos com uma energia natural e curativa.

Tarthang Tulku, "A mente oculta da liberdade".

Para se dedicar à prática de mantras de maneira mais integral e respeitando as tradições iniciáticas, pode-se realizar a cerimônia iniciática abaixo. Essa liturgia, depois de feita pela primeira vez, pode ser repetida com certa frequência como você preferir.

Pegue uma vasilha de barro e encha-a com água pura e limpa. Molhe os dedos nessa água (que deverá permanecer no local de aplicação enquanto durar a prática) e toque cada parte do corpo enquanto faz o mantra específico. Entoe uma, oito ou 108 vezes, e lembre-se de que o importante aqui é a intenção (*Bhavá*). Nesse ritual será tocado cada pequeno Chakra de seu corpo, mas é possível também tocar partes do corpo de outras pessoas e entoar ou mentalizar o mantra específico. No Oriente existem alguns poucos centros de saúde transpessoal que curam pela força dos mantras e orações (claro que isso depende da sua confiança nos processos de cura e da vontade da existência, lembrando sempre que tem muitas coisas que não estão sob o seu controle.

1. **Om Am Namah Kesantesu** (cabelos).

2. **Om Am Namah Mukhe** (fronte).

3. **Om Im Namah Dakshin** (olho direito).

4. **Om Im Namah Vam Netre** (olho esquerdo).

5. **Om Um Namah Dakshin** (orelha direita).

6. **Om Um Namah Vam Karne** (orelha esquerda).

7. **Om Rim Namah Dakshin Nasa Pute** (narina direita).

8. **Om Rim Namah Vam Nasa Pute** (narina esquerda).

9. **Om Irim Namah Dakshin Kapole** (face direita, sob o olho).

Mantra e Rituais de Iniciação Pessoal | 185

10. **Om Irim Namah Vam Kapole** (face esquerda, sob o olho).

11. **Om Em Namah Urdhvoshte** (lábio superior).

12. **Om Aim Namah Adharoshte** (lábio inferior).

13. **Om Am Namah Urdhva Dant Panktau** (dentes superiores).

14. **Om Aum Namah Adho Dant Panktau** (dentes inferiores).

15. **Om Am Namah Murdhni** (queixo).

16. **Om Ah Namah Mukhvrite** (mandíbula).

17. **Om Kam Namah Dakshin Bahumule** (ombro direito).

18. **Om Kham Namah Dakshin Kurpare** (axila direita).

19. **Om Gam Namah Dakshin Manibadhe** (pulso direito).

20. **Om Gham Namah Dakshin Hastangulimule** (nós dos dedos da mão direita).

21. **Om Anam Namah Dakshin Hastangulyagre** (ponta dos dedos da mão direita).

22. **Om Cam Namah Vam Bahumule** (ombro esquerdo).

23. **Om Cham Namah Vam Kurpare** (axila esquerda).

24. **Om Jam Namah Vam Manibandhe** (pulso esquerdo).

25. **Om Jham Namah Vam Hastangulimule** (nós dos dedos da mão esquerda).

26. **Om Nam Namah Vam Hastangulyagre** (ponta dos dedos da mão esquerda).

27. **Om Tam Namah Dakshin Padmule** (joelho direito).

28. **Om Tham Namah Dakshin Januni** (músculo da coxa direita).

29. **Om Dam Namah Dakshin Gulphe** (tornozelo direito).

30. **Om Dham Namah Dakshin Padangulimule** (nós dos dedos do pé direito).

31. **Om Nam Namah Dakshin Padangulyagre** (ponta dos dedos do pé direito).

32. **Om Tam Namah Vam Padmule** (joelho esquerdo).

33. **Om Tham Namah Vam Januni** (músculo da coxa esquerda).

34. **Om Dam Namah Vam Gulphe** (tornozelo esquerdo).

35. **Om Dham Namah Vam Padangulimule** (nós dos dedos do pé esquerdo).

36. **Om Nam Namah Vam Padangulyagre** (pontas dos dedos do pé esquerdo).

37. **Om Pam Namah Dakshin Parswe** (espádua direita).

38. **Om Pham Namah Vam Parswe** (espádua esquerda).

39. **Om Bam Namah Pristhe** (ambas as espáduas).

40. **Om Bham Namah Nabhau** (umbigo).

41. **Om Mam Namah Udarai** (estômago).

186 | Mantra – O espírito do som e o poder do verbo

42. Om Yam Twagatmanai Namah Hridi (coração).

43. Om Ram Asrigatmane Dakshanse (lado direito das costas).

44. Om Lam Mansatmane Namah Kakudi (ambos os ombros).

45. Om Vam Medatmane Namah Vamanse (lado esquerdo das costas).

46. Om Sam Asthyatmane Namah Hridayadi Daksh Hastantam (ossos da costela).

47. Om Sam Majjatmane Namah Hridayadi Vam Hastantam (pele da parte externa do abdômen).

48. Om Sam Sukratmane Namah Hridayadi Daksh Padantam (planta do pé direito).

59. Om Ham Atmane Namah Hridayadi Vam Padantam (planta do pé esquerdo).

50. Om Lam Paramatmane Namah Jadhare (centro do abdômen, na altura do estômago).

51. Om Ksham Parantmane Namah Mukhe (rosto).

Insisto:

Repita os mantras oito ou 108 vezes ou ainda por um número múltiplo de 8 ou 108. Uma vez determinada a quantidade de mantras a entoar, não mude sua prática ou poderá romper o propósito inicial e que envolve disciplina. Se não está claro quantas vezes irá entoar os mantras, faça-os quantas vezes desejar.

Essa liturgia atuará beneficamente sobre seu corpo, protegendo-o e proporcionando-lhe saúde emocional e energética. Nos Himalaias, os monges recitam os mantras de cada parte do corpo com a finalidade de transmitir vibrações de saúde e cura. A essa prática dei o nome de **mantrapuntura**, que consiste na utilização dos sons em partes do corpo que contêm os *tsubos*, ou pontos dos meridianos utilizados na acupuntura e no *shiatsu*, dentre outras terapias orientais.

Se não houver mantra específico para a região em que se deseja aplicar o mantrapuntura, pode-se usar o mantra correspondente ao local mais próximo. Exemplo: Não existe o mantra da língua, assim utilize o do lábio inferior – Om *Em Namah Urdhvoshte*.

> *Um mantra é um 'símbolo' no sentido arcaico do termo: é ao mesmo tempo a 're-alidade' simbolizada e o 'signo' que simboliza. Existe uma correspondência oculta entre, por uma parte, as letras e as sílabas (...) e os órgãos sutis do corpo humano, e, por outra, entre esses órgãos e as forças latentes ou manifestas no cosmo.*
>
> Mircéa Éliade

Koan

Suas atitudes vêm do ser ou do ego?

O espaço do que você é tem limite?

Onde está seu karma agora?

Quando que o mundo sorri a você?

Qual o esforço necessário para se chegar ao Si mesmo?

O infinito está em alguma parte?

Em toda parte existe o infinito?

O Zen ensina: com o Zen, todos os dias são bons. Sem o Zen, mesmo os melhores dias são péssimos. Desapegue.

Quem quer que algo seja de um jeito ou de outro?

Pronto, está Iluminado. Está?

Você acolhe a natureza do seu Ser?

Capítulo 13

Chakra Puja Mantrificando a Shakti

Técnica do Giro Tântrico (Kara Nyasa)

Tantra é a arte de saber quem é você e seu papel na existência com o auxílio da parceria amorosa.

Otávio Leal (Dhyan Prem)

O Chakra Puja Nyâsa Devanyâsa, também conhecido como a onda do Chakra círculo de energia ou técnica do giro tântrico, é uma amorosa e belíssima prática mística que atua como um poderoso estimulador da energia Kundalinî através dos chakras e dos canais prânicos, desenvolvendo assim maior potencial orgástico que pode ser utilizado para meditação e Samadhi, além do êxtase da experiência mística.

É uma prática pouco conhecida no planeta, sendo ensinada ou iniciada (Parampara é o nome dessa iniciação que transmite poder e conhecimentos transpessoais através de uma sucessão de mestres e discípulos) a poucos discípulos que forem realmente persistentes em suas buscas e práticas. Faz parte do Tantra secreto (Gupta Vidya).

Em grupos que ministro de Tantra (técnicas e terapias), ensino passo a passo essa liturgia, e principalmente as mulheres ficam fascinadas, encantadas com a beleza e os efeitos da técnica.

Início da liturgia

A liturgia inicia-se com os praticantes sentados confortavelmente num colchonete ou tatame limpo e de bom gosto. Shiva (o homem) senta-se numa almofada e permanece atrás de Shakti (a mulher) e ambos aquietam suas mentes e emoções, fecham os olhos, descontraem a face e voltam a atenção para o *Ajña* Chakra. Após a concentração, ambos podem sussurrar por alguns minutos o mantram *Om Srí Gam* ou *Om Srí Klim*. Feito isso, inicia-se o movimento rotatório de girar no mesmo eixo, no sentido horário, de forma suave, mantendo a coluna ereta.

Prática – movimentos

O primeiro movimento é feito por Shiva (que está por detrás) que respira suavemente no pescoço da Shakti (quem senta-se na frente), enviando assim parte de seu Prana (energia) e unindo as mãos, como em oração à frente do peito, em Pronam Mudrá, saudando a essência de sua Shakti e mentalizando ou pronunciando o mantra de saudação *Om Hará ou Om NamahAyâ*.

Iniciam-se os toques deslizando as mãos de forma sutil, bem leves da cintura aos ombros e sem a utilização de óleo. Os movimentos são em sua maioria de baixo para cima. Atente para que, pelo menos, uma das mãos fique sempre em contato com a Shakti durante toda a prática. Suavemente, passa-se a ponta dos dedos sem utilização das unhas movimentando a energia prânica e kundalinî de baixo para cima.

(Observe com atenção a sequência de desenhos).

Repita esse movimento várias vezes e novamente faça deslizamentos prazerosos com as mãos. Em seguida, o movimento tem o mesmo formato do anterior a não ser as mãos que tocam mais forte. As mãos de Shiva devem ser absolutamente macias e perfumadas. Shiva poderá cruzar as mãos fazendo com que haja troca de polaridades. Nesse ponto, depois de feito algumas vezes os movimentos anteriores, Shiva poderá remiti-los, com um pouco de óleo nas mãos. Trabalhe a região dos rins (*Swadhisthana* chakra) com muita delicadeza.

Trabalhe a região dos ombros com toques profundos e prazerosos. Repita várias vezes o movimento de trazer as energias de baixo para cima.

Faça vários movimentos com atenção nos braços, pescoço, rosto e lateral do corpo, muito suavemente, e com muito carinho morda o pescoço de Shakti (com os lábios ou se utilizar os dentes, fazer levemente). Esse movimento ativa o Vishudhachakra, e trabalha os seus "nós energéticos" que tanto atrapalham a elevação de Kundalinî. Sempre com muito carinho e, porque não, amor, beije delicadamente em volta das orelhas. Faça movimentos dos dois lados e lembre-se que todo o Chakra Puja é feito como uma dança circular, uma celebração, um ritual criativo e amoroso.

Encoste suavemente seu peito às costas de Shakti, sem pôr peso, o ideal é só encostar os pelos de seu corpo nas costas de Shakti.

Os movimentos na barriga são feitos preferencialmente com óleo e prefira os movimentos no sentido horário e alguns poucos no anti-horário. Fazem-se movimentos fechados e abertos, com os dedos e com as palmas das mãos. Aqui um mestre ou um discípulo tântrico treinado consegue estimular a Kundalinî da Shakti, e é impressionante as contrações abdominais que, às vezes, culmina em um orgasmo sem toques. Assista a uma apresentação ao vivo e surpreenda-se.

Na barriga, atente que enquanto se gira com os dedos com uma das mãos a outra segura na cintura. Toca-se também próximo dos rins e em toda a cintura, inclusive na região uterina e ovariana onde se concentram a maior carga de energia da Shakti. Tudo isso de maneira muito carinhosa.

Os seios na civilização retrógrada são considerados uma área sexual e até mesmo um tabu. No Tantra não. É uma região do corpo absolutamente sagrada, como todas, e que deve ser muito tocada e acariciada. Faça movimentos suaves e circulares. Observe os detalhes dos movimentos feitos nos seios.

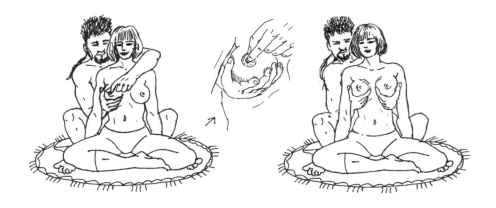

Deve-se tocar um seio de cada vez e dar atenção especial aos mamilos. O importante, sempre, é o toque ser prazeroso e não machucar. Sinta, observe as reações da Shakti e dê-lhe prazer.

Nesse ponto, Shiva irá para frente da mulher e a mesma irá sentar-se sobre as suas pernas, encaixando-se perfeitamente. O homem terá de estar com as pernas bem treinadas a fim de acomodar o peso da Shakti. Shiva deverá beijar o peito e os seios da Shakti. Com absoluta devoção. Tudo com muita calma, não deixando nenhuma região sem um toque ou carinho.

O abraço durante o giro tântrico permite uma total união e integração mística do casal.

Há o desaparecer mútuo. Durante o abraço, o casal poderá beijar-se de forma suave e sem utilizar-se somente da sexualidade e sim mais sensualidade.

Termina-se a prática de Chakra Puja com a Shakti deitada e o Shiva sentado massageando-lhes a barriga e o peito.

194 | *Mantra – O espírito do som e o poder do verbo*

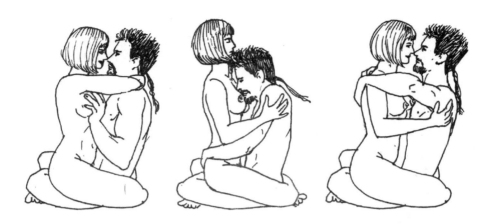

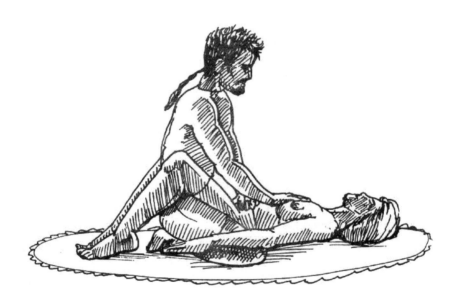

Visualizações Especiais

Quando se tocar no *Muladhara* Chakra: Visualizar a cor vermelha envolvendo toda a pelve com energia e poder. Mentalize a geração de fogo, calor e ainda de uma energia quente. Shiva deve ainda mentalizar o mantra *Lam*.

Na região do *Swadhistana Chakra*: Nos movimentos nessa região imagine que a energia está sendo puxada para cima e a sua cor se altera de vermelho para laranja vívido. Quando sentir que na barriga surge um grande calor ou até mesmo contrações esporádicas é o momento de fazer movimentos circulares ao redor do umbigo para canalizar mais força. O mantra mentalizado é o *Vam*.

Na área do *Manipura Chakra*: Quando passar as mãos para o plexo solar você sentirá que as contrações abdominais e o calor aumentam. A sensação de quem aplica ou recebe os movimentos é que toda a região, dos três primeiros chakras se tornam uma força só. Nesse momento, visualiza-se uma forte cor amarela em toda a região. Faça movimentos circulares suaves de agarrar a barriga (movimento de Qi Gong (Chi-kung), conhecido como garras do tigre). O Mantra mentalizado é*Ram*.

No *Anahata Chakra*: Os toques nesse Chakra deverão ser suaves e com a visualização de cor verde. Os toques são cheios de amor e sentimento devocional. Os movimentos também são circulares e a respiração de ambos deve ser bem profunda e completa. A visualização é de que o Chakra se abre tal qual um botão em flor. O mantra mentalizado é *Yam*. No tantra esse centro é como o Sol do Coração, é energizado por mantras solares, em especial o *Hrim*.

No *Vishudha Chakra*: No Chakra da garganta os movimentos são suaves e com muita atenção, pois essa é uma região sensível, principalmente na parte frontal. As mordidas na área cervical devem ser muito sutis e delicadas. A mente de Shiva deve vibrar o mantra *Ham*.

Ajña Chakra: Nesse Chakra, de suma importância, você deixará que as pontas dos dedos o toquem sempre de maneira suave e visualizando a cor azul índigo. O mantra indicado para mentalização é o *Om*. *Ajña* chakra ou terceiro olho é energizado por mantras luminosos, como o *Krim* ou *Im* e os mantras de Chinnamasta como *Hūm*. Soma ou a Lua do chakra da coroa (*Sahashara* chakra) que se situa acima do ajña chakra é energizado por mantras lunares, em especial *Srim*, e os mantras de Sundari, como *Aim Klim Sauh*.

Atenção: Todos os movimentos deverão ser repetidos por várias vezes.

A respiração de ambos deverá ser profunda e a visualização deverá ser dos chakras e de Kundalinî se movimentando por todo o corpo, mas principalmente na região do *Ajña* Chakra.

Após a primeira prática do Giro Tântrico, pergunte a Shakti se ela prefere toques mais suaves ou fortes. Do que ela mais gostou e o que mais pode ser oferecido.

Amigas sempre me compartilham que os piores amantes são aqueles que não sabem ou não têm humildade de perguntar o que dá mais prazer à mulher.

Regularmente demonstro Chakra Puja ao vivo, e isso é absolutamente lindo, mágico e uma das maiores formas de prazer que uma mulher pode receber.

Requisitos e preparação para a prática:

- Roupas: As mais confortáveis possíveis e que não apertem na cintura. Se o clima permitir, permaneça nu. Isso estimula muito um dos objetivos da prática que é a sensorialização de todo o corpo.
- Mentalização: As indicadas no decorrer desse capítulo.
- Local: O mais tranquilo e belo possível. Acenda incenso de Sândalo ou Tulasi e certifique-se que não serão incomodados.
- Aroma: Use óleos de Sândalo, Ylang-Ylang ou Patchouli na prática.
- Música: Escolham as músicas que mais agradem, mas se certifique que sejam suaves e façam da técnica uma dança relaxada.
- Tempo: Reserve no mínimo uma hora para essa prática.

Dicas de mantra para o Chakra Puja

Os bijas mantras abaixo podem também ser usados durante o chakra puja nos diferentes chakras e centros de energia.

- *Krīm* pode ser usado para energizar todos os chakras.
- *Hum* pode ser usado para fortalecer todos os chakras com um calor expansivo e força.
- *Hrīm* pode ser usado para preencher todos os chakras com radiância e espaço.
- *Srīm* pode ser usado para nutrir todos os chakras e provê-los de felicidade e deleite.
- Shakti se move em seu interior, é o Poder do Feminino durante a prática do giro tântrico e causa grandes e poderosas mudanças. Elas podem ser

desconcertantes e poderosas, e podem alterar a sua vida, e te mover para a maturidade, levar ao Amor e ao Conhecimento de si.

- Quando Shakti se move em seu interior, o Grande Feminino te abençoa de uma maneira significativa. Isso é chamado de Graça Divina.
- Shakti leva ao êxtase subindo pela coluna do Muladhara ao Anahata Chakra onde o Amor reside, onde o Conhecimento está contido e leva ao conhecimento do Si mesmo.
- Shakti te leva a contatar os "níveis superiores" da realidade, tais como os domínios onde residem os Grandes Seres e os seres celestiais. (Devas) e produzindo a verdadeira libertação. (Moksha)

Koan

O infinito está em alguma parte?

Em toda parte existe o infinito?

O Zen ensina: com o Zen, todos os dias são bons. Sem o Zen,

mesmo os melhores dias são péssimos. Desapegue.

Quem quer que algo seja de um jeito ou de outro?

Pronto, está Iluminado. Está?

Você acolhe a natureza do seu Ser?

Capítulo 14

Om Mani Padme Hum

A Iluminação vem do Tibete antigo

Mantra é energia. É sempre puro e não pode ser contaminado por processos negativos de pensamento. Visto que o mantra não é energia bruta, ele não pode ser corrompido, como os fenômenos sensoriais são corrompidos pela nossa mente. Pode-se facilmente descobrir o poder do mantra por si mesmo fazendo um retiro de meditação.

Dalai-Lama

O Tibete, antes da covarde e cruel invasão de suas fronteiras, era conhecido como o "país mágico", preservando e respeitando as práticas de mantras. Nunca presenciei um tibetano fazendo desse instrumento um objeto de comércio nem utilizando-o para benefícios somente pessoais ou egoicos.

Nos Himalaias, o mantra é visto principalmente como um meio de reconhecer a realidade de sua Iluminação.

Quando o Tibete foi invadido pelos chineses, os monges acabaram exilados em vários países, a tradição mântrica, até então respeitada e secreta, espalhou-se pelo mundo, juntamente com suas meditações, conceitos éticos e ecológicos.

Os monges tibetanos dão muita importância para aquilo que falam, comunicam e pensam. Os lamas ensinam que na TV, nas redes sociais e nas pregações religiosas as palavras são "jogadas ao vento", referem-se a aspectos mais perversos como, por exemplo: *besta-quadrada* – ou seja, o quadrado, o limite, a besta, que é o próprio mal; *quinto dos infernos* – que é o pentagrama (estrela de cinco pontas) ao contrário; *desgraçado* – sem a graça de Deus; desanimado – *dês* = sem, *ânima* = alma, ou seja, sem alma; *coitado* – nascido de coito, etc.

Os tibetanos mantêm a tradição mântrica da *palavra viva*. Para eles, cada letra do mantra é tratada com devoção, como uma joia preciosa.

Um dos mantras mais fortes e conhecidos utilizado na tradição tibetana é **Om Mani Padme Hum.**

Helena Blavatsky, nos textos poderosos e contundentes da "Doutrina Secreta" e nas escolas teosóficas, ensina:

> *Om Mani Padme Hum (os tibetanos pronunciam Om Mani Peme Hum) é associado ao Bodhisattva da compaixão, Avalokiteshvara. Nesse mantra, a sílaba Om representa a presença física de todos os buddhas. A palavra sânscrita Mani, jóia, simboliza a jóia da compaixão de Avalokiteshvara, capaz de realizar todos os desejos. A palavra Padme significa lótus, a bela flor que nasce no lodo; do mesmo modo, devemos superar o lodo das negatividades e desabrochar as qualidades positivas. A sílaba Hum, representando a mente iluminada, encerra o mantra. Assim a frase mística (Om Mani Padme Hum), quando corretamente compreendida, em vez de traduzida por palavras quase vazias de sentido como (Oh! A Jóia do Lótus!), contém uma alusão a esta indissolúvel união entre o homem e o universo, interpretada de sete maneiras diferentes, com a possibilidade de sete distintas aplicações a outros tantos planos de pensamento e ação. Escolhemos como exemplo a fórmula Om Mani Padme Hum por causa do seu poder quase infinito nos lábios de um adepto e de sua potencialidade quando pronunciada por um homem qualquer.*

Estudemos o mantra **Om Mani Padme Hum**, dividindo-o em quatro partes.

Om (o mestre do som)

O mantra Om para o tibetano dissolve o intelecto, é a própria consciência, a luz, o som da Iluminação que desperta internamente nossa terra (sensação), água (sentimento), fogo (ação) e ar (pensamento).

A vocalização ou a mentalização do Om liberta o que precisa ser libertado, afasta o apego. O Om conforme foi estudado no capítulo "Om – Força procriadora do cosmo", faz parte de várias culturas. Um dos nomes de Deus que mais aparece na Bíblia judaico-cristã é Adonai, em que *Adon* = Deus; *Ai* = meu Deus. E na palavra *Adon* (Adão, o filho de Adonai) encontramos o **Om**. Pitágoras, que utilizava o **Om,** chamava-o de *harmonia das esferas* e dizia que "cada som tem um corpo sutil, um corpo de vibração de ritmo e de energia".

Os tibetanos, na mentalização ou na vocalização do som **Om**, ensinam que é seja necessário concentrar-se no mantra *(bhava)*. Ele não pode ser produzido mecanicamente. Muitos alunos já me perguntaram se simplesmente escutar um áudio de mantra daria a consciência do ser e os benefícios do som. Respondo que o importante não é o mantra estar no ouvido, mas no coração (*anahata chakra*) e na mente. Portanto, apesar de ser prazeroso escutar um mantra, seu efeito é maior quando o praticamos.

Os mestres do Tibet, como por exemplo Dalai Lama, não aceitam que os mantras sejam superstições nem fórmulas mágicas, nem que o poder deles venha do psíquico do praticante, nem mesmo que os "feiticeiros" os utilizem para conseguir benefícios pessoais.

Dá-se importância maior para o uso contínuo do mantra como instrumento para o "Despertar" e espera-se que, uma vez passado por um lama ou guru, ele não se torne um conhecimento teórico, e sim prático.

Para vários budas do Tibet, Om protege, afasta perigos e cria condições benéficas a meditação. Mas, muitas vezes o mantra não protege um homem da crueldade de outro suposto ser humano. Vários Iluminados foram mortos pelo "homem", porque ele tem certa parcela de livre-arbítrio e assim, tem direito de agir muitas vezes como preferir, e o escolhe fazer como seus líderes políticos que escolheram ser cruéis, maléficos, egoístas e frouxos.

Os índios que possuíam conhecimento mântrico e absoluta confiança na existência, foram dizimados aos milhares; tribos de africanos com alto poder de magia foram exterminados; na Segunda Guerra Mundial, rabinos e estudantes de *kabbalah* foram mortos pela crueldade de alguns homens. Contudo, o mantra, a meditação pode impedir que fique depressivo, melancólico, que se viva uma vida "pequena". Ele permite que tenha uma vida mais feliz. Uma das principais utilizações do Om no Tibete: a busca pelo renascimento num mundo favorável, pois, segundo os tibetanos, uma pessoa pode reencarnar no que é chamado de inferno e também como elementais da Terra, que são plantas, pedras, animais ou "devas" (algo semelhante à mítica dos anjos). É a ressurreição de que Cristo tanto falava: não se é mais corpo e passasse a se reconhecer como alma, sem corpo físico. Reencarnação é voltar para o corpo e ressurreição é passear, viajar, ter formas, manifestações de vida sem "carne". Enfim, como alma, voltar ou não à carne pode ser uma opção da eternidade oceânica.

Om nos ensina a meditar no som, no ritmo tranquilo que é a devoção chamada de *bhakti*.

Mani

Mani é o som da transformação. É considerado a joia da mente ou a pedra filosofal que nos põe em contato com a eternidade e representa uma joia brilhante, cintilante e perfeita. Também é conhecido como um cedro iluminado, que no Tibete é chamado de *vajra*, o diamante da nossa mente e o que há de mais consciente nela.

Textos *Pali* budistas dizem que todas as coisas são precedidas, dirigidas e criadas pela mente, e **Mani** seria a mente sutil, refinada, com compaixão e tolerância em relação a todas as pessoas e seres vivos. **Mani** cria um *rúpa* (forma). *Kama rúpa* é o nome de uma forma de pensamento muitas vezes perversa ou egoísta que pode, segundo as tradições esotéricas, criar um elemento conhecido como "miasma" ou "encosto", "obsessor" – enfim, um padrão negativo. **Mani** atua como uma *ecologia mental*, criando um *deva rúpa* (anjo da mente), e representa o voto do *Bodhisattva*, aquele que escolhe o caminho de auxiliar todos os seres vivos para que se tornem felizes e livres da Roda de Samsara.

Padme (ou Padma)

Padme representa a flor-de-lótus. Ela nasce nos momentos em que há mais sujeira e dificuldade. Nasce da escuridão, abre suas flores somente após ter subido além da superfície do lodo. **Padme** ultrapassa este mundo. Existem pessoas que dizem "eu já passei por esta ou por aquela situação". Já passou, mas não *ultrapassou*, por isso a situação vive se repetindo. Dessa forma, o som **Padme** estimula o *ultrapassar*.

Esse mantra confere luz ao corpo emocional, sensorial e perceptivo, assim como às formações kármicas negativas e à própria consciência. Segundo heremitas meditadores, também permite que viaje no barco do *Todol*, que é um guia na vida após esta vida, no mundo vindouro. No Tibete, não se fala em vida ou morte, só existe a vida, *as pessoas nunca nascem e nunca morrem*, elas estão "aqui", depois estão "lá". Enfim, o som de **Padme** facilita a passagem para outros mundos, físicos ou não.

Hum — Exorcizando suas sombras

Hum é representado como um som ou grito de limpeza, um desafio a tudo o que não é legal, e as ilusões, que para alguns são os pensamentos perversos, para outros são seres malignos, para outros ainda, o final das ilusões e o ódio por qualquer ser. **Hum** significa a libertação de tudo aquilo que não faz parte da alma. Om é o infinito, e **Hum**, o finito. Ambos são importantes, mas podemos dizer que Om também é o meio para entender **Hum**. A eternidade faz com que se compreenda o corpo, por isso **Hum** é considerado a matéria, a Mãe Terra, Gaia.

Escrita tibetana de Om Mani Padme Hum

O mantra **Om Mani Padme Hum** gera compaixão, tolerância para todos os seres do mundo. Como em todo mantra, em cada uma de suas letras há uma semente, com energia, característica e poder próprios.

Om envia raios brancos sobre o mundo dos Devas (anjos); **Mani**, raios verdes sobre os titãs ou semideuses; **Ni**, raios amarelos sobre todo o reino humano; **Pad**, raios azuis sobre o reino dos animais; **Me**, raios vermelhos sobre o reinado dos pretas-bocas-ardentes, seres do universo budista; finalmente **Hum** enviaraios sobre habitantes criados por nossa mente. Mesmo sem mentalizar isso, os efeitos acontecem.

O (a) Buda da compaixão

Bodhisattva, Avalokiteshvara ou *Chenrezig* são os nomes do Buda da compaixão, ser iluminado que poderia ir ao *Nirvana*, mas, ao ver o sofrimento de todos os seres do planeta, optou por ficar ajudando, servindo, fazendo algo. Representado por uma mãe acolhedora e protetora, também é a lágrima que cai da face de Buda por compaixão pelos que sofrem.

Quando Buda se iluminou, ficou feliz porque se libertou, porque se aceitou como era e descobriu a própria consciência búdica (aliás, as pessoas não meditam para se tornar buda, porque já são um.)

Então, ele sorriu iluminado. Mas, ao perceber que muitos sofriam no planeta, uma lágrima caiu de seus olhos. Essa lágrima se tornou *Avalokiteshvara* – que criou uma metodologia para todos os que quisessem se reconhecer como iluminados – e também se transformou no mantra.

Ao praticar **Om Mani Padme Hum**, ficamos com a mente límpida como a "mente do Buda", uma mente elevada a um estado chamado "terra pura".

Essa lágrima de Buda também se chama *Tara*, que contém várias manifestações e seus respectivos mantras e efeitos.

Avalokiteshvara e Kuan-Yin – A compaixão em ação

Esse é o nome chinês da personificação do deus/deusa da compaixão e de auxílio ilimitado a todos os seres vivos.

É conhecida ainda em outras culturas pelos nomes de *Kannon* (Japão), *Karuna* e *Tara* (Índia), *Avalokiteshvara* (Tibete).

É um(a) *Bodhisattva*, espécie de mensageiro que auxilia os que sofrem, que livra da dor, mostra caminhos aos que buscam a Iluminação.

É a grande mãe.

O místico John Blofeld, nos ensina:

> *Avalokisteshvara, que seja considerado como um ser de existência própria ou como uma criação mental dos devotos, personifica a tremenda força da compaixão, que se distribui imparcialmente entre todos os seres sensíveis.*

Conta-se que após uma série de encarnações virtuosas, quando iria atingir o *maha-samadhi* (grande Iluminação) e escapar da roda de reencarnação, esse ser ouviu os gritos de lamentação de todas as criaturas que sofrem: pedras, árvores, animais, insetos, seres humanos etc. Em sua compaixão e preocupação, abriu mão da dádiva de viver no *Nirvana* (paraíso) até que todos os seres atingissem antes dele a Iluminação. Ele é o doador supremo e em algumas de suas representações possui centenas de cabeças, cada uma olhando em uma direção para auxiliar alguém, além de suas centenas de braços e mãos que a todos acolhem.

A palavra Avalokiteshvara vem do sânscrito e pode ser assim dividida:

- *ava* = baixo;
- *lok* = olhar, contemplar;
- *lokita* = observado;
- *loka* = o mundo, o universo;
- *i'shvara* = senhor. Segundo a tradução tibetana, é "o senhor (ou a mãe) que olha (das alturas) com compaixão a todos os seres que sofrem".

Mantras de Kuan-Yin Avalokiteshvara

Para tratar doenças, proporcionar sabedoria e compaixão:
Na-Mo Yang Liu Kuan Yin
Nah-Mo Yang Lee Oh Gwan Een.

Aproximação amigável com animais:
Na-Mo Lung T'Ou Kuan Yin
Nah-Mo Lohng Toe Gwan Een.

Compaixão por todos os seres vivos:
Na-Mo Yüan Kuang Kuan Yin
Nah-Mo Yüen Gwang Gwan Een.

Para adquirirmos mais virtudes de compaixão:
Na-Mo Te Wang Kuan Yin
Nah-Mo Duh Wahng Gwan Een.

Saúde:
Na-Mo Shih Yao Kuan Yin
Nah-Mo Sher Yow Gwan Een.

Inspiração artística:
Na-Mo Lung Chien Kuan Yin
Nah-Mo Lohng Jyen Gwan Een.

Iluminação da mente:
Na-Mo Pai Yi Kuan Yin
Nah-Mo Buy Ee Gwan Een.

Bom humor:
Na-Mo Yu Hsi Kuan Yin
Nah-Mo Yo Shee Gwan Een.

Facilita a meditação:
Na-Mo I Yeh Kuan Yin
Nah-Mo Ee Yeh Gwan Een.

Coração compassivo:
Na-Mo Wei Te Kuan Yin
Nah-Mo Way Duh Gwan Een.

Longevidade:

Na-Mo Yen Ming Kuan Yin
Nah-Mo Yen Ming Gwan Een.

Harmonização com a Mãe Terra:

Na-Mo Yen Hu Kuan Yin
Nah-Mo Yen Who Gwan Een.

Tranquilidade:

Na-Mo Neng Ching Kuan Yin
Nah-Mo Nung Jing Gwan Een.

Proteção em viagens:

Na-Mo A-Nou Kuan Yin
Nah-Mo Ah-No Gwan Een.

Para solicitar a Kuan Yin a elevação da energia kundalinî:

Na-Mo To-Lo Kuan Yin
Nah-Mo Dwaw-Lwaw Gwan Een.

Desenvolve a flexibilidade:

Na-Mo Ke Li Kuan Yin
Nah-Mo Guh Lee Gwan Een.

Tara, a Realizadora

A deusa Tara é cultuada principalmente no Tibete, onde é conhecida como a "Estrela" ou a feroz.

Vários monges ensinam que Tara nasceu das lágrimas de Kuan-Yin (Avalokiteshvara), quando esta sentiu o quanto os seres sofriam. Portanto, é considerada uma emanação da compaixão.

Muitas são as manifestações e apresentações de Tara. Recebi várias iniciações secretas e místicas de escolas budistas que seguiam manifestações variadas da Deusa e em uma delas fui levado a uma dimensão viva da egrégora da Tara branca. Naquele momento, pude senti-la junto de mim.

Conheci um praticante nos Himalaias que, após dias de oração e jejum em um eremitério, nas montanhas, também teve a alegria de manter contato com essa divindade. É uma experiência inesquecível que lembra relatos de contatos com a Virgem Maria por cristãos místicos. A energia de tara é semelhante à de Maria, a mãe do Logos.

Tara e seus mantras

À Tara verde (fonte das outras vinte emanações):
Om Tare Tütare Ture Soha. (Mantra de saúde)

À Tara que evita desastres:
Om Banza Tare Sarva Biganen Shindham Kuru Soha.

À Tara que evita calamidades vindas da Terra:
Om Tare Tütare Ture Mama Sarva Lam Lam Bhaya Shindham Kuru Soha.

À Tara que evita a destruição produzida pela água:
Om Tare Tütare Ture Mama Sarva Bham Bham Dzala Bhaya Shindham Kuru Soha.

À Tara que evita a destruição produzida pelo fogo:
Om Tare Tütare Ture Mama Sarva Ram Ram Dzala Bhaya Shindham Kuru Soha.

À Tara que evita a destruição causada pelo vento:
Om Tare Tütare Mama Sarva Yam Dzala Bhaya Shindham Kuru Soha.

À Tara que aumenta a sabedoria:
Om Ratana Tare Sarva Lokajana Piteya Dara Diri Diri
Shêng Shêng Dza Dzanjia Na Bu Shêng Kuru Om.

À Tara que evita calamidades vindas do céu:
Om Tare Tütare Ture Mama Sarva Dik Dik Dikshna Raksha Raksha Kuru Soha.

À Tara que evita destruição:
Om Tare Tütare Ture Mama Sarva Dik Dik Diksehna Raksha Raksha Kuru Soha.

À Tara que evita calamidades vindas de espíritos obsessores:
Um Tare Tütare Ture Mama Sarva Randza Dushen Droda Shindam Kuru Soha.

À Tara que evita ladrões:
Um Tare Tütare Ture Sarva Dzora Benda Benda Drktum Soha.

À Tara que aumenta o poder:
Um Bema Tare Sendara Hri Sarva Loka Washum Kuru Ho.

À Tara que evita males causados por demônios:
Um Tare Tütare Ture Sarva Dushing Bikanen Bham Peh Soha.

À Tara que evita males que afetam animais:
Um Tare Tütare Ture Sarva Ham Ham Dushing Hana Hana Drasaya Peh Soha.

À Tara que evita animais ferozes:
Um Tare Tütare Ture Sarva Heh Heh Dzaleh Benda Peh Soha

À Tara que evita efeitos maléficos de venenos:
Um Tare Tütare Ture Sarva Disksha Dzala Yaha Raha Rapeh Soha

À Tara que vence demônios:
*Um Garma Tare Sarwa Shatdrum Biganen Mara Sehna Há Há
Heh Heh Ho Ho Hung Hung Binda Binda Peh.*

ÀTara que cura doenças:
Um Tare Tütare Ture Sarva Dzara Sarva Dhukkka Brasha Manaya Peh Soha.

À Tara da longevidade:
Um Tare Tütare Ture Braja Ayiu Shei Soha.

À Tara da prosperidade:
Um Tare Tütare Turen Dzambeh Moheh Dana Meti Shri Soha.

À Tara que realiza pedidos:
Um Tare Tütare Ture Sarva Ata Siddhi Siddhi Kuru Soha.

Esses mantras, juntamente com o *Om Mani Padme Hum*, são recitados por budistas, principalmente tibetanos, milhares de vezes ao dia no japa-mala de 108 contas. Segundo o lama Zopa Rinpoche:

Os mantras tibetanos nem sempre possuem um significado claro e muitos deles são compostos por sílabas aparentemente ininteligíveis. Mesmo assim, são efetivos porque ajudam a manter a mente quieta e pacífica, integrando-a automaticamente na concentração. Eles fazem a mente ser receptiva às vibrações muito sutis e, portanto, aumentam sua percepção. Sua recitação erradica as negatividades grosseiras, e a verdadeira natureza das coisas pode ser refletida na claridade resultante em sua mente .

Mantras budistas de várias tradições

Refugio na sabedoria e paz de todos os Budas:
Om, Buddham Saranam Gacchami.

Refugio no dharma – o caminho iluminado:
Om, Dharman Saranam Gacchani.

Refugio no sangha (a comunidade dos que procuram a Iluminação):
Om, Sangam Saranam Gacchani.

Mantra da tradição de Sakyamuni: (o Budha histórico)
Om Muni Maha Sakyamuni Swaha
Este mantra de Sakyamuni é uma invocação a Buda como o grande sábio silencioso, com o seguinte significado: *Om muni maha Sakymouni*

Interpretação:
Om:eternidade, universo, totalidade.
Muni: sábio silencioso, aquietamento.
Maha:grande, auspicioso, divino.
Sakyamouni:sábio dos sáquias (nome da tribo de nascimento de Buda).
Swáhá:saudação.

Mantra fortíssimo que purifica, cria equilíbrio e é também, junto com um respiratório budista, a prática que dá longa vida:
Om Ah Hum.

Sua prática deve ser feita da seguinte maneira:
Om– inspirando;
Ah– retendo o ar nos pulmões;
Hum– expirando.

Mantra da Iluminação, da mente e do coração de Buda:
Gate Gate, Param Sagate Bodhi Swáhá.

Mantra de purificação de emoções negativas:
Eh Yam Ram Lam Bam.

Pratique-o alongando cada sílaba. Por exemplo: Ehhhh, yammmm, rammmm, lammmm e bammmm.

Mantra dedicado à paz no planeta Terra:
Om Bishwa Shanti Hum.

Mantra do coração de compaixão. (Para conectarmos com nossa compaixão):
Om Vajrasattva Hum.

Mantra em homenagem a Kuan-Yin (Karuna):
Namu Maha Karuna Avalokiteshvara Bodhisattva.

Mantra em homenagem ao Sakyamuni Buda:
Namu Upadhyaya Sakyamuni Buda.

Para utilizar enquanto se lavam as mãos e o rosto com um sentimento e intenção de purificação:
Om Argham Ah Hum.

Mantra para entoar enquanto nos banhamos, também no sentido de purificação: *Om Padyam Ah Hum.*

(Esse mantra pode ser utilizado no chuveiro, mas o ideal é em contato com a natureza).

Mantra para consagrar flores: *Om Pushpê Ah Hum.*

Mantra para consagrar incenso: *Om Dhupê Ah Hum.*

Mantra para consagrar velas: *Om Alokê Ah Hum.*

Mantra para consagração de água perfumada ou perfume: *Om Gandhê Ah Hum.*

Mantra para abençoar o Buda que existe no self (Purusha) de todos os seres: *Bhagavan Sarva Tathagatha.*

Mantra para consagrar alimentos vivos (frutas, legumes e raízes): *Om Naividhê Ah Hum.*

Durante meu aprendizado em uma escola budista chamada Budismo da Terra Pura, tive oportunidade de ser iniciado pelo saudoso bispo iluminado Murilo Nunes Azevedo, que me deu o nome de Shaku Kigou, que significa "aquele que busca a si mesmo em vários caminhos".

Lá se pratica um mantra de refúgio para quando queremos encontrar conforto e abrigo no paraíso que há dentro do ser (isso é simbólico). Pode-se entoá-lo em qualquer hora ou lugar a fim de alcançar a paz de forma instantânea e também fazê-lo em intenção de uma pessoa que necessite desse refúgio, bastando enviar-lhe mentalmente o mantra:

Namo Amida Butso (Me refugio na Iluminação de todos os Budas que existem em toda parte). Eu sou o Budha e todos os seres vivos são Budhas.

Outro conhecido e poderoso mantra vem do budismo Nichirem Shoshu, que é uma escola japonesa, é **Nam Myoho Rengé Kyo**.

Também chamado de "rugido do leão", esse poderoso mantra de meditação e aquietação da mente tem como um de seus significados:

- **Nam:** força física e mental;
- **Myoho:** o universo;
- **Rengé:** a pura flor-de-lótus;
- **Kyo:** som.

QUADRO DE DIVINDADES E SEUS MANTRAS
(Esses sons e suas práticas são indicadas aos iniciados nos mistérios das divindades budistas e no budismo esotérico)

DIVINDADES BUDISTAS	MANTRAS DAS DIVINDADES
Akshobhya	Om Akshobhya Hum
Amitabha (o Buda da flor-de-lótus)	Om Amideva Hrih
Avalokiteshvara (mantra curto)	Om Mani Padme Hum Hrih
Avalokiteshvara (mantra longo que tem a mesma força e energia de Om Mani Padme Hum)	Namo Ratna Trayaya Namah Arya Gyana Sagara Vairochana Byuha Rajaya Tathagataya Arhate Samyaksam Buddhaya Namah Sarva Tathagatebhyah Arhatebhyah Samyaksam Buddhebhyah Namah Arya Avalokiteshvaraya Bodhisattvaya Mahasattvaya Mahakarunikaya Tadyatha Om Dhara Dhara Dhiri Dhiri Dhuru Dhuru Itti Vatte Chale Chale Prachalae Prachalae Kusume Kusumavare Ilae Mae Lae Chetae Jvalam Apanaya Swáhá
Divindades iradas (proteção)	Om Hulu Hulu Hum Bhyo Hum
Divindades pacíficas (proteção)	Om Bodhichitta Maha Sukha Jnana Dharatu Ah
Interdependência (desapego)	Om Ye Dharma Hetu Tesham Tathagato Hyavadat Tesham Cha Yo Nirodha Evam Vadi Maha Shramanah Swáhá
Maitreya (o Buda do século 21)	Om Maitreya Maitreya Maha Maitreya Arya Maitreya Swáhá
Manjushri (um iluminado dos Himalaias)	Om Ah Ra Pa Cha Na Om Vageshari Mum
Padmasambhava (um iluminado compassivo)	Om Ah Hum Vaja Guru Padma Siddhi Hum

Sakyamuni (o Buda histórico)	Om Muni Muni Maha Munaye Swáhá
Tara branca (cura)	Om Tare Tuttare Ture Mama Ayur Punye Gyana Pushim Kuruye Swáhá
Tara Verde (cura)	Om Tare Tuttare Ture Swáhá
Tara Vermelha (cura)	Om Tare Tam Swáhá
Vacuidade (desapego)	Om Svabhava Shuddho Sarva Dharma Svabhava Shuddho Ham

Koan

É possível aquietar a mente?

É possível que o silêncio desapareça por completo?

Quem deseja parar, zerar os pensamentos?

Seria a própria mente?

Toda sua espiritualidade é experimental ou simplesmente de ouvir falar?

Capítulo 15

Mantras aramaicos e o Pai-Nosso
O caminho de mestre Joshua (Jesus)

Tem cuidado com o trabalho, porque tua obra é uma obra celestial. Cuidado de não omitir nem aumentar uma só letra do teu manuscrito. Fazendo isto tu serás um destruidor do mundo.

Anônimo

Primeiro, Deus como Ser...
Do Ser surge a Mente...
Da Mente surge o Desejo...
Do Desejo surge a Vontade...
Da Vontade surge a Palavra...
Da Palavra surge todo o resto.

(Texto Vedanta)

Sinto o aramaico ter na mítica ocidental a força que o sânscrito tem no Oriente.

É pouquíssimo estudado, mas sem dúvida é um dos caminhos espirituais e transpessoais mais poderosos do planeta.

O aramaico é um idioma semita que já contava com aproximadamente seiscentos anos de existência quando do nascimento de Mestre Jesus; estruturou-se a partir do hebraico antigo, embora alguns eruditos acreditem que seja mais antigo que essa língua e tenha se originado no Oriente Médio. Não importa qual surgiu primeiro, mas ambas têm uma riqueza mântrica, uma expressão do sagrado, da mística cósmica.

A riqueza de detalhes e expressões existentes no aramaico, a língua nativa de Jesus (Joshua), ainda é restrito aos eruditos, aos iniciados e aos buscadores do Si mesmo, o que é lamentável, pois o Aramaico tem um tesouro de símbolos inigualáveis.

| 213 |

Cada afirmação de um ensinamento sagrado ensinado por um Iluminado, segundo a tradição mística do Oriente Médio, a tradição de Jesus e a da kaballah, deve ser examinada sob três pontos de vista: intelectual, metafórico e místico (através da meditação e reflexão).

No caso da oração mântrica o Pai-Nosso original, seu exame deve ser feito sob o aspecto místico e absolutamente reflexivo, já que, graças à riqueza do aramaico, há várias traduções possíveis, pois uma só palavra pode ter diversas interpretações. Por exemplo: "Abençoados são os fracos, pois herdarão a Terra" pode significar em uma interpretação profunda e séria: "Tornai suave o que por dentro é duro e terás a força do universo". "Céu" significa "o eterno". "Não nos permita a tentação" pode (e deve) ser traduzido por: "Não nos permita que aspectos superficiais nos iludam". "Reino" é a "Grande Mãe". "Pão" é "alimento feminino de qualquer natureza".

As traduções das palavras de Jesus nas bíblias tradicionais são em sua maioria tendenciosas e foram feitas a partir do grego, idioma introduzido no Oriente Médio após as conquistas de Alexandre, o Grande. Porém, essa língua nunca se tornou nativa naquela região. Daí a diversidade de interpretações: embora Jesus tenha falado aos judeus, cujo um dos idiomas nativos era o aramaico, seus ensinamentos foram escritos em grego. Aqui nota-se que se perdeu.

A tradução grega trouxe uma visão lógica e limitada e, na minha visão, totalmente ou até porque não dizer absolutamente distante das mensagens de Jesus. Alguns cultos pentecostais, escolas católicas simplistas e "pregadores de plantão" com suas palavras e interpretações fariam o mestre Joshua chorar de tristeza e apontar a "não se dar pérolas aos porcos".

Dada a sua riqueza de imagens, o aramaico é uma língua que está muito próxima da Terra, da mãe, das plantas, do florescimento, do som, dos milagres naturais da existência. É uma língua dotada de uma visão holística, fluida, não possui divisões entre interno e externo, meio e fim, nem fronteiras entre corpo, mente e espírito. Tudo veio de um povo que adorava a Grande Mãe, com língua, cultura e espiritualidade riquíssimas, milhares de anos antes de Jesus ou das filosofias gregas. Esse povo era formado por sociedades nômades baseadas na parceria e praticamente livres de guerras, conflitos e desigualdades sociais. Eram as chamadas sociedades tribais.

Além disso, a mística do aramaico é riquíssima em sons e significados. A vocalização de palavras curtas provoca uma ressonância corporal e anímica para quem as ouve. É uma experiência mística fortíssima escutar uma oração em aramaico.

Jesus falou em aramaico para que as pessoas pudessem assimilar todos os possíveis significados de suas palavras e trabalhá-las internamente. Esse tipo de comunicação ressoava nos mais variados níveis (intelectual, metafórico e transpessoal), reduzidos hoje a ponto de se tornar uma linguagem em que passou a existir uma divisão entre Deus, natureza e humanidade. Hoje poucos cultos e liturgias cristãs tocam a alma, poucos buscam a experiência do Divino. Como diz Leonardo Boff: é diferente pensar, falar e ler sobre o Divino da experiência do mesmo.

Em todas as religiões, os ensinamentos estão anotados na língua do fundador. Como as primeiras igrejas cristãs eram semíticas em sua origem, os seguidores falavam aramaico. Por isso, alguns estudiosos acreditam que o Evangelho de Mateus seja o primeiro escrito nesse idioma.

Minha pesquisa sobre o aramaico do Pai-Nosso baseia-se em conversas com padres e sacerdotes, dentre os quais destaco o reverendo Edmundo Pellizari Filho, bem como no livro revolucionário, de Neil Douglas-Klotz, que recomendo de coração: "Orações do Cosmo" (Ed. Triom) e "Jesus em aramaico".

Neil Douglas lidera um movimento mundial para a difusão do aramaico e dos ensinamentos originais de Jesus. Em formação que ministro regularmente de Reiki Cristão (Yad Aour Ripui) me inspiro muito em seu trabalho e sou grato.

Pai-Nosso/Mãe-Nossa original em Aramaico

O Pai-Nosso é sem dúvida alguma o mantra mais utilizado pelos cristãos, principalmente nas situações em que se quer a paz, quando há dificuldades na vida, nos momentos de medo e em outras diversas situações. Conheça o Pai-Nosso original, em aramaico:

Abwun d'bwashmaya

Nethqadash shmakh

Teytey malkuthakh

Nehwey tzevyanach ayakanna d'bwashmaya aph b'arha.

Hawvlan lachma d'sunqanan yaomana.

Washboqlan khaubayn (wakhtahayn) aykana daph khnan shbwoqan

l'khayyabayn.

Wela tahlan l'nesyuna

Ela patzan min bisha.

Metol dilakhie malkutha wahayla wateshbukhta

l'ahlam almin.

Ameyn.

Eis uma possível tradução do original em aramaico, de autoria de Neil Douglas Klotz:

Ó, força procriadora! Pai-Mãe do cosmo,
Focaliza tua luz dentro de nós, tornando-a útil.
Crea teu reino de unidade, agora.
O teu desejo uno atue então com o nosso,
assim como em toda luz e em todas as formas.
Dá-nos todos os dias o que necessitamos em pão e entendimento.
Desfaz os laços dos erros que nos prendem, assim como nós soltamos
as amarras com que aprisionamos a culpa dos nossos irmãos.
Não permitas que as coisas superficiais nos iludam
Mas liberta-nos de tudo o que nos detém.
De ti nasce toda vontade reinante,
o poder e a força viva da ação,
A canção que se renova de idade
a idade e a tudo embeleza.
Verdadeiramente – poder a esta declaração –
Que possa ser o solo do qual cresçam
todas as minhas ações.
Amém.

Estudo das palavras mântricas do Pai-Nosso/Mãe-Nossa original

Aramaico = *Abwun d'bwashmaya.*
Bíblico = Pai nosso, que estais no céu.

A palavra ***abwun*** se divide (divisão acróstica) em quatro vibrações e traduções como segue abaixo:

- *a* - a eternidade, unidade, o mantra *al*, usado no som Alá ou Alaha, significa "um" (a unidade).
- *bw* - nascer, luz, criação ou bênção.
- *u* - energia da totalidade.
- *n* - força que movimenta a vida.

A palavra **d'bwashmaya** se divide em duas vibrações:

- *shm* - aquilo que brilha, luz, vida.
- *aya* - luz que brilha em todos os lugares.

Interpretação:

Alma absoluta de luz criadora de tudo que se move, que se ouve, que está dentro e fora de nós por toda a eternidade.Unidade criadora, sua luz resplandece em nós e em tudo que há na mãe-pai do cosmo.

Aramaico – *Nethqadash shmakh.*

Bíblico – Santificado seja o Vosso nome.

- *Nethqadash* – curvar o coração ao sagrado ou à alma interior (Vem daqui a palavra judaica *kosher*, que significa sagrado).
- *Shmakh(shm)* – luz do coração ou do interior.

Interpretação:

Prepare-nos para recebermos sua luz, clareando o nosso sacrário interno, levando luz para todas as partes.

Aramaico – *Teytey malkutakh.*

Biblico – Venha a nós o Vosso reino.

- *Teytey* – venha, preencha minha intimidade.
- *Malkutakh* – reino interno, um dos nomes da Grande Mãe no Oriente Médio, casa da rainha ou da deusa.

Interpretação:

Venha, através do nosso desejo mútuo de união, abraçar os ideais justos do nosso planeta, da Grande Mãe Terra. Eleja unidade e individualidade (sem divisão).

Aramaico – *Nehwey tzevyanach aykanna d'bwashmaya aph b'arha.*

Bíblico – Seja feita a Vossa vontade, assim na terra como no céu.

- *Tzevyanach* – desejo de coração (algo além do mental), propósito, compaixão (o preceito maior do budismo).
- *Ayakanna* – consciência, desejo da alma.
- *Arha* – a Terra como ser vivo, planeta gerador, não algo para ser explorado ou dominado; igualdade entre animais, plantas, água, terra, ar etc.; o tratar bem nossa casa.
- *Shm* – luz.
- *Aya* – qualquer lugar.

Interpretação:

Que o seu mais eterno desejo de compaixão e tolerância para cada forma de vida seja também a nossa trilha de consciência. Ao entrarmos em contato com a sua consciência, formaremos uma nova criação.

Aramaico – *Hawvlan lachma d'sunqanan yaomana.*

Bíblico – O pão nosso de cada dia nos dai hoje.

- *Hawvlan* – produção, geração humana, criação com alma e vida.
- *Lachma* – pão e compreensão, alimento da alma, paixão.
- *Chma* – possibilidade, poder gerador.
- *Sunqanan* – Iluminação, ninho, consciência, geração.
- *Yaomana* – Sabedoria, entendimento.

Interpretação:

Produza em nós a Compreensão/Iluminação para dividirmos o pão (alimento) que a terra nos proporciona, não exigindo dela mais do que necessitamos. Dê-nos a sabedoria para sentirmos a terra que nos rodeia e sustenta.

Aramaico – *Washboqlan khaubayn (wakhtahayn) aykanna daph khnan shbwoqan l'khayyabayn*

Bíblico – Perdoai as nossas ofensas assim como nós perdoamos a quem nos tem ofendido.

- *shbwoqan*– voltar à sua essência.
- *(Wa) Shboqlan* – voltar ao estado original, restabelecer-se.
- *Khaubayn* – energia interna, fruto negativo.
- *Khtahayn* – erro, insucesso.
- *Ayakanna* – a transformação deve ser feita na mente e no coração.

Interpretação:

Apague de minha alma aquilo que me leva para a inconsciência para que eu volte ao meu estado original, esquecendo assim meus erros, frustrações e culpa. Alivie as minhas cargas para que possa me sentir livre.

Aramaico – *Wela tahlan l'nesyuna ela patzan min bisha.*

Bíblico – E não nos deixeis cair em tentação mas livrai-nos do mal.

- *Wela tahlan* – não deixar seduzir-se pelas ilusões, pelo que é falso, pelo ego.
- *Nesyuna* – agitação interna, tentação no sentido de perder-se na mente.
- *Bisha* – ação imprópria, imaturidade (no hebraico: erro, mal).
- *Patzan* – libertar-se, desapegar-se (a verdade, a **sua verdade**, o libertará).

Interpretação:

Que eu aprenda a olhar além das aparências, liberte-me de ilusões e da estagnação interna que causa limitações. Não me deixe penetrar na ilusão, livre-me da falsidade.

Aramaico – *Metol dilakhie malkutha wahayla wateshbukhta l'ahlam almin. Ameyn.*

Bíblico – Vosso é o reino, o poder e a glória, agora e para sempre. Amém.

Alguns pesquisadores e estudiosos acreditam que esta parte não tenha integrado a oração (mantra) de Jesus. A versão bíblica de Mateus a contém, mas não a de Lucas. Para a versão aramaica, ela é um fechamento que torna o mantra absolutamente completo.

- *Metol* – Nascimento, poder, força criadora.
- *Dilakhie* – local de grande felicidade, de abundância, campo fértil.
- *Malkutha* – voz interna ("eu posso"), eu eterno.
- *Hayla* – força de vida, energia produtiva, sustento.
- *Teshbukhta* – som divino, canção mântrica.
- *L'ahlan almin* – de tempos em tempos, passando de geração a geração para a eternidade.
- *Ameyn* – palavra de juramento no Oriente. Pode ter se originado da palavra egípcia *ament*, que significa mistério da vida, morte e renascimento, apontando para os mistérios da criação/criaturas.

Interpretação:

De sua abundante energia produtiva surge toda força, todo som divino, toda criação, que passa por todas as gerações. Amém. De sua força vital, que produz vida e sustenta a vida em cada criatura, planeta e tempo de geração a geração. Amém.

Mantra – O espírito do som e o poder do verbo

Eis outra possível tradução do Pai-Nosso, adaptada por mim do texto em aramaico original para sua reflexão e meditação:

Energia absoluta de luz, Deus Mãe, Deus Pai,
Criadora de tudo o que se move, se ouve, se vê.
Tudo o que está dentro e fora de nós
Inunda o nosso santuário interno, torna nossa luz útil.
Dá-nos tua energia para que possamos levar tua luz para todas as criaturas.
Vem, através do nosso desejo, criar idéias coletivas para o nosso planeta,
para o cuidado da Grande Mãe.
Que o teu mais profundo desejo de compaixão e amor para
cada forma de vida seja também o nosso.
Produz em nós a sabedoria para dividirmos o pão que a terra proporciona,
sem exigirmos mais do que necessitamos e a Iluminação
para compartilhar essa sabedoria.
Que eu volte ao meu estado original, apagando minhas frustrações
e meus erros, perdoando minhas limitações.
Que eu aprenda a olhar além do ilusório, libertando-me da
superficialidade e analisando o que sou realmente.
De tua energia vital nasce toda criação, vida, som, força, que produz
e sustenta o cosmo e faz desta uma verdade, de geração a geração.
Ameyn – Que possamos confiar na eternidade.

Em minhas práticas meditativas e formações, tenho utilizado para reflexão a versão da tradução ocidental do Pai-Nosso, comparada com outra tradução do aramaico. Reflita a respeito:

Bíblico Aramaico	
Pai nosso, que estais no céu	Alma absoluta de unidade que a tudo criou dentro e fora de nós, Mãe e Pai do cosmo
Santificado seja o Vosso nome	Prepare-nos para nos fundirmos em sua luz, clareando nossa alma e levando consciência e luz para todas as partes
Venha a nós o Vosso reino	Venha seu desejo mútuo de tolerância e união que abraça todos os desejos de nossa casa externa e reino interno da Mãe e do Pai

Seja feita a Vossa vontade assim na terra como no céu	Que seu desejo de compaixão e tolerância seja nossa trilha de consciência
O pão nosso de cada dia nos dai hoje	Produza em nós a compreensão/Iluminação para dividirmos os alimentos entre todos e dê-nos sabedoria para comungarmos com a Terra
Perdoai as nossas ofensas assim como nós perdoamos a quem nos tem ofendido	Apague de minha alma tudo o que me leva para a inconsciência, para que assim me sinta sempre liberto
E não nos deixeis cair em tentação mas livrai-nos do mal	Liberte-me de ilusões, falsidades, julgamentos e estagnação da alma
Vosso é o reino, o poder e a glória, agora e para sempre	Que de sua infinita energia abundante surja toda força, todo som sagrado, toda criação que passa de geração em geração
Amém.	Ameyn.

Meditações com os nomes de Deus/Deusa

A oração de poder Pai-Nosso/Mãe-Nossa, em suas várias formas de meditação, é sempre um instrumento de ligação direta com o grande mistério.

Quando um cristão passa por uma dificuldade na vida, quase automaticamente reza o Pai-Nosso.

Em um período de minha vida, em que fazia rituais de "passagem" de pessoas (extrema-unção) em UTI, sempre os parentes e amigos próximos do enfermo rezavam o Pai-Nosso/Mãe-Nossa, e quando consciente, o enfermo também assim orava.

Jesus criou essa oração para estabelecer um elo direto com o todo. Não são necessários padres, sacerdotes, anjos, santos etc. A ligação é **direta**, na hora em que se quiser, onde se estiver, para que qualquer pessoa possa dela se utilizar.

Cristo ensinou a oração Pai-Nosso/Mãe-Nossa a seus discípulos em uma linda noite de lua cheia. Todos estavam sentados, enquanto Jesus andava entre eles, batendo palmas, cantando e praticando essa meditação.

Os apóstolos foram os primeiros a divulgar essa oração no mundo por meio da transmissão oral, feita também por judeus, inclusive rabinos, e escolas de mistérios.

222 | *Mantra – O espírito do som e o poder do verbo*

Algumas escolas de meditadores acreditam que também Jesus entoava mantras curtos para ensinar sobre a "imagem e semelhança" de seus seguidores.

Uma das escolas que utiliza os mantras curtos, a qual permaneceu secreta durante muito tempo, chama-se Abbayatta. Ela usa o som **Abba**, que significa Pai/Mãe e é também um dos nomes de Deus, assim como **Adonai, Iave, Elohin** etc.

Selecionei seis técnicas simples de uso desses mantras, mas de resultados práticos surpreendentes.

Prática da tradição *Abbayatta*:

- **1ª técnica** – Repita várias vezes **Abba**, que é o nome de Deus utilizado por Jesus: **Aaaaa... Baaaa...**

- **2ª técnica**– Fique em silêncio, escureça o ambiente, repita várias vezes a palavra: **Abba, Abba, Abba, Abba, Abba, Abba...**

- **3ª técnica** – Visualize a mão do Criador/Criadora desenhando a palavra **Abba** em seu coração, sempre mentalizando ou entoando **Aaaaaa Baaaaa...**

  Outra técnica, transmitida em escolas transpessoais do Oriente Médio, é a que Jesus utilizava ao entoar o mantra **Maranatta**, ou **Maran/Atta**, que é traduzido como "Deus venha". Existe até hoje uma escola secular de meditação chamada Escola **Maranatta**.

- **4ª técnica**– Enquanto mentaliza ou vocaliza **Maranatta**, imagine que está sendo possuído por essa palavra, pelo lado direito e esquerdo, por cima e por baixo, por todas as direções: **Marannnnn Aaaataaaaa...**

  Tanto esse mantra quanto o Pai-Nosso podem ser utilizados para purificação. É como banhar-se nas águas sagradas da purificação, prática adotada pelos essênios, membros de uma das seitas religiosas judaicas que constituíam um grupo bastante fechado para manter-se livre de "contaminações" espirituais (Tchedins). Jesus tinha contato com essa seita.

  Na Igreja Ortodoxa existe uma escola de meditação chamada Escola do Coração, que ensina a orar com o nome de Jesus, simplesmente repetindo-o consecutivamente: **Jesus, Jesus, Jesus, Jesus...**

  Acredito que o ideal seja a utilização desse nome em hebraico, grego, latim ou aramaico, enfim, em línguas energeticamente "fortes".

- **5ª técnica**– Consiste na repetição do mantra **Joshua**, quesignifica "filho" e era como se chamava Jesus (Joshua Ben Joseph – O filho de José): **Joshua, Joshua, Joshua...** Pode-se utilizar um rosário ou terço (Sugiro o Rosário com suas 150 contas).

A escola de oração ocidental chamada Terço Bizantino originou-se por meio de um peregrino russo não identificado que se utilizava do *cikotki* (terço ou rosário) para meditar no nome de Joshua.

Na Grécia, há uma escola meditativa que adota o uso de terços de lã enquanto se invoca **"Jesus, tem piedade de nós"**, mantendo-se profunda concentração e respiração.

Na prática desses nomes – Jesus ou Joshua – é necessário que se incorpore um conceito hebraico chamado *cavaná*, que pode ser traduzido como "fazer com o coração", de modo recolhido, meditativo, com atenção, e não de maneira mecânica. Eu já assisti a várias missas em que pessoas impacientemente olhavam as horas em seus relógios, já que não estavam concentradas nas orações e com pressa de ir embora. Nem é preciso comentar a ineficácia da simples presença física nesses cultos sem a devida dedicação mental e espiritual.

Todas essas práticas devem ser muito íntimas e devotadas, pois Jesus meditava na palavra **Abba** como algo muito próximo, e não como um Deus impessoal, vingativo, sentado em um trono distante no céu.

Há também uma meditação com Pai-Nosso/Mãe-Nossa em escolas de alquimia, já que essa oração realmente "alquimiza" as vibrações do praticante, que por isso deve realizá-la com bastante concentração e calma.

- **6ª técnica** – Inspire fundo e ao expirar diga: **Pai**. Sempre respirando a cada frase, diga: **nosso, que estais no céu**. Respirando novamente, fale: **santificado seja**. Então respire de novo e prossiga: **o Vosso nome**. Continue respirando assim até o final da oração. Essa é uma técnica muito lenta, profunda e reflexiva.

Durante todas essas práticas pode-se acender incenso de mirra.

Tradição Abbayta (Abbayatta): oração do Pai-Nosso/Mãe-Nossa com postura corporal

Há uma prática com Pai-Nosso/Mãe-Nossa na tradição Abbayta (Abbayata) – da sociedade Halka Abbaya (Abbayata) – que é muito poderosa por envolver posturas e movimentos corporais. Trata-se de uma prática total, com o corpo, a mente e a alma.

Orando com o corpo e o nome Abba

Primeiro exercício:

Faça uma purificação simbólica do corpo, lavando as mãos, ou tome um banho completo.

Prepare o local para orar, utilizando velas, incensos, luzes, flores vivas, cristais etc.

Fique de pé, com as mãos ao longo do corpo, e feche os olhos.[4] Vocalize: **Aaaaaaabaaaaaaa**, de maneira calma e profunda, por 4 vezes.

Coloque as mãos nos joelhos, incline o corpo para a frente e vocalize: **Aaaaaaabaaaaaaa**, de maneira calma e profunda, por 4 vezes.

Ajoelhe-se ou sente-se sobre os calcanhares, coloque as mãos nos joelhos e vocalize: **Aaaaaaabaaaaaaa**, de maneira calma e profunda, por 4 vezes.

Deite-se com o rosto voltado para o chão, coloque as mãos ao lado das orelhas e diga: **Aaaaaaabaaaaaaa**, de maneira calma e profunda, por 4 vezes.

Ajoelhe-se ou sente-se sobre os calcanhares, coloque as mãos nos joelhos e repita o nome **Abba** por 17 vezes.[5]

Deite-se com o rosto voltado para o chão, coloque as mãos ao lado das orelhas e fique em silêncio por alguns instantes.

Toda a prática deverá ser realizada com os olhos fechados, concentração e lentidão.

Meditações de Loyola

Ignácio de Loyola tem várias técnicas meditativas que podem ser pesquisadas nos textos "Exercícios Espirituais de Santo Ignácio de Loyola". Uma delas, também muito utilizada pelos jesuítas, é esta prática reflexiva:

- **Pai/Mãe** – O que é Pai? O que é Mãe? O que é o grande mistério?
- **Nosso** – Por que é nosso e não somente meu? Será que sinto todos os seres vivos como irmãos?
- **Reino** – O que é o reino de Deus?
- **Céu** – Como se fazer o céu transpessoal na Terra? O que é céu, o que é o sutil, o que é o céu em mim?

---

4 *Com os olhos fechados.*

5 *Se possível com um contador ou terço de madeira de 33 contas. Faça uma divisão na 16a conta.*

E segue-se a prática, meditando-se com absoluta atenção em todas as passagens. É uma oração lenta significativa.

Todas essas meditações devem ser realizadas com muito respeito, buscando-se a consciência, a Iluminação e o contato com algo nãodual.

O uso de mantras e orações cristãs para pedir algo fútil ou barganhar com a eternidade é claramente estúpido e miserável. Já se tornou até comum observarmos pessoas rezando para sua equipe de futebol ou lutador preferido vencer e, é claro, para o adversário perder. E isso nem de longe significa devoção, respeito e fé.

O rosário e o Terço

Estudos apontam que a Igreja Ortodoxa egípcia foi a primeira escola a se utilizar do rosário com 150 contas, que simbolizam os 150 salmos da Bíblia cristã.

O terço é assim chamado por ser numericamente um terço do rosário. Conta-se no catolicismo que um contemporâneo de São Francisco de Assis conhecido como São Domingos de Gusmão teria recebido o terço das mãos de Maria.

O rosário, também chamado de saltério (salmos) de Miriam (Maria), tem seu nome originado de rosa, que evoca a energia feminina. Talvez por isso seu uso seja mais comum na oração Ave-Maria, durante a qual simbolicamente se mentaliza a cada recitação a oferenda de uma rosa a Maria.

O rosário é utilizado hoje apenas por religiosos mais tradicionais e dedicados a longas meditações.

Existem terços de 33 contas que simbolizam a idade da Iluminação de Cristo. Uma escola grega adota o terço de 144 contas normalmente feitas de lã, que simbolizam os discípulos de Cristo. Existem também vários outros terços de escolas cristãs, sempre inspirados em sonhos ou visões de meditadores.

Na prática de meditações com mantras cristãos, eu sugiro que se usem terços ou rosários fortes, de madeira, e se possível bentos por um sacerdote com fé, para que tenham a força extra da tradição.

Teosofia e a Oração

Rudolf Stein, criador da antroposofia, estabelece dentro dessa ciência uma relação do Pai-Nosso/Mãe nossa com os corpos sutis ou extrafísicos do homem (estudados também pela teosofia). Ele também acredita haver sete reflexões nessa oração.

- **Corpo transpessoal ou universal**: Pai nosso, que estais no céu.
- **Oração do espírito sutil**: santificado seja o Vosso nome.
- **Oração do espírito da vida na Terra**: venha a nós o Vosso Reino.
- **Oração do espírito para o corpo denso superior**: seja feita a Vossa vontade assim na terra como é feita no Céu cósmico.
- **Oração para o corpo material**: o pão nosso de cada dia nos dai hoje.
- **Oração para o corpo vital**: perdoai as nossas dívidas assim como perdoamos os nossos devedores.
- **Oração para o corpo dos desejos**: não nos deixeis cair em tentação.
- **Oração para a mente**: mas livrai-nos do mal.

(Você pode e deve adaptar essa oração ao Pai Nosso em aramaico das páginas anteriores).

Ativação dos chakras com o Pai-Nosso Tradicional Romano

Essa prática consiste em associar o Pai-Nosso/Mãe – e nossa tradicional com nomes de Jesus e Deus em aramaico a fim de ativar ou estimular energeticamente os chakras.

Prática

Em um quarto iluminado apenas por uma vela, deite-se confortavelmente de costas e coloque ambas as mãos na barriga. Faça algumas respirações profundas e abdominais e sussurre várias vezes o mantra:

Abba, Abba, Abba...

Esfregue as mãos uma na outra, coloque-as no alto da cabeça
(sahashara chakra) e sussurre o mantra:

Pai nosso/Mãe nossa, Pai nosso/Mãe nossa, Pai nosso/Mãe nossa.

Respire profunda e calmamente, toque a testa
e sussurre o mantra:

Que estais no céu (3 vezes).

Respire novamente com atenção e toque o pescoço
(vishudha chakra), sussurrando o mantra:

Santificado seja o Vosso nome,

Venha a nós o Vosso reino (3 vezes).

Respire e toque o coração (anahata chakra),
sussurrando o mantra:

Seja feita a Vossa vontade

Assim na terra como no céu (3 vezes).

Respire e toque o umbigo (manipura chakra),
sussurrando o mantra:

O pão nosso de cada dia nos dai hoje (3 vezes).

Respire fundo e toque abaixo do umbigo (swadhistana chakra),
sussurrando o mantra:

Perdoai as nossas ofensas

Assim como nós perdoamos a quem nos tem ofendido (3 vezes).

Respire fundo e toque a região sacra (muladhara chakra),
sussurrando o mantra:

E não nos deixeis cair em tentação

Mas livrai-nos do mal (3vezes).

Respire fundo, solte os braços, relaxe o corpo e,
durante alguns minutos sussurre o mantra:

Aaaaaaaameeeeeemmmmm (Amém).

Finalize com o mantra:

Iiiiiooooooshuuuuuuaaaaa (Joshua).

É possível realizar essa prática tocando o próprio corpo ou o de outra pessoa.
É algo parecido com o Reiki, aliás com o Reiki Cristão Iad Aour Ripui. Repita os
mantras em cada toque ou imposição de mãos.

Uma oração profética

Há 500 anos, o rabino Joseph Tzayah criou essa prece extraordinária para ser proferida em posição profética (o dom da profecia ou o dom de ouvir a eternidade, segundo ele, com a cabeça entre os joelhos). Na coluna esquerda estão os dez nomes de Deus em hebraico e na direita a oração ainda hoje usada por muitos cabalistas. Entoe ou mentalize todo o texto, os nomes de Deus e a oração.

Eheyehasher Ehyeh	Coroe-me.
Yah	Dê-me Sabedoria.
Elohim Chaim	Conceda-me compreensão.
EL	Com a mão direita do Seu amor, faça-me grande.
Elohim	Do terror do Seu julgamento proteja-me.
Yhvh	Com Sua misericórdia conceda-me beleza.
Yhvh Tznvaot	Guarde-me para sempre.
Elohim Tzavoat	Conceda-me a beatitude do Seu esplendor.
EL Chai	Faça do Seu acordo a minha fundação.
Adonay	Abra os meus lábios, e minha boca falará em Sua honra.

Os Dez Mandamentos e o Pai-Nosso

Meu amigo Leo Reisler, grande mestre da tradição judaica e do Ai ki dô no recomendável livro "Kabbalah – A Árvore da Sua Vida" (Ed. Nórdica), nos diz:

> *Para que você não se esqueça dos Dez Mandamentos no seu dia-a-dia ou durante a 'sua crise', gostaria de lembrar que eles são a prece do Pai-Nosso.*
>
> *Portanto, para relembrar os Dez Mandamentos, basta orar. Em qualquer lugar. Não há necessidade de ser dentro de um templo. A eficácia de uma oração é enorme quando nos predispomos a cumpri-la com fé, o que, aliás, deveríamos fazer sempre.*

Reisler tem razão quando cita que os Dez Mandamentos são a prece do Pai--Nosso. Os rabinos sabem disso, além do mais Jesus era um rabino, um mestre.

Medite nas semelhanças que fazem com que o Pai-Nosso seja os Dez Mandamentos em movimento.

Observe ainda que somente os três primeiros mandamentos referem-se a Deus, o quarto é a ponte entre o homem e Deus, e os últimos seis se referem apenas ao homem e sua constituição terrena. Leia várias vezes até captar o "espírito" dessa meditação:

Os Dez Mandamentos da Torá e as dez divisões do Pai-Nosso original: Texto para profunda reflexão

(Êxodo, capítulo 20 - versículos 2 a 17)

1º Mandamento: Não deves ter nenhum outro Elohim (deuses) senão a mim.
- Pai nosso.

2º Mandamento: Não farás para ti nenhuma imagem de mim.
- Que estais no céu.

3º Mandamento: Não pronunciarás em vão o nome de Iahweh.
- Santificado seja o Vosso nome.

4º Mandamento: Deverás santificar o dia do Shabath.
- Venha o Vosso reino.

5º Mandamento: Honra teu pai e tua mãe.
- Seja feito na terra.

6º Mandamento: Não matarás.
- Tal como é feito no céu.

7º Mandamento: Não cometerás adultério.
- Perdoai nossos avanços e nós perdoaremos aqueles que avançam contra nós.

8º Mandamento: Não roubarás.
- Dai-nos neste dia o nosso pão.

9º Mandamento: Não apresentarás falso testemunho contra teu próximo.
- Não nos deixeis cair em tentação.

10º Mandamento: Não cobiçarás coisa alguma que pertença a teu próximo.
- Mas livrai-nos do mal.

Adaptação dos Dez Mandamentos judaico-cristãos para valores Budistas

1º Mandamento: Todos os seres vivos devem ser respeitados. A natureza, o planeta Terra e todos os seres são tão importantes como os seres humanos.

2º Mandamento: Não te apegues a nada, pois tudo é impermanente. Não se iluda.

3º Mandamento: A tolerância e a paz devem ser totais, e não só no discurso.

4º Mandamento: Aquietes a mente e o coração. Silencia teus julgamentos e preconceitos todos os dias.

5º Mandamento: Honrarás toda a tua família planetária para que todos, e não só tu, possam viver por muito tempo na Terra.

6º Mandamento: Não matarás nenhum ser vivo e conservarás uma ecologia mental e planetária.

7º Mandamento: Sê fiel à ética, ecologia, compaixão, tolerância e respeite os valores alheios.

8º Mandamento: Respeita os valores, o tempo, as crenças, os limites e o caminho de todo ser vivo.

9º Mandamento: Tenha em todos os teus atos impulsos de justiça (divina e planetária).

10º Mandamento: Medita na impermanência de tudo e não se apegue à concretização de todos os seus desejos.

Tradição Védica

Os cantos cristãos

Existem muitos cantos litúrgicos cristãos, como o Kyrie Eleison ('Senhor, tende piedade') e o Dona Nobis Pacem ('Dai-nos a paz'), que fazem parte da missa católica romana, dos serviços diários de devoção cantados por monges e dos cantos gregorianos. Orações como a Ave Maria, que são recitadas de maneira repetitiva, são também familiares a muitos ocidentais.

Como o mantra, o canto gregoriano é um meio extremamente poderoso de despertar a mente e o coração dos cantores e ouvintes para níveis mais profundos do ser. Conforme escreve a estudiosa Katherine Le Mée em Chant: 'As pessoas na Idade Média estavam bem conscientes do poder da música. Elas sabiam que entoar versículos bíblicos fazia com que eles ficassem mais profundamente gravados na memória dos devotos e que os efeitos das palavras seriam mantidos por períodos mais longos de tempo com mais intensidade!'.

Thomaz Ashley - Farrand

Os Koans baseados em Jesus e sua mítica estão ao final do próximo capítulo.

Capítulo 16

Letras hebraicas e Cabala – Sílabas do divino

Segundo a tradição judaica, cabalística, e seus mestres e rabinos, como Baal Shen Tov, Deus utilizou-se das 22 letras do alfabeto hebraico – chamados de forças energéticas do Cosmos – em incontáveis combinações na criação do universo e de tudo o que há nele. Para os rabinos, essas letras formam o "código genético cósmico". Por suas formas, ressonâncias e vibrações sonoras podemos compará-las a antenas que captam e decodificam a energia primordial invisível da criação. Nesse sentido esotérico e hermético dos caracteres hebraicos encontramos na antiga obra cosmogônica hebraica "O Zoah – Livro da Criação".

Para além da grafia e fonética – aspectos comuns referentes ao conceito de "letra" – cada caractere hebraico possui um sentido ideológico e transpessoal próprio. Assim, já não são apenas letras, mas assemelha-se a ideogramas. Enquanto a combinação de letras forma palavras que expressam ideias, um conjunto de ideogramas possui a força gerativa necessária para formar o universo.

Cada letra tem uma representação individual, uma força energética diferente. As sequências de letras nos conecta a uma força determinada. Para invocar as várias forças espirituais a que cada uma delas está conectada, trazendo-as para você e o ambiente que se cerca deve-se ler, verbalizar, meditar ou simplesmente escanear visualmente essas letras e suas sequências. (Quando em caracteres hebraicos ou aramaicos).

As letras hebraicas transmitem algo daquela realidade que transcende o mundo finito em que vivemos. São figuras-chave para desvendar os mistérios da origem e do destino do universo, como as estações do ano, os meses e os dias, os elementos, as constelações estelares, assim também o corpo humano. Por tudo isso é uma língua sagrada. Meditando nessas letras, somos remetidos ao momento primordial da criação, no qual cada ínfima parte contém o todo.

| 231 |

Existe uma prática de cura dos essênios, contemporâneos e provavelmente da ordem religiosa de Cristo, que consiste na imposição das mãos ao mesmo tempo em que se pronunciam mantras hebraicos ou aramaicos. Ministro várias formações dessa técnica chamada Iad Aour Ripui (Reiki Cristão) e pode ser aplicada tanto em outra pessoa quanto em si mesmo. Um pedaço dessa técnica pode ser feita por você colocando-se óleo essencial nas mãos – esfregue-as e separe-as um pouco e aquiete-se, aí toque o corpo e pronuncie os mantras que desejar desse capítulo.

Alfabeto Hebraico: a Interpretação Simbólica e o Mantra das Letras da Criação (mito hebraico)

א Álef

Conceito: Paradoxo, o selo Divino no ser humano.

É a primeira letra. Sua forma geométrica significa doutrinar/aprender; Deus criador; equilíbrio; princípio da unidade, pleno de luz. É o símbolo de Deus e do universo. Mantra: ÁÁÁÁLEEEEFFFFF.

ב *Beth*

Conceito: O propósito da Criação: uma morada para D'us neste mundo inferior.

O vocábulo significa *casa/tenda*. Pela forma geométrica significa letra da criação; começo explosivo; sementes prestes a germinar; dualidade; bênção; o verbo (a primeira palavra de "O livro do Gênesis" começa com a letra Beth). É o símbolo da bênção e criação. Mantra: *BEEEEEETHHHHH*.

ג Guimel

Conceito: A busca de recompensa e punição no contexto do mundo físico.

O vocábulo significa *separar*. Sua figura simboliza palácio sagrado; terceiro ciclo completo; ofertar bondade. É o símbolo da generosidade. Mantra: *GUIIIIIIMEEELLLL*

ד Dalet

Conceito: A anulação do "eu" que acompanha qualquer mudança básica na orientação existencial de alguém.

Significa pobreza; porta/entrada. Sua figura aberta mostra a porta para a expansão; quatro direções; aspectos físicos e metafísicos. É o símbolo de dimensões variadas. Mantra: *DAAAALEEEETTTT*

ה Heh

Conceito: A capacidade de autoexpressão através do pensamento, palavra e ação. O vocábulo significa alento. Sua figura significa homem consciente do sagrado; usado por Deus para criar o mundo; existência real; autoestima. Símbolo de divindade e qualidade do ser. Mantra: *HHHHEEEEEIIIIIÁÁÁÁÁ.*

ו Vav

Conceito: O poder de conectar e correlacionar todos os elementos dentro da Criação.

Sua figura simboliza servir de estaca para amparar os necessitados; seis direções; conjunção; estaca; gancho; elo, união; compreensão do outro.É o símbolo da conclusão, redenção e transformação. Mantra: *VÁÁÁÁÁÁ.*

ז Zayin

Conceito: O poder de "or chozer" (luz Divina refletida rumo ao Alto pela Criação) para ascender além de seu próprio ponto de origem.

O nome significa arma; chave divina; a flecha. Sua figura significa que o homem deve socorrer o próximo também com as forças; manutenção; tempo cíclico; libertação/abrir tudo aquilo que está fechado; ascensão espiritual e material; causa final. É símbolo de espírito, alimento e luta. Mantra: *ZÁÁÁÁÁÁINNNNNNN.*

ח Chet

Conceito: A dialética de "ir e vir" entre a unidade absoluta de D'us e a aparente pluralidade da Criação.

O vocábulo significa corda; colheita. Sua figura significa transcendente ao espaço/tempo; causa e efeito. Símbolo de transcendência, divina graça e vida. Mantra: *CHEEEETTTTT*

ט Tet

Conceito:A "inversão," ou ocultamento, da benevolência de D'us neste mundo.

O vocábulo significa argila; telhado. Sua figura simboliza matéria física aberta para um projeto superior ou trabalhos filantrópicos, ou auxílio nos planos superiores; contraste entre o bem e o mal. Símbolo de bondade. Mantra: *TÉÉÉÉÉÉTEEEEEE.*

׳ Yud

Conceito: A concentração do infinito dentro do finito.

Seu significado é mão; dedo indicador. Simboliza mão que molda a argila; direção; providência divina. É o símbolo da criação e do metafísico. Rege a aura e a psique. Mantra: *IIIIIIÓÓÓÓÓÓDEEEEEE*.

כ Kaf

Conceito: A capacidade de alguém realizar seu potencial.

Significa palma da mão; humildade. Dá a ideia de cobertura. Significa pesar na mão; matriz; transportar para o paraíso. É símbolo de realização, de coroamento. Mantra: *KAAAAAFFFFF*.

ל Lamed

Conceito: A ânsia do coração para interiorizar o conhecimento.

A letra significa *ensinar*. Sua forma quer dizer o braço que se estende sobre algo ou alguém; expansão do verbo divino; sabedoria; florescimento das nossas criações. É símbolo de ensino e propósito. Rege a cabeça. Mantra: *LAAAAAMEEEEDÊÊÊÊÊ*.

מ Mem

Conceito: O brotar da sabedoria na fonte do supraconsciente.

Seu significado é água. Simboliza águas que se aplicam à purificação; consciência; fecundidade responsável por realizar as finalidades da vida. É o símbolo da fidelidade a seus valores, alma e aparecimento/revelação. Mantra: *MEEEMMMM*

נ Nun

Conceito: A queda do altruísmo até a autoconscientização.

Sua figura significa descendente; expansão; prosperidade; fruto. Simboliza frutos espirituais da ciência expandida; capacidade de formar pensamentos. Mantra: *NUUUUUUUUNNNNNNNNN*.

ס Samech

Conceito: A natureza cíclica da experiência, e a equanimidade que ela traz.

Seu nome significa escorar/apoiar; serpente. Sugere que aquele que escora o próximo será, por sua vez, escorado por Deus; Deus como lugar do mundo; eu com o outro; renovação cíclica. É símbolo de apoio, proteção e memória. Mantra: *SAAAAAAMEEEEEEECHCHCHÉÉÉÉÉÉÉÉ*

Ayin

Conceito: A constante vigilância de D'us sobre todo elemento da Criação.

Significa olho; conexão. Representa fatores extrassensoriais/insight; perceber a unidade na diversidade; matéria. É símbolo de visão e perspicácia. Mantra: *AAAAAAAAAAINNNNNNNNN.*

 Peh

Conceito: Comunicação oral do conhecimento.

Significa boca. Sua forma significa língua; ver/perceber primeiro para depois falar; poder de criação inesgotável; o verbo divino no ato da criação. É símbolo de fala e silêncio. Mantra: *PEEEEEEHHHHHH*

Tzadi

Conceito: A fé dos justos.

O vocábulo significa *justiça*. Sua forma pode significar tornar-se superior; ensinamentos sigilosos; criações ilusórias dos fatos da vida. É símbolo da retidão e humildade. Mantra: *TZAAAAADÉÉÉÉÉÉÉÉ.*

Kuf

Conceito: O paradoxo da santidade: a expropriação da força de vida Divina transcendente pelo reino material.

Seu nome significa círculo; arco; machado. A figura representa santidade; disciplina e trabalho; criação e desenvolvimento da escrita. É símbolo de santidade e dos ciclos de crescimento. Mantra: *UUUUUFEEEEEEEEE.*

Resh

Conceito: A capacidade de iniciar o processo de retificar o "yesh" ("algo", fisicalidade) da Criação.

Significa cabeça/luz latente que opera em cada ser. Simboliza herança; faculdades mentais; malvado/teimoso. É o símbolo de escolha entre grandeza e degradação. Mantra: *REEEEESSSSSHH*

ש Shin

Conceito: O mistério de como a bruxuleante inconstância de todas as coisas emanam de uma Fonte eterna e invariável.

Significa eterno-uno-trino. Sua figura significa moer; processo cíclico; dobrado em três; gozar dos bens. Simboliza poder divino e escritura, mas também corrupção. Mantra: *SHIMMMMMMMMM*

ת Tav

Conceito: A impressão de que a fé na onipresença de D'us faz sobre experiência da realidade no supraconsciente da pessoa.

Seu nome significa meta; termo; marca; aposento/compartimento (especialmente nos templos). Sua forma quer dizer ressurreição dos mortos; resumo das operações do criador; impressão na matéria; limite; selo. Simboliza a verdade e a perfeição. Mantra: *TAAAAAAAAVVVVVV*

Notas:

Os mantras dessas letras, quando entoados ou mentalizados, estimulam as características de cada uma das mesmas.

Os terapeutas podem impor as mãos no local a ser trabalhado, em alguém ou em si mesmo enquanto mentalizam as letras.

Atenção: Pronuncie os mantras correspondentes.

As orações a seguir podem ser utilizadas como complemento em trabalhos de cura e paz:

Oração de Raphael (Energia de Cura)

Em nome de Iod, Iah e Iao, D'us Vivo, D'us Santo e D'us Verdadeiro.
Peço a Ti Arcanjo Raphael, que cura os males do
Mundo Sarai o meu Corpo e as dores do meu Irmão,
Para que o sofrimento termine e possa Eu e Ele trabalhar na Construção
de um mundo melhor, onde se predomina o Amor, a Fé e a Caridade.
Que Cristo jorre, sobre mim o fogo Purificador da
Alma e do Corpo, e me conceda a Graça da vida Saudável
Está feito Raphael, Adonai Melek Namem.

Amém.

Oração inspirada em São Francisco de Assis
(Oração usada pelos antigos Cavaleiros da Ordem dos hospitaleiros)

Senhor,
Faze de mim um instrumento de Tua paz!
Onde houver ódio, que eu leve o Amor;
Onde houver ofensa, que eu leve o perdão;
Onde houver discórdia, que eu leve a união;
Onde houver dúvidas, que eu leve a fé;
Onde houver erros, que eu leve a verdade;
Onde houver desespero, que eu leve a esperança;
Onde houver tristeza, que eu leve a alegria;
Onde houver trevas, que eu leve a Luz!
Mestre
Faze com que eu procure menos Ser consolado que consolar,
Ser compreendido que compreender,
Ser amado do que amar...
Pois
É dando que se recebe
É perdoando que se é perdoado,
É morrendo que se vive para vida Eterna!

Mencionei somente os mantras mais utilizados por escolas de *kabbalah*. Utilize-os pelo número de vezes desejado em cada prática de visualização ou mentalização. Se desejar pratique com japa-mala, rosário ou algum colar de contas. Sugiro o Rosário Cristão.

Os mantras a seguir são combinações que utilizam letras hebraicas que produzem efeitos poderosos em suas práticas. São até mesmo considerados nomes ou DNA de Deus/Deusa, segundo algumas escolas sérias de *kabbalah* e seus rabinos. Um exemplo de som é o *Yod Lamed Yod* – que é um som atuante como um "cirurgião astral" que remove a raiz, as origens de problemas e traumas pretéritos.

Ayin Lamed Mem	É o som do pensar positivo, de não julgar ou criticar a si nem a ninguém, de sair da mente e ir ao coração. (alma)
Alef Lamed Dalet	Essa é a combinação mântrica que protege de inveja, mau--olhado, ciúme e energias negativas.
Lamed Alef Vav	Desapego, diminuição da ideia do ego, entrega espiritual.
Yod Yod Yod	Um dos mais poderosos mantras de cura energética.
Resh Yod Yod	Outro mantra de cura energética.
Nun Nun Alef	Mantra de proteção que evoca a egrégora arcanjo Miguel.
Alef Kaf Alef	Reorganiza a vida e nos oferece maior equilíbrio.
Chet Heh Vav	Auxilia a eliminar hábitos prejudiciais. (Quais você tem hoje?)
Mem Heh Shin	Esse mantra atua na saúde e no fortalecimento do sistema imunológico da alma. Proteção astral e de miasmas negativos *(Kama Rupha)*.
Nun Yod Tav	Os rabinos se utilizam desse mantra para afastar, quando possível, o "anjo da morte" do corpo ou do ambiente.
Kaf Heh Tav	Devolve a fé para lidar com incertezas. "Seja feita a tua vontade". Confiança.
Mem Chet Yod	Promove a solidariedade e a compaixão pelo próximo.
Mem Nun Kuf	Elimina inveja e sentimentos de vingança.
Yod Bet Men	Facilita o sucesso financeiro. (Lembre-se de Ser e não ter).
Eheieh Eh-Heh-Ieh	Em hebraico é traduzido como "eu sou aquele que sou". É um mantra para realizarmos nossa natureza. A existência precisa de você de forma autêntica e verdadeira.
Amém	Acróstico em hebraico da frase **Al Melech Neeman**, que pode ser traduzido como "o soberano confiável".

O nome de Deus

As letras do nome de Deus/Deusa, segundo as tradições cabalísticas, destacam-se das demais do alfabeto hebraico por representarem sons vogais. Isso significa que para pronunciá-las precisamos prolongar a respiração, já que toda simbologia do sopro, do som e, portanto, da vida está presente na vocalização do nome "Dele (a)".

Sabemos que na língua hebraica a leitura é feita da direita para a esquerda. Sendo assim, lemos o Tetragrama (conjunto de quatro letras) Sagrado, que simboliza o nome divino, nesta ordem: **Yod, Heh, Vav, Heh.**

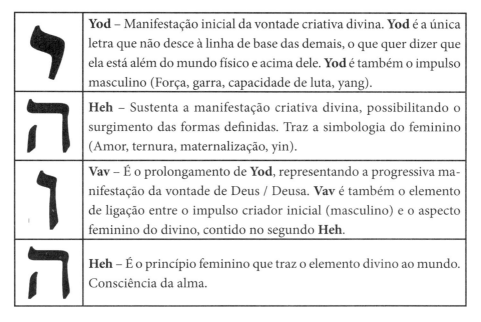

י	**Yod** – Manifestação inicial da vontade criativa divina. **Yod** é a única letra que não desce à linha de base das demais, o que quer dizer que ela está além do mundo físico e acima dele. **Yod** é também o impulso masculino (Força, garra, capacidade de luta, yang).
ה	**Heh** – Sustenta a manifestação criativa divina, possibilitando o surgimento das formas definidas. Traz a simbologia do feminino (Amor, ternura, maternalização, yin).
ו	**Vav** – É o prolongamento de **Yod**, representando a progressiva manifestação da vontade de Deus / Deusa. **Vav** é também o elemento de ligação entre o impulso criador inicial (masculino) e o aspecto feminino do divino, contido no segundo **Heh**.
ה	**Heh** – É o princípio feminino que traz o elemento divino ao mundo. Consciência da alma.

É facilmente identificada nesse tetragrama a descrição das etapas de todo ato criador. No Antigo Testamento, traduzido para nosso idioma, encontramos o nome

240 | *Mantra – O espírito do som e o poder do verbo*

do divino como "Eu Sou o que sempre será". Segundo a tradição judaica, o verbo "ser" indica processo, trazendo a ideia de movimento, e não de estado fixo, estático.

Conseguimos, assim, ao menos vislumbrar o aspecto simbólico inerente ao Tetragrama Sagrado ao percebermos a relação simbiótica entre o Criador/criadora e o ato de criar.

De acordo com a Bíblia, Deus manifestou-se ainda com outros nomes. Cada um dos nomes abaixo tem uma força e poder de atuação específicos, como veremos a seguir.

Nomes de Deus / Deusa e suas atuações / 10 nomes

Nome de Deus / Deusa e seus mantras	Energias da consciência afetadas pelos nomes
Eheieh (*Eh-Heh-Ieh*)	Criatividade e indagações espirituais.
Jah/Jehovah (*Iah-Ho-Vah*)	Iniciativa, capacidade de fazer com que as coisas aconteçam, comunicação patriarcal, realização pessoal.
Jehovah Elohim (*Iah-Ho-Vah-Eh-Lo-Him*)	Compreensão profunda de assuntos herméticos, comunicação matriarcal e silêncio.
El (*Ehl*)	Senso de obediência ao Supremo, prosperidade, justiça, atenção à realidade interior.
EloHim Gebor (*Eh-Lo-Him-Geh-Bor*)	Mudança em todos os níveis, julgamento, energia e coragem.
JehoVah Tzabaoth (*Iah-Ho-Voh-Zah-Bah-Oath*)	Criatividade nas artes, idealismo e sexualidade.
Jehovah Aloah Vadaath (*Iah-Ho-Voh-Ai-Lo-Ah- -Vuh- Dahth*)	Devoção profunda, acordar para a consciência crística, tudo o que se refere à cura e ao equilíbrio; completa harmonia, sucesso e fama.
Elohim Tzabaoth (*Eh-Lo-Him-Zah-Bah-Oath*)	Veracidade, comunicação e negócios.
Shaddai El Chai (*Sha-Dy-Ehl-Chai*)	Intuição, saúde mental e emocional e interpretação de sonhos.
Adonai haaretz (*Ah-Doh-Na Ia-Ah-Ratz*)	Discernimento, superação e autoconhecimento.

Letras hebraicas e Cabala – Sílabas do divino | 241

Os 72 nomes de Deus

כהת	אכא	ללה	מהש	עלם	סיט	ילי	והו
הקם	הרי	מבה	יזל	ההע	לאו	אלד	הזי
וזהו	מלה	ייי	נלך	פהל	לוו	כלי	לאו
ושר	לכב	אום	ריי	שאה	ירת	האא	נתה
ייז	רהע	וזעם	אני	מנד	כוק	להוז	יוזו
בויה	עשל	ערי	סאל	ילה	וול	מיכ	ההה
פוי	מבה	נית	ננא	עמם	הוזש	דני	והו
מוזי	ענו	יהה	ומב	מצר	הרוז	ייל	נמם
מום	היי	ראה	יבמ	וזבו	איע	מנק	דמב

01	וֹהֹוֹ	*Vav Hei Vav*	Viagem no tempo que cura o remorso e as lembranças.
02	יכֹלׁי	*Iud Lamed Iud*	Reconhecimento da luz. Resgate da felicidade.
03	סֹיֹטׁ	*Samech Iud Tet*	Criação de milagres. Despertar da luz que tudo pode.
04	עׁלֹם	*Ain Lamed Mem*	Eliminando pensamentos e as energias negativas.
05	מֹהֹשׁ	*Mem Hei Shin*	Cura em nível profundo.
06	כֹלֹהׁ	*Lamed Lamed Hei*	Estado de Sonho/sono revigorante e com paz.

07	אכא	*Alef Kaf Alef*	DNA da Alma. Quem é você?
08	כהת	*Kaf Hei Tav*	Neutralizando Energia Negativa e Estresse.
09	הזי	*Hei Zain Iud*	Se abrindo às Influências Angelicais.
10	אלד	*Alef Lamed Daled*	Protegendo-se do Mau-olhado.
11	לאו	*Lamed Alef Vav*	Expulsando o mal: obsessão e infestação.
12	ההע	*Hei Hei Ain*	Amor Incondicional: Ama o próximo...
13	יזל	*Iud Zain Lamed*	Paz individual e global.
14	מבה	*Mem Bet Hei*	Paz, tolerância e amor fraternal.
15	הרי	*Hei Resh Iud*	Discernimento e luz.
16	הקם	*Hei Kuf Mem*	Jogando Fora a Depressão, ficar "firme".
17	לאו	*Lamed Alef Vav*	Reconhecer o ego.
18	כלי	*Kaf Lamed Iud*	Fertilidade, confiança em Deus e fé na vida.

Letras hebraicas e Cabala – Sílabas do divino | 243

19	לוו	*Lamed Vav Vav*	Reconhecer a luz presente.
20	פהל	*Pei Hei Lamed*	Força e persistência para superar nossas limitações e vícios.
21	נלך	*Nun Lamed Kaf*	Erradicando as Pragas do ser e do planeta.
22	ייי	*Iud Iud Iud*	Um dos mais poderosos nomes de Deus. Estimula a saúde e eliminação de energias negativas e perversas. Atua despertando a Luz.
23	מלה	*Mem Lamed Hei*	Compartilhando a Luz. Luz versus as trevas.
24	וההו	*Chet Hei Vav*	"Que seja feita a sua vontade" – Esse nome permite que sejam feitas as pazes com a Luz. Esse elimina os efeitos de nossas palavras perversas, pensamentos egoístas e invejosos.
25	נתה	*Nun Tav Hei*	Sinceridade. "Não mentirás".
26	האא	*Hei Alef Alef*	Harmonia mesmo em situações caóticas.
27	ירת	*Iud Resh Tav*	Ter a consciência que a existência conspira a favor de seus sonhos e chamados da alma. É o símbolo da sociedade espiritual.
28	שאה	*Shin Alef Hei*	Atrair: Alma Gêmea/Romantismo/Amor.

29	רייי	*Resh Iud Iud*	Eliminando o Ódio, Raiva e ciúmes.
30	אום	*Alef Vav Mem*	Reconhecendo-se como um instrumento da luz.
31	לכב	*Lamed Kaf Bet*	Persistência. Nunca, nunca mesmo, desista dos seus sonhos.
32	ושׁר	*Vav Shin Resh*	Energizará o cérebro.
33	יחו	*Iud Chet Tav*	Revelando a nossa Luz.
34	לחו	*Lamed Hei Chet*	Humildade. Reconhecimento do que posso mudar (Livre-arbítrio) e o que é vontade da existência (destino).
35	כוק	*Kaf vav Kuf*	Energia Sexual e Kundalinî.
36	מנד	*Mem Nun Daled*	Coragem.
37	אני	*Alef Nun Iud*	Felicidade cotidiana.
38	וזעם	*Chet Ain Mem*	Compartilhar nossa luz.
39	רהע	*Resh Hei Ain*	Desperta nossas potências (maná).
40	ייז	*Iud iud Zain*	Usando as palavras certas. Esse nome faz com que nossas palavras sejam cheias de bênçãos e Luz. O dom de falar língua dos Anjos.

41	הההה	*Hei Hei Hei*	Autoestima e Autoajuda "original".
42	כייב	*Mem Iud Kaf*	Revelando o Oculto e Percepções.
43	לוו	*Vav Vav Lamed*	Confiança.
44	ילה	*Iud Lamed Hei*	Alquimia do Karma.
45	סאל	*Samech Alef Lamed*	O Poder da Prosperidade – equilíbrio financeiro.
46	ערי	*Ain Resh Iud*	Confiança e certeza de Propósito. Quando eu crer, vou ver. Vai realizar-se.
47	עשל	*Ain Shin Lamed*	Transformação Global e Reiki Planetário.
48	מייה	*Mem Iud Hei*	Consciência de unidade.
49	והו	*Vav Hei Vav*	Felicidade Genuína.
50	דני	*Daled Nun Iud*	Contentamento. Aqui o importante é estimular o ser e não o ter.
51	הוש	*Hei Chet Shin*	Elimina o sentimento de culpa.
52	עמם	*Ain Mem Mem*	Paixão pela vida.

53	אנֻנֻ	Nun Nun Alef	Altruísmo.
54	נֻית	Nun Iud Tav	Reconhecimento da Imortalidade da alma.
55	מבה	Mem Bet Hei	Esse nome nos estimula a ação e a paixão para a realização de nossos sonhos e projetos de vida.
56	פוי	Pei Vav Iud	Dissipando a Raiva e Paz.
57	נמֻם	Nun Mem Mem	Escutando Sua Alma e intuição.
58	ייל	Iud Iud Lamed	Persistência.
59	הרח	Hei Resh Chet	Resgate do "Cordão Umbilical" com a Luz.
60	מצֻר	Mem Tzadik Resh	Otimismo Material.
61	ומב	Vav Mem Bet	Equilíbrio de nossas Águas. De nossas emoções internas. "Que o Divino abra nossas águas, nosso mar".
62	יהה	Iud Hei Hei	Esse nome nos dá o dom de ensinamentos com brilho, consciência e competência a todos que são nossos "discípulos" (amigos, filhos, amores, conhecidos etc).
63	ענֻוֻ	Ain Nun Vav	Gratidão.
64	מחי	Mem Chet Iud	Projetando uma Imagem Positiva e de Luz de si mesmo.

65	דמב	*Daled Mem Bet*	Respeito à existência.
66	מנק	*Mem Nun Kuf*	Responsabilidade com seu ser (cuidar de mim).
67	איע	*Alef Iud Ain*	Nome que deve ser meditado nos momentos de "testes de fé" de desespero, dor, provações etc.
68	חבו	*Chet Bet Vav*	Contatando as bênçãos e luzes das Almas que Partiram.
69	ראה	*Resh Alef Hei*	Usamos esse nome para olharmos qual o nosso Dharma. O nosso caminho na/da vida.
70	יבמ	*Iud Bet Mem*	Esse nome nos faz compreender os propósitos divinos de várias situações que passamos na vida.
71	דייי	*Hei Iud Iud*	Dom da profecia. Utilize junto com os arcanos do Tarô.
72	מום	*Mem Vam Mem*	Purificação Espiritual.

O mantra no ambiente

Essa é uma oração/mantra utilizada nas portas de residências judaicas, que é colocada dentro de um estojo. Esse ritual chama-se *mezuzá* e é realizado normalmente por um rabino.

Você pode simplesmente escrever o texto abaixo em hebraico, dobrá-lo, plastificá-lo e colocar no lado direito de quem entra na casa ou em qualquer cômodo:

Barukhi Atá Adonai Elo-Heinn
Melekh Haolam, Asher Kideshanu
Bemitsvotav Vetsivann Likboa
Mezuzá.

Tradução: Bendito sejas tu, ó Eterno, nosso Deus, Rei do Mundo, que nos santificaste com teus ensinamentos e nos ordenaste a fixar a *mezuzá*.

Também para manter sua residência com ótima energia, lembre-se de deixar seu coração com energia ótima.

Koan

Se você o "encontra" dentro e fora do Si mesmo, é possível agredir qualquer forma de vida? Como é possível isso? Você agride o planeta?

O que você sente quando "O Reino dos Céus" está dentro e fora de si?

A divindade é seu direito inato? É sua herança?

O que é retornar ao Reino?

Coragem é a realização dos anseios de sua alma (não de sua mente), mesmo com medo. Jesus era de uma coragem infinita. E você?

Sua mente tem fé? Então o por quê de tanto medo?

Você acredita ou conhece?

Você está em dívida com o transpessoal? Vou novamente lhe fazer essa pergunta: Se Jesus ou Buda hoje tocasse a campainha ou interfonasse em sua casa, você, assim como o comerciante, não os receberia? Daria um sem-número de desculpas para não segui-los? Estou agora chamando você para fechar os olhos todos os dias, olhar para o seu Cristo. Você aceita o convite? Você aceita o convite dos shoppings, da TV, das redes sociais?

Como último Koan do capítulo absorva e reflita no texto de John White.

Jesus foi uma pessoa histórica, um vir-a-ser humano; mas Cristo, o Cristo, é um ser eterno e transpessoal ao qual todos chegaremos um dia. Jesus não dizia que estado superior de consciência nele realizado seria apenas e eternamente seu, nem tampouco nos conclamou a adorá-lo. Ao contrário, exortou-nos a segui-lo – a seguir-lhe os passos, a aprender com ele e com seu exemplo. Exortou-nos a compartilhar o novo estado e ser, a ingressar num mundo novo, a ser uno com a consciência supra mental do Cristo, que por si só pode afastar as trevas das nossas mentes e renovar as nossas vidas. Ele não nos chamou para ser cristãos; exortou--nos a ser cristianizados. Em suma, Jesus pretendia como diz o 'Novo Testamento', fazer-nos todos unos em Cristo, que é o segundo Adão, fundador de uma raça.

Capítulo 17

Mantras das Escolas de Mistérios e algumas tradições do Ocidente

Mantras, ou Sons Vocálicos, como dizemos nas Escolas de Mistérios do Ocidente, são uma das práticas mais salutares para nossa regeneração física, mental, emocional e espiritual, além de trazerem de volta à nossa consciência, o fato de que o Verbo é realmente Divino e Transformador, quando bem empregado.

Prof. Alexandre Garzeri

Esse capítulo foi escrito por meu irmão Alexandre Garzeri devido ao mesmo ser um absoluto conhecedor e praticante dos temas.

Gratidão a ele e o desejo que você leitor possa dar-se conta da profundidade aqui contida.

A Gnose

Gnose, (Gnosis) é um termo grego que significa: Conhecimento.

Mas, em meio aos adeptos do Gnosticismo, a palavra Conhecimento é interpretada de uma outra maneira, pois não se trata de um conhecimento relativo à mente cartesiana, muito menos à consciência objetiva, com a qual operamos em nosso dia a dia.

O Gnóstico busca um Conhecimento Iluminado, uma experiência de Comunhão com Deus, da mesma Natureza Epifânica atingida por personagens como Abraão, Moisés, Salomão, Os Reis Magos e o Próprio Christos, tendo sua equivalência nos diversos processos e Caminhos de Iluminação existentes, também, no Oriente.

A experiência Iluminada da Gnose é única, intransferível, íntima e pessoal. Para ser entendida é necessário que o que anseia aprendê-la encontre-se no mesmo nível de consciência desperta que aquele que o ensina, pois, caso contrário, os Mistérios Gnósticos são indecifráveis àquele cuja Consciência ainda não floresceu plenamente.

Para iniciar a Jornada rumo à Integração, à Fonte de todas as coisas, nossa Real Origem, muito distante deste mundo das formas criado, imperfeito e mortal, os Gnósticos utilizam o Verbo para afastarem-se das ilusões da realidade material por meio da consciente negação da mesma e de Palavras de Poder, que além de gerarem profundas reflexões vão nos desvinculando de inúmeras necessidades, todas elas ilusórias, que em verdade não temos, pois a única coisa necessária ao ser humano é a Felicidade.

Reflexão Gnóstica para ser repetida nove vezes ao dia três vezes ao acordar, três vezes ao meio dia e três vezes antes de adormecer, já à noite:

> *O que nos torna livres é a Gnose*
> *De quem somos*
> *Do que nos tornamos*
> *De onde estivemos*
> *De onde fomos lançados*
> *Para onde nos dirigimos*
> *Do que estamos sendo libertados*
> *Do que o nascimento realmente é*
> *Do que o renascimento realmente é.*

Theodoro

Pode-se repetir esta reflexão olhando para OUROBOROS, a serpente que engole a própria cauda, um dos símbolos máximos do Gnosticismo, sendo que a mesma deve conter em seu centro a inscrição **Em To Pan***: O Um é o Todo.*

Como efeito, esta reflexão feita todos os dias vai nos libertando das ilusões da matéria e da necessidade de sermos tudo, menos o que verdadeiramente somos: O Agora.

Os Cátaros

Um dos mais famosos grupos cristãos gnósticos cuja Doutrina, Fé e Filosofia de Vida floresceu na Idade Média foi Os Cátaros, que praticava um Cristianismo mais puro, primitivo e próximo de sua forma original, essencialmente gnóstica, praticada na época de Iesus Christos.

Perseguidos pela Igreja Católica, que considerou sua visão mais gnóstica do Cristianismo tal qual uma heresia, os Cátaros foram quase que completamente dizimados, em meio a uma Cruzada dirigida contra eles, a Cruzada Albigense, que durou de 1209 a 1244 e levou ruína e desolação a praticamente todo o Sul da França, onde o Catarismo era mais forte, sendo praticado até por membros da alta nobreza, que acabaram pegando em armas para se defender, bem como suas prósperas terras, um dos reais objetivos que a Igreja visava para promover essa bárbara Cruzada.

O Catarismo é um Caminho de Regeneração e Reparação do gênero humano, por meio do entendimento mais profundo das Sagradas Escrituras, incluindo também todo um material Apócrifo, que foi retirado das modernas Bíblias, bem como por meio de práticas de Cura e exercícios tanto ensinados à Assembleia, quanto praticados individualmente, que levem o indivíduo à chamada da necessidade de deixar nascer O Christos dentro de si mesmo, a fim de que Iesus, O Divino Reparador dos Mundos e dos Homens, regenere a Alma que o acolheu de Coração aberto e a reconduza, Restaurada, à Origem, ao Deus Emanador dos Universos visíveis e invisíveis.

A palavra Cátaro vem do Grego *katheroi* ou *katharoi*, que quer dizer "puro".

Não apenas os Cátaros, mas também os Mandeus, os Maniqueistas, Os Olibrianos, os Patarinos e os Gnósticos Joanitas são exemplos de grupos Gnósticos, que aspiram à libertação dessa realidade ilusória, tendo seu Culto um tom dualista, em que a raça humana caminharia entre o bem e o mal, utilizando-se de seu livre-arbítrio para decidir em que mãos decide se entregar: às mãos Demiúgicas, de um falso deus impostor e responsável pela criação dessa realidade ilusória, que segundo os praticantes dessas crenças é um cárcere, onde está aprisionada a parte sublime, Divina e essencial do ser humano, ou a entrega nas Mãos do Deus Emanador, Iesus Christos e de Elevadas Inteligências Espirituais, como Os Anjos, capazes de nos conduzir à Desvelação de que nós somos o Templo, onde habita O Deus Emanador que, em Essência, somos nós mesmos esperando por um Despertar.

A Oração dos 33 Taus
(usada nas liturgias gnósticas, cátaras e joanitas)

Sagrado Coração de Todo O Universo,
Rei Celeste e Misericordioso.
Tu És Athanatos, O Imortal;
Tu És Soter, O Salvado;.
Tu És Christos, O Ungido;
Tu És Emanuel, Deus Conosco;
Tu És O Filho de Sophia!
Tu És O Bom Pastor,
Tu És A Verdadeira Luz,
Tu És A Bondade Infinita
Tu És A Coroa de Todos Os Santos,
Tu És A Luz dos Adeptos,
Tu És A Fortaleza dos Cavaleiros!
Tu És O Mestre dos Apóstolos,
Tu És O Rei dos Patriarcas,
Tu És O Senhor dos Anjos,
Tu És O Terror dos Demônios,
Tu És O Deus da Paz,
Tu És O Amante de Nossas Almas!
Tu És O Todo Poderoso,
Tu És Deus Santo,
Tu És Deus Forte,
Tu És Deus Imortal,
Tu És Sol de Justiça!
Tu És O Esplendor Do Pai,
Tu És O Logos,
Tu És O Filho Do Deus Vivo
Tu És O Nosso Redentor!
Tu És O Iniciador,
Tu És O Iniciado,
Tu És A Iniciação,
Tu És O Caminho,
Tu És A Verdade,
Tu És A Vida!

Observação: Fazer esta Oração de frente para um quadro de Jesus Cristo, Vivo e Radiante de Luz, tendo abaixo do mesmo um Altar revestido por uma simples toalha branca; a Bíblia aberta no Evangelho de São João, com uma Rosa Vermelha sobre a página aberta; à esquerda da Bíblia um turíbulo queimando incenso; à direita da Bíblia uma patena contendo um pão, iluminado o alimento por uma vela branca; à frente da Bíblia e abaixo do quadro de Cristo uma taça contendo vinho, ou suco de uva.

Após concluir a Oração, ler um trecho do Evangelho de São João procurando fechar os olhos depois e meditar alguns instantes sobre um significado mais profundo das palavras, que lhe fale à Alma.

Passado esse breve momento de reflexão, abrir os olhos, tomar o pão e traçar uma cruz sobre o mesmo, com a mão direita, elevá-lo até o quadro do Cristo e depois comer um pedaço do mesmo.

Da mesma forma tomar a taça, traçar uma cruz sobre a mesma, elevá-la até o Cristo e solver um gole, consumando assim sua Comunhão e nutrição espiritual com Pão e Vinho.

Os Pobres Cavaleiros de Cristo e do Templo de Salomão

Conhecidos como *Templários*, Os Pobres Cavaleiros de Cristo e do Templo de Salomão, uma Ordem Monástica e Militar constituída, oficialmente, em 1.118 d.C., época da 1ª. Cruzada e, extraoficialmente, existindo desde 1.111d.C., em total anonimato, em Jerusalém foram e continuam sendo, atualmente existindo por meio de diversas Ordens e Movimentos de Ressurgência Templária, uma das Ordens Iniciáticas mais respeitadas e poderosas do Ocidente, que abrigou ao longo da Idade Média várias cabeças coroadas da Europa em seu meio, não sendo poucos os membros notórios e influentes, hoje no mundo, que compartilham o real motivo da existência de tal movimento, desde suas origens: Proteger as Rotas que levam a Jerusalém.

Evidentemente que a proteção das Rotas de Peregrinação, tanto no passado, quanto hoje, constitui uma linguagem simbólica, em que o Cavaleiro entende que palavras como Caminho, Rota ou Via não são simplesmente uma estrada, no sentido comum do termo, mas sim uma Tradição, toda uma Gnose reservada e destinada a uma Elite de Adeptos, que faz por merecê-la e quando compreendida nos conduz ao Autoconhecimento visando não a uma Jerusalém Terrestre, mas a uma Jerusalém Celeste, sinônimo de um Elevado Grau de Consciência a ser alcançado por aqueles que se integram ao Templarismo, hoje, uma verdadeira Filosofia de Vida.

O Lema principal dos Cavaleiros Templários é, **Non Nobis Domine, Non Nobis, Sed Nomini Tuo Da Gloriam.** O mesmo foi extraído do Livro dos Salmos, sendo a primeira parte, do 1º. Versículo, do Salmo 115:

1 *Não a nós, SENHOR, não a nós, mas ao teu nome dá glória, por amor da tua benignidade e da tua verdade.*

2 *Porque dirão os gentios: Onde está o seu Deus?*

3 *Mas o nosso Deus está nos céus; fez tudo o que lhe agradou.*

4 *Os ídolos deles são prata e ouro, obra das mãos dos homens.*

5 *Têm boca, mas não falam; olhos têm, mas não vêem.*

6 *Têm ouvidos, mas não ouvem; narizes têm, mas não cheiram.*

7 *Têm mãos, mas não apalpam; pés têm, mas não andam; nem som algum sai da sua garganta.*

8 *A eles se tornem semelhantes os que os fazem, assim como todos os que neles confiam.*

9 *Israel, confia no Senhor; ele é o seu auxílio e o seu escudo.*

10 *Casa de Aarão, confia no Senhor; ele é o seu auxílio e o seu escudo.*

11 *Vós, os que temeis ao Senhor, confiai no Senhor; ele é o seu auxílio e o seu escudo.*

12 *O Senhor se lembrou de nós; ele nos abençoará; abençoará a casa de Israel; abençoará a Casa de Aarão.*

13 *Abençoará os que temem ao Senhor, tanto os pequenos, como os grandes.*

14 *O Senhor vos aumentará cada vez mais, a vós e a vossos filhos.*

15 *Sois benditos do Senhor, que fez os céus e a terra.*

16 *Os céus são os céus do Senhor; mas a terra a deu aos filhos dos homens.*

17 *Os mortos não louvam ao Senhor, nem os que descem ao silêncio.*

18 *Mas nós bendiremos ao Senhor, desde agora e para sempre. Louvai ao Senhor.*

A vida do Cavaleiro é dedicada ao Servir, sem querer receber glórias para si mesmo, muito menos notoriedade pelas boas obras realizadas, preferindo o Templário exaltar a Deus, por todas as coisas que realiza em sua vida, bem como no auxílio daqueles a quem serve considerando uma Honra e grande alegria proteger e auxiliar os mais necessitados.

Pode anotar-se o ***Non Nobis Domine, Non Nobis, Sed Nomini Tuo Da Gloriam***, num pequeno papel e carregá-lo consigo todos os dias recitando-o antes de iniciar um trabalho, qualquer que seja, para sempre lembrarmos que não fazemos nada simplesmente por nós mesmos e que tudo o que realizamos é para a Glória de Iaweh. O poder do ***Non Nobis*** está na virtude de restaurar a humildade de quem o entoa, bem como Consagrar qualquer atividade ao Altíssimo, receita infalível de sucesso em qualquer empresa que encetarmos.

A maçonaria

Uma das mais proeminentes Ordens Iniciáticas do Ocidente, atuando em seu formato atual, cuja origem é o ano de 1717, quando quatro Lojas Maçônicas Inglesas, a saber: *The Apple Tree, The Goose and Gridiron, The Rummer and Grappes* e *The Crown* se uniram para fundar A GRANDE LOJA DA INGLATERRA. A pretensão e objetivo da Maçonaria é tornar Feliz à Humanidade, pelo aperfeiçoamento dos costumes e pela elevação da consciência, do gênero humano em todos os sentidos e áreas.

Congregados em Templos, aos quais chamam de "Loja"; se reunindo sob os Auspícios do Grande Arquiteto do Universo, maneira pela qual o Maçom se refere ao Deus de seu coração e da sua compreensão evitando assim cismas e divisões religiosas entre os membros e praticando Ritos, (alguns seculares) nome dado aos diferentes sistemas ritualísticos e cerimoniais através dos quais os membros da Maçonaria a vivenciam, os Maçons vão avançando em nível de esclarecimento, mais consciência, cultura, aprimoramento moral, intelectual e espiritual, em meio a uma Hierarquia muito bem definida, em Graus, que denotam a ordem, respeito e organização existentes na Sociedade, que condena enfaticamente a ignorância e o fanatismo, bem como qualquer sistema político, ou crença religiosa, que prive o homem de um de seus mais Sagrados direitos: Ser um Livre Pensador.

Em muitos Ritos Maçônicos são empregados Salmos específicos da Bíblia, que quando lidos por Francos – Iniciados da Ordem atraem certas Forças, que auxiliam os Maçons, quando do início dos trabalhos em Loja, fortalecendo sua União, alicerçando sua Fé e contribuindo para formação de uma Egrégora, reunião de formas-pensamento, capaz de beneficiar e abençoar os Membros da Sociedade, bem com suas Famílias, de diversas formas e em vários níveis.

O Salmo 133 exalta a Irmandade existente entre os Maçons, que procuram estender e praticar seu significado fora das paredes do Templo, se sentindo os Irmãos, amigos de todos os demais seres humanos, os quais pretendem auxiliar muito mais pelos exemplos de suas vidas ilibadas, que por palavras, muitas vezes vazias, desprovidas de uma real ação capaz de transformar a vida dos que necessitam.

A prática diária deste Salmo nos traz à consciência que todos Somos Um Só, e que nos tempos atuais ou praticamos a tolerância – que jamais pode ser confundida com conivência para com os erros – em relação ao próximo ou estaremos fadados a guerras, conflitos, dores e sofrimentos das piores espécies, por não aceitarmos o outro que, Essencialmente, nós também somos:

Salmo 133

1 *Oh! quão bom e quão suave é que os irmãos vivam em união.*

2 *É como o óleo precioso sobre a cabeça, que desce sobre a barba, a barba de Aarão, e que desce à orla das suas vestes.*

3 *É como o orvalho de Hermom, que desce sobre os montes de Sião, porque ali o Senhor ordena a bênção e a vida para sempre.*

A fraternidade de anjos e de homens – F.A.H.

Um projeto exclusivo, que vem sendo desenvolvido ao longo dos últimos 20 anos, pelo Prof. Alexandre Garzeri, da Humaniversidade, e que já auxiliou centenas de pessoas a compreender e aplicar, em suas vidas cotidianas, toda uma Sabedoria relativa ao Reino dos Anjos, adquirindo com a mesma mais equilíbrio, harmonia e uma existência feliz, com mais qualidade, em todos os sentidos.

Dispostos os estudos relativos aos Anjos em quatro Graus bem definidos, na estrutura hierárquica existente entre os membros da F.A.H, a saber: 1º. Peregrino (Anjo da Guarda); 2º. Neófito (Arcanjos); 3º. Iniciado/Adepto (Anjos Kabballísticos); 4º. Magus Angelicus (Magia Angelical) sendo os estudos realizados com extrema profundidade e respeito ao aluno, uma vez atingido o quarto Grau o estudante, que levou a sério sua formação, está amplamente capacitado a trabalhar e contatar os diversos tipos de Seres Angelicais existentes, tornando-se um canal através do qual a Luz possa fluir na Terra e beneficiar a evolução de todos.

Salmos e os Principais Arcanjos

Arcanjo Miguel – Proteção

Salmo 35

1. De Davi. Javé, acusa meus acusadores, combate os que me combatem!
2. Toma a armadura e o escudo e levanta-te em meu socorro!
3. Maneja a espada e o machado contra os meus perseguidores! Dize à minha alma: 'Eu sou a tua salvação!'.
4. Fiquem envergonhados e arruinados os que buscam tirar-me a vida! Voltem-se para trás e sejam confundidos os que planejam o mal contra mim!
5. Sejam como palha frente ao vento, quando o anjo de Javé os empurrar!
6. Que o caminho deles seja escuro e deslizante, quando o anjo de Javé os perseguir!
7. Sem motivo estenderam a sua rede contra mim, e abriram para mim uma cova.
8. Caia sobre eles um desastre imprevisto! Sejam apanhados na rede que estenderam, caiam eles dentro da cova!
9. Minha alma exultará em Javé, e se alegrará com a sua salvação.
10. Todo o meu ser dirá: 'Javé, quem é igual a ti para livrar o fraco do mais forte, e o pobre e indigente do seu explorador?'.
11. Levantaram-se testemunhas falsas e me interrogaram sobre o que nem sei.
12. Pagaram o mal pelo bem e me deixaram desamparado.
13. Quanto a mim, quando eles estavam doentes, eu me vestia com pano de saco, me humilhava com jejum e por dentro repetia a minha oração.
14. Como por um amigo, um irmão, eu ia e vinha, cabisbaixo e triste, como de luto por minha mãe.
15. E quando eu tropecei, eles se alegraram, se reuniram contra mim, e me atacaram de surpresa. Dilaceravam-me sem parar.
16. cruelmente zombavam de mim, rangendo os dentes de ódio.
17. Javé, quando verás isso? Defende minha vida diante dos que rugem; defende desses leõezinhos o meu único bem.
18. Eu te agradecerei na grande assembléia, eu te louvarei entre a multidão do povo.
19. Que não se alegrem à minha custa meus inimigos traidores. Que não pisquem os olhos aqueles que me odeiam sem motivo!
20. Pois eles nunca falam de paz: contra os pacíficos da terra eles planejam calúnias.
21. Escancaram contra mim a sua boca, dizendo com desprezo: 'Nós o vimos com nossos olhos!'.

22. *Viste isso, Javé! Não te cales! Javé, não fiques longe de mim!*

23. *Desperta! Levanta-te pelo meu direito, por minha causa, meu Senhor e meu Deus!*

24. *Julga-me segundo a tua justiça, Javé meu Deus. Que eles não se alegrem à minha custa!*

25. *Que não pensem: 'Viva a nossa garganta!'. Que não digam: 'Nós o engolimos!'.*

26. *Fiquem envergonhados e frustrados os que se alegram com a minha desgraça! Fiquem cobertos de vergonha e confusão os que se engrandecem à minha custa.*

27. *Cantem e fiquem alegres os que desejam a minha justiça, e repitam sempre: 'Javé é grande! Ele deseja a paz para o seu servo!'.*

28. *E a minha língua proclamará a tua justiça, e o dia todo o teu louvor!*

Observação: Antes de entoar o Salmo 35 queimar um pouco de incenso de mirra; acender uma vela azul, que poderá ser apagada após a leitura do Salmo e acesa quando o mesmo for entoado novamente, em outra ocasião (sugere-se, para mais eficácia, que esta prática seja feita ao longo de sete dias seguidos, sempre no mesmo horário, se iniciando a mesma em um Domingo).

Fechar os olhos por alguns momentos, tomar algumas profundas inspirações e expirações e depois adotando um ritmo respiratório natural e relaxado visualizar, ainda de olhos fechados, o Arcanjo Miguel atrás de ti, com sua espada flamígera apontando para o alto e no braço oposto, seu escudo defensor e refletor de todos os males, que os rebate devolvendo-os a quem os enviou. Uma vez fortalecida mentalmente a imagem do Arcanjo Miguel, abrir os olhos lentamente e entoar o Salmo 35 com devoção e fé.

Arcanjo Jofiel – Sabedoria

Salmo 89

1 *Cantarei para sempre o amor do Senhor; com minha boca anunciarei a tua fidelidade por todas as gerações.*

2 *Sei que firme está o teu amor para sempre, e que firmaste nos céus a tua fidelidade.*

3 *Tu disseste: Fiz aliança com o meu escolhido, jurei ao meu servo Davi:*

4 *Estabelecerei a tua linhagem para sempre e firmarei o teu trono por todas as gerações. Pausa*

5 *Os céus louvam as tuas maravilhas, Senhor, e a tua fidelidade na assembléia dos santos.*

6 *Pois, quem nos céus poderá comparar-se ao Senhor? Quem dentre os seres celestiais[155]assemelha-se ao Senhor?*

Mantras das Escolas de Mistérios e algumas tradições do Ocidente | 259

7   Na assembléia dos santos Deus é temível, mais do que todos os que o rodeiam.

8   Ó Senhor, Deus dos Exércitos, quem é semelhante a ti? És poderoso, Senhor, envolto em tua fidelidade.

9   Tu dominas o revolto mar; quando se agigantam as suas ondas, tu as acalmas.

10 Esmagaste e mataste o Monstro dos Mares[156]; com teu braço forte dispersaste os teus inimigos.

11 Os céus são teus, e tua também é a terra; fundaste o mundo e tudo o que nele existe.

12 Tu criaste o Norte e o Sul; o Tabor e o Hermom cantam de alegria pelo teu nome.

13 O teu braço é poderoso; a tua mão é forte, exaltada é tua mão direita.

14 A retidão e a justiça são os alicerces do teu trono; o amor e a fidelidade vão à tua frente.

15 Como é feliz o povo que aprendeu a aclamar-te, Senhor, e que anda na luz da tua presença!

16 Sem cessar exultam no teu nome, e alegram-se na tua retidão,

17 pois tu és a nossa glória e a nossa força[157], e pelo teu favor exaltas a nossa força[158].

18 Sim, Senhor, tu és o nosso escudo[159], ó Santo de Israel, tu és o nosso rei.

19 Numa visão falaste um dia, e aos teus fiéis disseste: Cobri de forças um guerreiro, exaltei um homem escolhido dentre o povo.

20 Encontrei o meu servo Davi; ungi-o com o meu óleo sagrado.

21 A minha mão o susterá, e o meu braço o fará forte.

22 Nenhum inimigo o sujeitará a tributos; nenhum injusto o oprimirá.

23 Esmagarei diante dele os seus adversários e destruirei os seus inimigos.

24 A minha fidelidade e o meu amor o acompanharão, e pelo meu nome aumentará o seu poder.

25 A sua mão dominará até o mar, sua mão direita, até os rios.

26 Ele me dirá: 'Tu és o meu Pai, o meu Deus, a Rocha que me salva'.

27 Também o nomearei meu primogênito, o mais exaltado dos reis da terra.

28 Manterei o meu amor por ele para sempre, e a minha aliança com ele jamais se quebrará.

29 Firmarei sua linhagem para sempre, e seu trono durará enquanto existirem céus.

30 Se os seus filhos abandonarem a minha lei e não seguirem as minhas ordenanças,

31 se violarem os meus decretos e deixarem de obedecer aos meus mandamentos,

32 com a vara castigarei o seu pecado, e a sua iniqüidade com açoites;

33 mas não afastarei dele o meu amor; jamais desistirei da minha fidelidade.

34 Não violarei a minha aliança nem modificarei as promessas dos meus lábios.

35 De uma vez para sempre jurei pela minha santidade, e não mentirei a Davi,

36 que a sua linhagem permanecerá para sempre, e o seu trono durará como o sol;

37 será estabelecido para sempre como a lua, a fiel testemunha no céu. Pausa

38 Mas tu o rejeitaste, recusaste-o e te enfureceste com o teu ungido.

39 Revogaste a aliança com o teu servo e desonraste a sua coroa, lançando-a ao chão.

40 Derrubaste todos os seus muros e reduziste a ruínas as suas fortalezas.

41 Todos os que passam o saqueiam; tornou-se objeto de zombaria para os seus vizinhos.

42 Tu exaltaste a mão direita dos seus adversários e encheste de alegria todos os seus inimigos.

43 Tiraste o fio da sua espada e não o apoiaste na batalha.

44 Deste fim ao seu esplendor e atiraste ao chão o seu trono.

45 Encurtaste os dias da sua juventude; com um manto de vergonha o cobriste. Pausa

46 Até quando, Senhor? Para sempre te esconderás? Até quando a tua ira queimará como fogo?

47 Lembra-te de como é passageira a minha vida. Terás criado em vão todos os homens?

48 Que homem pode viver e não ver a morte, ou livrar-se do poder da sepultura[160]? Pausa

49 Ó Senhor, onde está o teu antigo amor, que com fidelidade juraste a Davi?

50 Lembra-te, Senhor, das afrontas que o teu servo tem[161] sofrido, das zombarias que no íntimo tenho que suportar de todos os povos,

51 das zombarias dos teus inimigos, Senhor, com que afrontam a cada passo o teu ungido.

52 Bendito seja o Senhor para sempre! Amém e amém.

Observação: Antes de entoar o Salmo 89 queimar um pouco de incenso de mirra; acender uma vela amarela, que poderá ser apagada após a leitura do Salmo e acesa quando o mesmo for entoado novamente, em outra ocasião (sugere-se, para mais eficácia, que esta prática seja feita ao longo de sete dias seguidos, sempre no mesmo horário, se iniciando a mesma em uma Segunda-Feira).

Fechar os olhos por alguns momentos, tomar algumas profundas inspirações e expirações e depois adotando um ritmo respiratório natural e relaxado visualizar, ainda de olhos fechados, o Arcanjo Jofiel atrás de ti, com uma antiga lâmpada, dessas a óleo, semelhante à lâmpada de Aladim, possuindo a mesma uma linda chama dourada, que iluminará todo o ambiente onde se farão os estudos, trazendo para os estudantes a Luz da Sabedoria, que necessitam para triunfar nas provas e testes. Uma vez fortalecida mentalmente a imagem do Arcanjo Jofiel, abrir os olhos lentamente e entoar o Salmo 89 com devoção e fé e depois iniciar os estudos. Ao término dos mesmos, a vela amarela poderá ser apagada e repetida toda essa prática no próximo período de estudos.

Arcanjo Samuel – Amor Incondicional

Salmo 132

1 *Senhor, lembra-te de Davi e das dificuldades que enfrentou.*

2 *Ele jurou ao Senhor e fez um voto ao Poderoso de Jacó:*

3 *Não entrarei na minha tenda e não me deitarei no meu leito;*

4 *não permitirei que os meus olhos peguem no sono nem que as minhas pálpebras descansem,*

5 *enquanto não encontrar lugar para o Senhor, uma habitação para o Poderoso de Jacó.*

6 *Soubemos que a arca estava em Efrata[219], mas nós a encontramos nos campos de Jaar[220]:*

7 *Vamos para a habitação do Senhor! Vamos adorá-lo diante do estrado de seus pés!*

8 *Levanta-te, Senhor, e vem para o teu lugar de descanso, tu e a arca onde está o teu poder.*

9 *Vistam-se de retidão os teus sacerdotes; cantem de alegria os teus fiéis.*

10 *Por amor ao teu servo Davi, não rejeites o teu ungido.*

11 *O Senhor fez um juramento a Davi, um juramento firme que ele não revogará: Colocarei um dos seus descendentes no seu trono.*

12 *Se os seus filhos forem fiéis à minha aliança e aos testemunhos que eu lhes ensino, também os filhos deles o sucederão no trono para sempre.*

13 *O Senhor escolheu Sião, com o desejo de fazê-la sua habitação:*

14 *Este será o meu lugar de descanso para sempre; aqui firmarei o meu trono, pois esse é o meu desejo.*

15 *Abençoarei este lugar com fartura; os seus pobres suprirei de pão.*

16 *Vestirei de salvação os seus sacerdotes e os seus fiéis a celebrarão com grande alegria.*

17 *Ali farei renascer o poder[221] de Davi e farei brilhar a luz[222] do meu ungido.*

18 *Vestirei de vergonha os seus inimigos, mas nele brilhará a sua coroa.*

Observação: Antes de entoar o Salmo 132 queimar um pouco de incenso de mirra; acender uma vela rosa, que poderá ser apagada após a leitura do Salmo e acesa quando o mesmo for entoado novamente, em outra ocasião (sugere-se, para mais eficácia, que esta prática seja feita ao longo de sete dias seguidos, sempre no mesmo horário, se iniciando a mesma em uma Terça-Feira).

Fechar os olhos por alguns momentos, tomar algumas profundas inspirações e expirações e depois adotando um ritmo respiratório natural e relaxado visualizar, ainda de olhos fechados, o Arcanjo Samuel atrás de ti, com um grande cesto de vime, do qual saem infinitas rosas, de cor rosa, que viram em tua direção e adentrarão ao teu ser, te abençoando com a dádiva do Amor Incondicional, podendo também direcionar a visualização dessas rosas para nossos parentes, entes queridos e amigos, a fim de que tenhamos excelentes relações com todas as pessoas, sempre baseadas no Amor. Uma vez fortalecida mentalmente a imagem do Arcanjo Samuel, abrir os olhos lentamente e entoar o Salmo 132 com o coração aberto à paz e à concórdia com todos os seres.

Arcanjo Gabriel – Pureza, Retidão e Ascenção Espiritual

Salmo 100

1 *Aclamem o Senhor todos os habitantes da terra!*

2 *Prestem culto ao Senhor com alegria; entrem na sua presença com cânticos alegres.*

3 *Reconheçam que o Senhor é o nosso Deus. Ele nos fez e somos dele[172]: somos o seu povo, e rebanho do seu pastoreio.*

4 *Entrem por suas portas com ações de graças, e em seus átrios, com louvor; dêem-lhe graças e bendigam o seu nome.*

5 *Pois o Senhor é bom e o seu amor leal é eterno; a sua fidelidade permanece por todas as gerações.*

Observação: Antes de entoar o Salmo 100 queimar um pouco de incenso de mirra; acender uma vela branca, que poderá ser apagada após a leitura do Salmo e acesa quando o mesmo for entoado novamente, em outra ocasião (sugere-se, para mais eficácia, que esta prática seja feita ao longo de sete dias seguidos, sempre no mesmo horário, se iniciando a mesma em uma Quarta-Feira).

Fechar os olhos por alguns momentos, tomar algumas profundas inspirações e expirações e depois adotando um ritmo respiratório natural e relaxado visualizar, ainda de olhos fechados, o Arcanjo Gabriel atrás de ti, segurando um grande cristal bruto de quartzo branco (translúcido e transparente), do qual sai uma poderosa irradiação de Luz Branca, que ilumina completamente teu ser alimentando, reparando e regenerando cada átomo do teu corpo físico; clareando teu mental, pensamentos e ideias; limpando o coração de mágoas, rancores e emoções mau resolvidas e elevando tua Alma, em direção ao Altíssimo. Uma vez fortalecida mentalmente a imagem do Arcanjo Gabriel, abrir os olhos lentamente e entoar o Salmo 100 visando ao retorno de tua pureza original e ao estado imaculado da tua Alma.

Arcanjo Raphael – Cura e Verdade

Salmo 18

1 *Eu te amo, ó Senhor, minha força.*

2 *O Senhor é a minha rocha, a minha fortaleza e o meu libertador; o meu Deus é o meu rochedo, em quem me refugio. Ele é o meu escudo e o poder[31] que me salva, a minha torre alta.*

3 *Clamo ao Senhor, que é digno de louvor, e estou salvo dos meus inimigos.*

4 *As cordas da morte me enredaram; as torrentes da destruição me surpreenderam.*

5 *As cordas do Sheol[32] me envolveram; os laços da morte me alcançaram.*

6 *Na minha aflição clamei ao Senhor; gritei por socorro ao meu Deus. Do seu templo ele ouviu a minha voz; meu grito chegou à sua presença, aos seus ouvidos.*

7 *A terra tremeu e agitou-se, e os fundamentos dos montes se abalaram; estremeceram porque ele se irou.*

8 *Das suas narinas subiu fumaça; da sua boca saíram brasas vivas e fogo consumidor.*

9 *Ele abriu os céus e desceu; nuvens escuras estavam sob os seus pés.*

10 *Montou um querubim e voou, deslizando sobre as asas do vento.*

11 *Fez das trevas o seu esconderijo, das escuras nuvens, cheias de água, o abrigo que o envolvia.*

12 *Com o fulgor da sua presença as nuvens se desfizeram em granizo e raios,*

13 *quando dos céus trovejou o Senhor, e ressoou a voz do Altíssimo.*

14 *Atirou suas flechas e dispersou meus inimigos, com seus raios os derrotou.*

15 *O fundo do mar apareceu, e os fundamentos da terra foram expostos pela tua repreensão, ó Senhor, com o forte sopro das tuas narinas.*

16 *Das alturas estendeu a mão e me segurou; tirou-me das águas profundas.*

17 *Livrou-me do meu inimigo poderoso, dos meus adversários, fortes demais para mim.*

18 *Eles me atacaram no dia da minha desgraça, mas o Senhor foi o meu amparo.*

19 Ele me deu total libertação; [33]livrou-me porque me quer bem.

20 O Senhor me tratou conforme a minha justiça; conforme a pureza das minhas mãos recompensou-me.

21 Pois segui os caminhos do Senhor; não agi como ímpio, afastando-me do meu Deus.

22 Todas as suas ordenanças estão diante de mim; não me desviei dos seus decretos.

23 Tenho sido irrepreensível para com ele e guardei-me de praticar o mal.

24 O Senhor me recompensou conforme a minha justiça, conforme a pureza das minhas mãos diante dos seus olhos.

25 Ao fiel te revelas fiel, ao irrepreensível te revelas irrepreensível,

26 ao puro te revelas puro, mas com o perverso reages à altura.

27 Salvas os que são humildes, mas humilhas os de olhos altivos.

28 Tu, Senhor, manténs acesa a minha lâmpada; o meu Deus transforma em luz as minhas trevas.

29 Com o teu auxílio posso atacar uma tropa; com o meu Deus posso transpor muralhas.

30 Este é o Deus cujo caminho é perfeito; a palavra do Senhor é comprovadamente genuína. Ele é um escudo para todos os que nele se refugiam.

31 Pois quem é Deus além do Senhor? E quem é rocha senão o nosso Deus?

32 Ele é o Deus que me reveste de força e torna perfeito o meu caminho.

33 Torna os meus pés ágeis como os da corça, sustenta-me firme nas alturas.

34 Ele treina as minhas mãos para a batalha e os meus braços para vergar um arco de bronze.

35 Tu me dás o teu escudo de vitória; tua mão direita me sustém; desces ao meu encontro para exaltar-me.

36 Deixaste livre o meu caminho, para que não se torçam os meus tornozelos.

37 Persegui os meus inimigos e os alcancei; e não voltei enquanto não foram destruídos.

38 Massacrei-os, e não puderam levantar-se; jazem debaixo dos meus pés.

39 Deste-me força para o combate; subjugaste os que se rebelaram contra mim.

40 Puseste os meus inimigos em fuga e exterminei os que me odiavam.

41 Gritaram por socorro, mas não houve quem os salvasse; clamaram ao Senhor, mas ele não respondeu.

42 Eu os reduzi a pó, pó que o vento leva. Pisei-os como à lama das ruas.

43 Tu me livraste de um povo em revolta; fizeste-me o cabeça de nações; um povo que não conheci sujeita-se a mim.

44 Assim que me ouvem, me obedecem; são estrangeiros que se submetem a mim.

Mantras das Escolas de Mistérios e algumas tradições do Ocidente | 265

45 Todos eles perderam a coragem; tremendo, saem das suas fortalezas.

46 O Senhor vive! Bendita seja a minha Rocha! Exaltado seja Deus, o meu Salvador!

47 Este é o Deus que em meu favor executa vingança, que a mim sujeita nações.

48 Tu me livraste dos meus inimigos; sim, fizeste-me triunfar sobre os meus agressores, e de homens violentos me libertaste.

49 Por isso eu te louvarei entre as nações, ó Senhor; cantarei louvores ao teu nome.

50 Ele dá grandes vitórias ao seu rei; é bondoso com o seu ungido, com Davi e os
seus descendentes para sempre.

Observação: Antes de entoar o Salmo 18 queimar um pouco de incenso de mirra; acender uma vela verde, que poderá ser apagada após a leitura do Salmo e acesa quando o mesmo for entoado novamente, em outra ocasião (sugere-se, para mais eficácia, que esta prática seja feita ao longo de sete dias seguidos, sempre no mesmo horário, se iniciando a mesma em uma Quinta-Feira).

Fechar os olhos por alguns momentos, tomar algumas profundas inspirações e expirações e depois adotando um ritmo respiratório natural e relaxado visualizar, ainda de olhos fechados, o Arcanjo Raphael atrás de ti, segurando uma grande taça dourada, da qual o mesmo derramará sobre teu ser um bálsamo líquido curativo, na cor verde, que preencherá teu corpo a partir da cabeça, descendo esse bálsamo até teus pés e promovendo a cura, o alívio, o restabelecimento e a regeneração da tua saúde em nível físico, mental, emocional e espiritual. Uma vez fortalecida mentalmente a imagem do Arcanjo Raphael, abrir os olhos lentamente e entoar o Salmo 18 visando não apenas à cura pessoal, bem como à Bênção da Saúde dirigida a todos os seres existentes nos Universos visíveis e invisíveis, manifestados e imanifestados.

Arcanjo Uriel – Paz

Salmo 147

1 Aleluia!
Como é bom cantar louvores ao nosso Deus! Como é agradável e próprio louvá-lo!

2 O Senhor edifica Jerusalém; Ele reúne os exilados de Israel.

3 Só Ele cura os de coração quebrantado e cuida das suas feridas.

4 Ele determina o número de estrelas e chama cada uma pelo nome.

5 Grande é o nosso Soberano e tremendo é o seu poder; é impossível medir o seu
entendimento.

6 O Senhor sustém o oprimido, mas lança por terra o ímpio.

7   Cantem ao Senhor com ações de graças; ao som da harpa façam música para o nosso Deus.

8   Ele cobre o céu de nuvens, concede chuvas à terra e faz crescer a relva nas colinas.

9   Ele dá alimento aos animais, e aos filhotes dos corvos quando gritam de fome.

10 Não é a força do cavalo que lhe dá satisfação, nem é a agilidade do homem que lhe agrada;

11 O Senhor se agrada dos que o temem, dos que depositam sua esperança no seu amor leal.

12 Exalte o Senhor, ó Jerusalém! Louve o seu Deus, ó Sião,

13 Pois Ele reforçou as trancas de suas portas e abençoou o seu povo, que lá habita.

14 É Ele que mantém as suas fronteiras em segurança e que a supre do melhor do trigo.

15 Ele envia sua ordem à terra, e sua palavra corre veloz.

16 Faz cair a neve como lã, e espalha a geada como cinza.

17 Faz cair o gelo como se fosse pedra. Quem pode suportar o seu frio?

18 Ele envia a sua palavra, e o gelo derrete; envia o seu sopro, e as águas tornam a correr.

19 Ele revela a sua palavra a Jacó, os seus decretos e ordenanças a Israel.

20 Ele não fez isso a nenhuma outra nação; todas as outras desconhecem as suas ordenanças. Aleluia!

Observação: Antes de entoar o Salmo 147 queimar um pouco de incenso de mirra; acender uma vela vermelha, que poderá ser apagada após a leitura do Salmo e acesa quando o mesmo for entoado novamente, em outra ocasião (sugere-se, para maior eficácia, que esta prática seja feita ao longo de sete dias seguidos, sempre no mesmo horário, se iniciando a mesma em uma Sexta-Feira).

Fechar os olhos por alguns momentos, tomar algumas profundas inspirações e expirações e depois adotando um ritmo respiratório natural e relaxado visualizar, ainda de olhos fechados, o Arcanjo Uriel atrás de ti, segurando a Pomba do Espírito Santo, que o mesmo solta para que ela voe até ti e abra suas asas exatamente sobre tua cabeça, que começa a ser iluminada por Nove Raios dourados partindo da Sagrada Ave e incidindo diretamente sobre teu ser. Cada Raio lhe alimenta com um dos Nove Dons do Espírito Santo, a saber: *1.Espírito da Sabedoria; 2.Espírito da Compreensão 3.Espírito da Fé; 4.Espírito de Curar; 5.Espírito de Milagres; 6.Espírito de Boas-Novas; 7.Espírito de Discernimento de espíritos; 8.Espírito de falar em línguas; 9.Espírito de interpretar línguas.* A simples visualização dessas imagens traz Paz, Equilíbrio e Harmonia, como nunca experimentados. Todo aquele que visualiza essas formas e quer Paz em sua vida a terá, desde que também se torne e constitua Paz e Bênçãos, para todas as pessoas ao seu redor. Uma vez fortalecida mentalmente a imagem do Arcanjo Uriel, abrir os olhos lentamente e entoar o Salmo 147 visando à Paz Universal.

Arcanjo Ezequiel – Transmutação/Alquimia

Salmo 71

1. *Javé, eu me abrigo em Ti: que eu nunca fique envergonhado!*
2. *Salva-me, por tua justiça! Liberta-me! Inclina depressa o teu ouvido para mim!*
3. *Sê Tu a minha rocha de refúgio, a fortaleza onde eu me salve, pois o meu rochedo e fortaleza és Tu!*
4. *Meu Deus, liberta-me da mão do injusto, do punho do criminoso e do violento;*
5. *pois Tu, Senhor, és a minha esperança e a minha confiança, desde a minha juventude.*
6. *Já no ventre materno eu me apoiava em Ti, e no seio materno Tu me sustentavas. Eu sempre confiei em Ti.*
7. *Muitos olhavam para mim como para um prodígio, porque eras Tu o meu abrigo seguro.*
8. *A minha boca está cheia do teu louvor e do teu esplendor o dia todo.*
9. *Não me rejeites agora que estou na velhice, não me abandones quando me faltam as forças;*
10. *porque os meus inimigos falam de mim, juntos planeiam os que espreitam a minha vida:*
11. *Deus abandonou-o. Podeis persegui-lo e agarrá-lo, que ninguém o salvará!*
12. *Ó Deus, não fiques longe de mim! meu Deus, vem depressa socorrer-me.*
13. *Fiquem envergonhados e arruinados aqueles que perseguem a minha vida. Fiquem cobertos de ultraje e desonra os que buscam o mal contra mim.*
14. *Quanto a mim, fico à espera, continuando o teu louvor.*
15. *A minha boca vai contar a tua justiça, e o dia todo a tua salvação.*
16. *Contarei as tuas proezas, Senhor Javé, vou narrar a tua vitória, toda tua!*
17. *Ó Deus, Tu me instruíste desde a minha juventude, e até hoje eu anuncio as tuas maravilhas.*
18. *Agora que estou velho e de cabelos brancos, não me abandones, ó Deus, até que eu descreva o teu braço à geração futura,*

19. as tuas proezas e as tuas sublimes vitórias, as façanhas que realizaste. Ó Deus, quem é igual a Ti?

20. Tu me fizeste passar por angústias profundas e numerosas. Agora voltarás para me dar a vida, e far-me-ás subir da terra profunda.

21. Aumentarás a minha grandeza, e de novo me consolarás.

22. Quanto a mim, vou celebrar-Te com a harpa, pela tua fidelidade, meu Deus! Vou tocar cítara em tua honra, ó Santo de Israel.

23. Os meus lábios Te aclamarão, e também a minha alma, que resgataste.

24. A minha língua repetirá o dia inteiro a tua justiça, pois ficaram envergonhados e confundidos aqueles que buscavam o mal contra mim!

Fechar os olhos por alguns momentos, tomar algumas profundas inspirações e expirações e depois adotando um ritmo respiratório natural e relaxado visualizar, ainda de olhos fechados, o Arcanjo Ezequiel atrás de ti segurando uma ânfora, contendo um líquido violeta, que quando começa a ser entornado, se converte em uma espécie de chama líquida, que vai adentrando em cada átomo do teu corpo físico promovendo a transmutação dos mesmos, bem como do chumbo, representado por teu ego, o convertendo no Ouro da Essência Permanentemente Divina, que Habita em ti. Sente essa Transmutação se operando em todos os níveis do teu ser e liberta-te de tudo aquilo que, uma vez retido em teu interior, também não te deixará ser livre, jovial, próspero e pleno, em todos os sentidos. Uma vez fortalecida mentalmente a imagem do Arcanjo Ezequiel, abrir os olhos lentamente e entoar o Salmo 71 visando à transmutação definitiva, de tudo que nos impede de sermos felizes.

Runas – Sob as bênçãos de Odin

Ninguém sabe ao certo quando as Runas, signos alfabéticos usados pelos antigos povos da Europa, principalmente os germanos e os nórdicos, surgiram. Muitos dizem que foi no Séc. II d.C., às margens do Mar Negro, de onde teriam se expandido para todo o Continente Europeu; outros dizem que teriam nascido no século 300 d.C. Ambas teorias não se sustentam, pois sabe-se que já haviam sido encontradas inscrições rúnicas bem mais antigas do que esses períodos citados.

Mais próxima do aceitável, é a teoria do surgimento por volta do século IV a.C. levando em conta elmos, pertencentes aos etruscos, que foram encontrados relacionados a essa época e que continham inscrições semelhantes às Runas gravadas nos mesmos. A escrita dos etruscos, que viviam no Norte da Itália, pode muito bem ter sido adaptada, posteriormente, por várias tribos teutônicas e migrado muito além do Mar do Norte.

Também não podemos descartar, como uma antiga origem, as escritas rupestres encontradas em vários sítios da Europa e que datam de 1300-800 a.C., se reparando em meio a elas, não apenas alguns caracteres muito similares às Runas, bem como símbolos que, depois, seriam associados a alguns dos deuses da Mitologia Nórdica.

A palavra Runa significa *alfabeto* mas, também, pode significar *sussurro*. O significado associado ao termo sussurro se justifica, pois desde os tempos antigos, até hoje se sabe que muitas outras coisas podem ser feitas com as Runas além da escrita como, por exemplo: talismãs, adivinhação, não sendo raro o uso das Runas em diversos tipos de cerimoniais mágicos associados aos antigos costumes primordiais do Continente Europeu, com seu vasto panteão de divindades, planos existenciais e um tênue fio a separar o mundo visível, dos mortais, do mundo invisível relativo aos Deuses e uma infinidade de seres. O conhecimento secreto da utilização mágica e oracular das Runas, até os dias atuais, é quase que totalmente passado de forma velada e transmitido de boca a ouvido, o que nos remete ao hábito de *sussurrar* quando tratamos de temas hieráticos e misteriosos.

Sempre que utilizamos as Runas, em suas diversas aplicabilidades, invocamos o nome e a proteção do Deus Odin, Deus de todos os Deuses Nórdicos, por ter sido ele que através do sacrifício de ter ficado suspenso e autocravado por sua lança, na Árvore do Mundo, *Yggdrasil*, durante nove dias e nove noites, número associado à Iniciação, obteve a Sabedoria dos Mistérios Rúnicos e os legou aos demais Deuses e à Humanidade.

Runas

- Mannaz – A Runa do Eu
  Afirmação: "Meu Eu se encontra no Agora, no presente momento, bem como minha Felicidade. Todo restante é ilusão. Se não gosto do que vejo e recebo da vida, no presente, preciso simplesmente alterar o que meu Eu está emanando".
  Mantra: Maaaaaaaaanaaaaaaazzzzz...

- Gebo – A Runa da Associação
  Afirmação: "A verdadeira União só pode existir quando, mesmo estando unidas, as pessoas mantém sua Individualidade".
  Mantra: Geeeeeeebooooooooo...

- Anzus – A Runa da Expressão
Afirmação: "Penso, expresso e manifesto unicamente o que colabora com a Evolução do Todo. Caso contrário, meu Silêncio é a Oração que ofereço para abençoar a todos".
Mantra: Annnnnzussss...

- Othila – A Runa da Herança
Afirmação: "A Herança que recebi foi a Felicidade e a que eu lego, a todos os que cruzam minha vida, é a Consciência de que todos já são Iluminados: todos já são plenamente Felizes, quando decidem parar de viver o que foi e se preocupar com o que virá. Ser Feliz agora, é o Legado que passo a humanidade".
Mantra: Ooooooooociiiiiiiiiilaaaaaaaaaaaa...

- Uruz – A Runa da Mudança
Afirmação: "Mesmo não sabendo o resultado das mudanças, que realizo de tempos em tempos em minha vida, me entrego à dança do Universo e sempre confio".
Mantra: Uuuuuuuurrrrrwwwzzzzzz

- Perth – A Runa da Iniciação
Afirmação: "A Iniciação, em qualquer Tradição séria e respeitável, é uma oportunidade que dou a mim mesmo, de adquirir consciência a respeito de quem Eu Sou, de onde vim e para onde vou".
Mantra: Peeeeeeerrrrttthhhhhh

- Nautthiz – A Runa do Sacrifício
Afirmação: "Meu Sacro Ofício (Trabalho Sagrado) é a prática auspiciosa do Autoconhecimento, sem o qual não existe Felicidade".
Mantra: Noooooootttttnaaaauuuthizzz

- Inguz – A Runa da Liberdade
Afirmação: "Em primeiro lugar preciso Ser livre de mim mesmo, do meu falso eu e buscar em meu interior à Libertação que nenhuma estrutura, nada, nem ninguém pode me oferecer, em nível externo".
Mantra: Iiiiiiiiiiiinnnnnnnnguuuuuuuuuzzzzzzz...

- Eihwaz – A Runa da Resistência
Afirmação: "A verdadeira resistência não é o confronto contra as adversidades, pois para sempre persiste, aquilo que a gente resiste. Ao invés de aumentar o tempo de resistência do que não gosto, por resistência a isso, procuro usar essa força para sustentar, positivamente, a ideia que representa o oposto do

que não quero para mim e naturalmente vejo a adversidade desaparecendo da minha vida".

Mantra: Eeeeeeeiiiiiwaaaaaaaazzz...

- Algiz – A Runa da Proteção
Afirmação: "Minha maior Proteção é saber que Sou uma Essência Infinita, Perfeita, Imortal e Incorruptível, que não pode sofrer qualquer ataque. Não apenas tendo, mas Sendo essa Consciência, até mesmo a morte passa a ser uma ameaça vazia".
Mantra: Aaaaalllllgizzzz

- Fehu – A Runa da Prosperidade
Afirmação: "Minha Prosperidade não se baseia em posses. Ela está alicerçada no trabalho realizado de maneira competente e com Amor e na utilização prática dos meus Talentos pessoais, esses sim, meu maior tesouro".
Mantra: Feeeehuuuuu

- Wunjo – A Runa da Alegria
Afirmação: "Ainda que minha Alegria não dependa de fatores externos, nem de ninguém, empresto suas cores ao mundo exterior e a compartilho com todos os seres, ficando ainda mais alegre por fazer isso".
Mantra: Wuuuuuuuuuuujoooooooo...

- Gera – A Runa da Colheita
Afirmação: "Tenho plena consciência de que o plantio é facultativo, mas a colheita, mesmo do que não plantamos, é obrigatória, uma vez que a não ação também é uma forma de ação. Planto em minha mente as sementes dos bons pensamentos, que florescem como boas palavras e boas ações, constituindo as mesmas um lindo jardim, onde abundam as rosas da cortesia e os frutos da inspiração para todos".
Mantra: Geeeeeeeraaaaa...

- Kano – A Runa do Fogo
Afirmação: "Em meio ao fogo escolho ser a Chama que transmuta; o Calor que conforta e a Luz que inspira. Meu Ser é tanto a forja, que tempera o mais duro aço da minha espada, que uso no Bom combate; quando o atanor, forno alquímico, onde se produz a Pedra Filosofal, com a qual transmuto o chumbo do meu ego, no Ouro, da minha Essência".
Mantra: Kaaaaaaaaaannnnnnoooooooommmmm...

- Tiwaz – A Runa do Guerreiro
  Afirmação: "Existe uma constante guerra a ser travada dentro de mim mesmo. Não tenho inimigos, contendas ou opositores externos, a não ser que tema enfrentar a mim mesmo, uma vez que aqueles que me confrontam nada mais são do que a imagem que vejo, sempre que me olho no espelho. Venço a mim mesmo e teria vergonha de derrotar alguém que não fosse meu falso eu".
  Mantra: Tiiiiiiiiiiwwwazzzzz
- Berkana – A Runa do Nascimento
  Afirmação: "Morro todas as noites ao fechar os olhos e sou como um recém-nascido, a cada dia que se inicia. Agradeço a dádiva de, sempre, poder começar tudo de novo, a cada aurora".
  Mantra: Beeeeeeeeeerrrrrkaaaaanaaaaa...
- Ehwaz – A Runa da Lealdade
  Afirmação: "Ser honrado, ter palavra e agir com caráter são maneiras de presentear a mim mesmo, que fazem com que eu viva dignamente minha atual encarnação".
  Mantra: Eeeeeeehhhhhwwwazzzz
- Laguz – A Runa da Intuição
  Afirmação: "Minha Intuição não é um dom e sim a forma natural, que me utilizo para me comunicar com o Universo, compreender e agir de acordo com seus sinais".
  Mantra: Lááááááguuuuuzzzz...
- Hagalaz – A Runa do Limite
  Afirmação: "Tudo tem um limite e quando o mesmo chega ao fim, não romper com as velhas estruturas, com os velhos hábitos e com as velhas crenças, só faz aumentar a dor. Sempre reconheço meus limites e muito antes de uma situação atingir seu ponto insustentável dou adeus a tudo o que me limita e vivo o alívio da libertação, em minha nova condição de vida, tombadas as velhas estruturas".
  Mantra: Haaaaaaagaaaaalaaaazzzz...
- Raidho – A Runa da Viagem
  Afirmação: "Quando olho para o meu interior começa uma viagem, uma peregrinação em mim mesmo, cujo destino final é a Felicidade".
  Mantra: Raaaaaiiiidhoooo

Mantras das Escolas de Mistérios e algumas tradições do Ocidente | 273

- Thurisaz – A Runa do Portal
Afirmação: "Estou sempre em meio a um Rito de Passagem. Então, o que me compete e realizá-lo com maturidade, em substituição do medo e com Fé, em substituição da ansiedade. O Portal é sempre o mesmo e um só. O que nos torna diferentes, mais ou menos felizes; mais ou menos realizados, é a maneira como decidimos encarar e atravessar o Portal".
Mantra: Thuuuuuuriiiiisaaaazzzz

- Dagaz – A Runa da Profundidade
Afirmação: "Quando minha vida necessita uma mudança radical, não espero que alguém me diga, ou me mostre isso. Mantenho sempre uma serena expectativa, o que faz com que eu me surpreenda sempre com a vida, mas nunca seja surpreendido, de maneira desagradável, por falta de visão e bom-senso".
Mantra: Daaaaaaagaaaaazzz...

- Isa – A Runa do Gelo
Afirmação: "Agradeço a dádiva dos períodos de imobilidade, em que nada acontece, aparentemente, aproveitando para rever conceitos, metodologias, estratégias, metas e objetivos, enquanto a primavera da minha vida não chega novamente. Um momento de parada só é desprezado, com impaciência, por aqueles que desconhecem o trabalho infinito, que poderiam estar fazendo dentro de si mesmos".
Mantra: Iiiiiiiiiiiisaaaa

- Sowilo – A Runa do Sol
Afirmação: "Eu vim da Luz; Sou Luz e a Luz retornarei ainda que, em verdade, Ela esteja dentro de mim e que eu nunca, Essencialmente, poderia deixar de Ser Luz, minha Real Natureza".
Mantra: Soooooooowiiiiiiiiiillllll...

Fazer as afirmações várias vezes ao dia, podendo anotá-las e carregá-las consigo, para serem reforçadas sempre que for preciso. Uma prática muito auspiciosa é ter um jogo de Runas e sacar uma, ao acaso, quando o dia começa. Deve-se refletir sobre o significado da Runa escolhida, realizar sua afirmação ao longo do dia e o Mantra, que pode ser feito em casa, se entoando o mesmo de cinco, a sete vezes após a afirmação.

Koan

Se o Ser é completo, o que pode completar o todo?

O que falta para você ser você?

Também é sabido que experiências vão e vêm. Descubra a quem elas vão e vêm. Onde é sua casa? Qual o seu verdadeiro lar?

Capítulo 18

Mantras de Escolas Rosa-Crucianas, Gnósticas e Egípcias

Na busca do Si Mesmo transpessoal, peregrinei na adolescência por várias escolas místicas rosa-crucianas, gnósticas e egípcias tanto nas Américas quanto na Europa. Ordens conhecidas e tradicionais, como a Antiga e Mística Ordem Rosas-Crucis (AMORC a qual hoje pertenço há 32 anos) e algumas secretas. Essas escolas de mistérios, como não poderia deixar de ser, utilizam-se das práticas mântricas nos graus mais adiantados de seus ensinamentos e iniciações. Elas estudam o chamado "verbo divino", que, segundo o conhecimento oculto, foi utilizado na criação do universo. Esse verbo é conhecido de diversas formas entre alguns povos, como:

- para os egípcios: *palavra de Ptah;*
- para os arameus: *palavra de Marduk;*
- para os gregos: *logos;*
- para os nórdicos: *o sopro de Odin;*
- para os ocidentais: *luz ou fiat lux;*
- para os hebreus: *menra.*

Boa parte dos "segredos" das palavras perdidas foi preservada pelos místicos hindus, cabalísticos, sufis e ordens ocultistas. Isso ocorreu para proteção das mesmas dos "inquisitores" oficiais. Um exemplo é a sagrada palavra "mágica" *mathrem,* cuja origem milenar se perpetuou no *sânscrito* e no *avéstico* – língua usada por Zoroastro para escrever *Avesta,* texto sagrado da religião chamada zoroastrismo. Zoroastro e seus seguidores tinham conhecimento da força dos mantras e das palavras perdidas, assim também os que escreveram os *Tantras,* o *Bhagavad Gita* e partes da *Bíblia,* o *Tripitaka* e tantos outros textos sagrados.

276 | *Mantra – O espírito do som e o poder do verbo*

Sobre a palavra *mathrem* não posso dar maiores informações por ter esse compromisso com a Rosa-Cruz (Amorc), na qual é guardada em sigilo em seus graus mais adiantados. Os sons que estudaremos a seguir se originam dessa palavra.

Sons vocálicos místicos

- **Rá** - Entoa-se **rrrrrrraaaaaaa**... Atua ampliando a paranormalidade e a consciência do ser. É associado ao Sol e à energia masculina.
- **Ma** - Entoa-se **mmmmmaaaaaassssssss**... É um som presente em várias tradições, associado à Lua e à energia feminina. Atua no relaxamento.
- **Mar** - Atua positivamente em todo o corpo, principalmente no sistema glandular. Entoa-se **mmmmaaaarrrrrrrr**...
- **Eh** - É um dos sons curativos utilizados pelos maiores ocultistas europeus. Entoa-se **éééééééééééééééhhhhh**
- **Meh** - É o som que purifica todo o nosso corpo e auxilia a obter melhor condição emocional. Entoa-se **mmmméééééééé**...
- **Er** - Atua nos chakras do corpo, que alguns ocultistas preferem chamar de sistema glandular. Sinto que o uso do termo é válido, pois esse mantra confere uma percepção mais material desses centros de energia. Entoa-se **ééérrrrrr**...
- **Em** - É o som ideal para a manutenção da saúde psíquica e fornece maior **energia** para todo o corpo. Entoa-se **eeeemmmmmmmmm**...
- **Tha** - É o som que estimula maior contato com nossos corpos sutis (emoção e sensibilidade). Entoa-se **Thaaaaaa**...

Observações:

1. O ideal é vocalizar os sons durante a expiração, repetindo-os no mínimo sete vezes.
2. A palavra *mathrem* é a combinação desses sons.

O som Om é também muito utilizado pelos rosa-crucianos e ocultistas, que o consideram uma sílaba sagrada, a unidade de Deus/Deusa e a expressão da onipresença, onipotência e onisciência.

As escolas rosa-crucianas ainda ensinam sobre a influência psíquica dos sons místicos como segue a seguir.

Som	Atuação
Om	Pineal
Ra	Pituitária
Ma	Pituitária
Tho	Tireoide
Mar	Gônadas
Ehr	Físico como um todo
Khei	Suprarrenais
Meh	*Hará*, energia vital que fica na região do umbigo
Ehm	Timo
Tha	Todo o corpo psíquico

Mantras gnósticos

Várias são as escolas místicas conhecidas como gnósticas. Os mantras a seguir constituem uma codificação de algumas delas:

- Usado para o *maithuna* (ato sexual sagrado); esse mantra, segundo escolas gnósticas, estimula o prazer sexual: **Dis – diiissssss... Das – daaaaassss... Dos – doooosssss...**
- Para estimular a clariaudiência (ouvir sons): **En – eeeeeeeennnnnnn...**
- Aumento da intuição: **Om – ooooonnnnn...** ou **Chos – choooooossss...**
- Aquietamento: **Om nis jaum intimo.**
- Estimula a capacidade telepática: **Chus – chuuuuussss...**
- Estimula a recordação de vidas pretéritas: **Chas – chassssss...**
- Estimula a *kundalinî*, fazendo-a subir pela coluna enquanto se visualiza a luz laranja percorrendo esse trajeto: **Thorn – toooooooorrrrrrrrnnnnnnn...**
- Som para meditação durante o ato sexual sagrado: **I.a.o. – iiiiiiii- áááááááoooooo...**
- Distribui a energia sexual para todo o corpo: **S – sssssssssss...** (Entoado com os lábios juntos, como um silvo).
- Para facilitar a saída do corpo (projeção astral): **Faraon – Faaaaaraaaaaon- nnnnnnnn...**

Mantras Egípcios

Esses sons sagrados fazem parte das antigas tradições egípcias, a escola de *Ptah Otep* e a sabedoria da *Ferish*, baseadas nas origens da *kabbalah* judaica e no *Cabaion*, texto de Hermes Trimegisto, o três vezes grande. Essa sabedoria, que por muito tempo foi considerada secreta, é hoje conhecida como *Kabash* e divulgada no Ocidente por escolas místicas e principalmente pelo mestre Rolland.

Mantras Dabraká – Práticas de força e poder

- Contato com a natureza individual:
  Abitoj – aaaabiiiiiiitoooooojjjjj...

Pratique sentado em silêncio.

- Estimula a tolerância e a plenitude:
  Azu Birí – aaaazuuuubiiiiiiiríííií...

Pratique em pé com uma vela acesa atrás de seu corpo, para que possa observar a própria sombra.

- Contato com forças sutis e intuir sobre nossa missão nesta vida:
  Iamud Anunim – iiiiaaamuuuudddd aaaanuuuniiiinnnnn...

Pratique com uma vela acesa à sua frente.

- Estimula *tzadik* – o anjo da justiça:
  Mishelei Atzadik – miiiisheeeeleeeeiiii aaatzzzdiiiiiikkk...
  Esse mantra pode ser praticado enquanto se observa a chama de uma vela, que inspirará o praticante a entrar em contato com a luz da justiça.

- Administrar o stress:
  Ummmmm Shet – muuuuu sheeeeee ttttttt...

Durante a prática os braços devem ficar unidos no peito em forma de X.

- Para auxiliar a eliminação de traumas passados:
  Mishalá – miiiii shaaaaaa laaaaaa...

A prática deve ser à noite, com o olhar dirigido a uma vela.

- Obtenção bons auspícios (bênçãos) na gravidez:
  Abturá – aaaaabbbbtuuuuuraaaaa...

A gestante o pratica com as mãos sobrepostas na barriga.

- Lida-se de forma consciente com nossa irmã, a morte corporal:
  Ajmu Amet – aaaaaajjjjjmuuuu aaaameeeettttt...
  Deve-se praticar esse mantra em pé ou sentado, com os olhos fixos na chama da vela.

- Facilita a interpretação de sonhos:
  Shumajet Ati – shuuuuumaaaajeeeeettttt aaaaatiiiii...
  Pratica-se sentado enquanto se observa a chama de uma vela, para recordar as imagens do sonho.

- Mantra máximo dessa tradição auspiciosa que nos traz sentimentos de paz emocional:

Baraká – baaaaa raaaaaa kaaaaa...
Para entoar esse mantra coloque-se de frente para o sol e com as mãos cruzadas sobre o peito.

Mantras Diversos

Tradições Xamânicas e Indígenas

Os xamãs sacerdotes de diversas tradições tribais utilizam-se da voz como instrumento musical na prática de canções e mantras. Esses sons, utilizados para cura, exorcismos e experiências transpessoais, são a eles transmitidos por espíritos, guias e seres espirituais, quando estão normalmente em transe. Os xamãs norte-americanos utilizam o som **Ah Hey Ya** como um som de poder e meditação. Quando ele é entoado por um guerreiro tribal sua força é sentida na alma.

Um xamã conhecido como Joseph Rael "Bela Flecha Pintada", da tradição ute-tewa, atribui os seguintes significados às palavras utilizadas nos sons xamânicos:

- **Ah** – purificação
- **Aye (E)** – consciência
- **Eee** – clareza de visão
- **Oh** – curiosidade pela aventura
- **Ooo (U)** – força

No xamanismo brasileiro, conhecido também como catimbó, encontramos sons que, se utilizados nas matas ou na natureza, permitem experiências meditativas muito fortes.

Nas formações de Reiki Xamânico (Má'He'o, Apache e Amadeus) que ministro, tanto nas matas como até mesmo na cidade grande, é comum os alunos entrarem em contato com um animal de poder, guias, antepassados e incorporação de espíritos indígenas, inclusive por pessoas que jamais haviam manifestado mediunidade.

Ao entoar esses mantras xamânicos, queime incenso de qualidade se praticar longe da natureza.

Para despertar o xamã interior de cura:
Abacaem – Aaaaaaaaabaaaaaaacaaaaaeeeeemmmmm
(se possível visualize um pajé, ou xamã).

Para despertar o guerreiro:

Jauarana – Jaaaaaauuuuuaaaaraaaaanaaaa.

Para entrar em contato com a Deusa Mãe, a mãe da terra e criadora do planeta:
Cunhantam – Cuuuuunhannnntannnn
(sinta o contato com a energia abaixo de seus pés).

Para entrar em contato com Deus Pai, o criador:
Tupan – Tuuuuuupaaaaaannnn (perceba toda a energia a sua volta).

Para entrar em contato com o filho/filha da eternidade:
Toré – Toooooooréééééé
(sinta-se abençoado como o filho/filha do universo).

Para entrar em contato com as forças da floresta, do sol, da lua,
de árvores, flores, rios, montanhas, etc.:
Samany y Yaracy
Yacy a Acauan
Jurema-ca-á-yari

Mantra que nos dá força para conduzir a vida e ser autêntico:
Tonapa – Toooooooooonaaaaaaaapaaaaaaaaa.

Mantra da alma, que nos torna verdadeiros:
Anga – Aaaaaannnngaaaaa.

Para entrar em contato com a aldeia das almas,
o mundo invisível de nossos ancestrais:
Tabanga – Taaaaabaaaaangaaaaa.

Mantra de cura que se utiliza da energia das florestas do poder
da planta sagrada Jurema e da divindade do mesmo nome.
Jurema – Juuuuuuuureeeeeeemaaaaaaaaa.

Mantras de chamamento dos animais
de poder Puma, jaguar ou onça pintada (força):
Yawara – Yyyyyyaaaaawaaaraaa.

Anaconda ou cobra (segurança, flexibilidade):
Jiboia – Jiiiiiboooooiiiiiiiiiaaaaa.

Peixe (agressividade quando necessário):
Pirain – Piiiiiiraaaaaaiiiiiinnnnnn.

Cachorro selvagem (liberdade):
Guaraxain – Guaaaaraaaaaxaaaaaiiiiinnnnnn.

Mantra da egrégora dos pajés, animais de poder,
Deus/Deusa, florestas, matas, sol, lua, etc.: **Katimbó.**

Pratique-o andando no lugar, batendo levemente os pés no chão e repetindo:
Katimbó, Katimbó, Katimbó, Katimbó, Katimbó...

Atenção:

Os médiuns de incorporação de escolas ligadas à natureza como umbanda, catimbó e candomblé podem passar por incorporações de seres da natureza durante a prática mântrica.

Canto gregoriano

Uma missa em latim com orações e cantos gregorianos é uma viagem de paz e harmonia.

Santo Agostinho definia os hinos cristãos como "louvores a Deus através do cântico". Liturgias como *Kyrie Eleison* ("Senhor, Tende Piedade"), *Laudamus Te* ("Te Adoramos"), *En Eno Christus* ("O Cristo em Mim") *Dona Nobis Pacem* ("Dai-nos Paz") e *Ave Maria* despertam o coração daqueles que se identificam com essa forma de oração (algumas pessoas não se sentem felizes com missas gregorianas). Sinta o efeito das mesmas em você.

Sufismo

O sufismo é um ramo místico e meditativo do Oriente. Suas práticas incluem sons e danças sagradas.

Na obra intitulada *Livro Sufi de Cura*, Shaykh Moinuddin nos escreve que em suas práticas utiliza-se das vogais "**A**", "**I**" e "**U**", todas emitidas com um som longo.

Também nos ensina Shaykh Moinuddin que o nome **Allah**, com o alongamento do som da vogal, ativa o coração.

Há outros mantras muito utilizados pelos sufis, como:

- **Hu** – traduzido como "Ele", "Deus".
- **Hu E-Haiy** – Deus vive ou é luz.
- **Mahabud Lillah** – Deus é o receptáculo de amor.

Mantra sikh

O sikhismo é uma religião muito popular na Índia, que prega como qualidade maior para seus praticantes a coragem.

- **Mantra: Eck Ong Kar Nam Siri Wha Guru**
  Tradução: Deus é um e supremo e seus nomes são vários.

Koan

Em minhas andanças observei que a maior parte das pessoas busca experiências místicas porque podem contar aos outros: Algo milagroso aconteceu... vi portais... tive visões... observei seres da natureza ou astrais.

O que sua mente/ego gostaria ainda de experimentar?

Outro dia, uma amiga, de forma insistente, revelando absoluto fanatismo, me oferecia uma erva para ter visões. Perguntei a ela: O que essa experiência me daria que ainda não tenho?

Ela ficou perplexa com a pergunta e por alguns instantes teve o insight. Ficou absolutamente silenciosa, mas perdeu a chance quando a mente voltou a tagarelar. O que qualquer erva, alimento, droga pode dar ao Silêncio? O que completa o Silêncio?

Capítulo 19

Sadhaná de Mantra e magia tântrica mântrica

Estude novamente as regras gerais no início do livro sobre os dias auspiciosos para prática, os locais sagrados, preparação do ambiente, atitude interior, número de repetições e outras regras da prática. Início:

1. **Asanás (Posturas sentadas)**
   Escolha uma posição que seja confortável, onde você consiga manter a coluna alinhada, sentado sobre os ossos do quadril, ou se for um praticante de Yoga, em *Sidhásana*, *Sukhásana* ou *Padmásana*, com a intenção de respirar plena e profundamente.

2. **Mudrás (Gestos reflexiológicos com as mãos)**
   Pouse as mãos em Pronan mudrá (Anjali), Jñaná mudrá ou algum outro mudrá de sua escolha.

3. **Pranayama (respiração)**
   Respire de forma fluida, tranquila e profunda, fazendo o ar percorrer todo seu tronco expandindo para os lados, para trás, para frente, para cima e para

baixo fazendo-se sentir a abertura nas costas, no abdômen, nas costelas e no peito. O ar entra e sai com suavidade sem provocar ruído.

A respiração deve ser como uma onda, um vai e vem constante de movimentos de inspiração e expiração. Ao respirar dessa forma, você estará exercitando a respiração completa. (Ujjay Pranayama)

Prática de Mantras

Entoe mantras para uma divindade, fazendo assim um exercício de *Bhakti*, de devoção. Os sons abaixo que sugiro como exemplo são poderosos e limpam, purificam as nadis, trazem serenidade à mente, pacificam o coração, as emoções, abrem a visão, conduzem à meditação e pode levá-lo ao *samádhi* através do êxtase divino pelo amor ao seu *Ishta devata* (divindade preferida).

- **Primeira parte:** Kirtan – Mantras cantados

 Om Ganesha, Om Ganesha, Om Ganesha, Om...

 Shivaya namah Om... Shivaya namah Om...

 Shivaya namah Om... Namah shivaya.

 Shiva, Shiva, Shiva, Shiva
 Shivaya namah Om
 Hara, hara, hara, hara
 Namah Shivaya, Om Namah Shivaya

 Om Shiva, preman Shakti
 Om Shiva, preman Shakti

Em todos esses mantras coloque, se desejar, melodias, palmas, ritmos e alegria.

- **Segunda parte:** Bija mantra (som semente) para concentração e limpeza energética dos chakras.

 Concentre-se no Muladhara Chakra e então: mantra Lam
 Concentre-se no Swadhistana Chakra e então: mantra Vam
 Concentre-se no Manipura Chakra e então: mantra Ram
 Concentre-se no Anahata Chakra e então: mantra Yam
 Concentre-se no Vishnudha Chakra e então: mantra Ram
 Concentre-se no Ajña Chakra e então: mantra Om
 Concentre-se no Sahashara Chakra e então: mantra Sham

Mantra de Poder:

- **Om Sri Gam** (8 ou 108 vezes)
- **Om Sri Klim**
- **Om Sri Srim**
- **Om Klim Krom**

Aqueles nesse ponto que conhecem o Yoni Lingam mudrá passe as mãos para o mesmo. Aquele que não conhece esse mudrá permaneça em seu mudrá escolhido anteriormente ou com Shiva Mudrá.

Mantra de Shiva:
Jaya Guru, Shiva Guru, Hare Guru Ram
Jagat Guru, Param Guru, Sat Guru Shyam
Om Ady Guru, Advaita Guru, Ananda Guru Om
Chid Guru, Chid Gana Guru, Chid Maya Guru Om

- **Terceira parte**: Dhyana – Meditação

Aquiete-se e simplesmente observe seus pensamentos. Consulte o capítulo de zazen para uma competente meditação

> *O método de Sakshi Bhav é a abordagem da testemunha. A pessoa observa o jogo da vida como se assistisse a um filme, mas, novamente, não se identifica com ele. Sejam quais forem as situações que o aspirante experimente, sua reação é 'eu não estou envolvido nisto; apenas observo enquanto acontece'. Este método traz introspecção e consciência das ondas mentais. A mente não quer se observada e logo diminuirá suas atividades, mas ela não desiste sem lutar. De muitas maneiras ela vai enganar e persuadir a pessoa a parar de observá-la. Ela é uma força tão poderosa que é capaz de levar a atenção para onde quer que vá, a não ser que seja praticada extrema vigilância. Muitas e muitas vezes ela desviará a atenção de seu foco. Devemos observar isto com paciência e, então, firmemente retornar*

*ao estado de testemunha, tomando cuidado para não brigar com a mente, mas apenas guiá-la suavemente. Com a repetição de **Om sakshi aham** (Sou testemunha de todas as minhas ações) e dissociação contínua destas ações, o ego individual eventualmente desaparece.*

Swami Vishnu Devananda

O mestre tântrico David Frawley ensina uma prática de magia tântrica através da mentalização de objetivos de vida (metas pessoais) e uma prática mântrica de 40 dias ininterruptos chamada de abordagem tântrica dos 40 dias.

A mesma não funciona a todas as pessoas. Isso dependerá de seus merecimentos e arbítrio.

Arrisque realizá-la. Utilize mantras curtos como os da pág. 287.

Abaixo um resumo das instruções de Frowley:

Escreva numa tira de papel o que você está tentando realizar. Dobre o papel e coloque-o num lugar especial pelo tempo que durar a sua disciplina. Ao longo dos quarenta dias seguintes repita o seu mantra durante sessões de dez a trinta minutos, duas vezes por dia, de preferência de manhã e à noite. Se você puder, utilize o mesmo local para a sua prática de mantra ao longo de toda a sua disciplina. Em qualquer ocasião durante esses quarenta dias, você pode apanhar a sua tira de papel para ajudá-lo a se concentrar no seu objetivo, e em seguida coloque-a de volta no seu lugar. Quando o período de quarenta dias estiver completo, acenda uma vela e queime o papel, sentindo que você está oferecendo a idéia que está no papel ao seu próprio eu divino e a Deus. Agora, espere pelos resultados, embora você possa já estar percebendo mudanças nas circunstâncias que constituem o assunto da sua disciplina. Se o seu karma relacionado com o assunto da sua disciplina é particularmente incômodo, pode ser necessário repetir mais de uma vez essa disciplina. Um homem, a quem eu chamarei de Jack, estava determinado a melhorar o seu negócio. Ele empreendeu intensamente uma disciplina de Lakshmi, mas não colheu nenhum resultado perceptível ao completá-la. Sem se deixar desencorajar, ele completou uma segunda disciplina, mas também só obteve muito pouco resultado. Ainda buscando o seu objetivo, ele realizou uma terceira disciplina com um mantra de Lakshmi e as comportas se abriram. Mais tarde, ele me contou que em algum nível ele sabia desde o começo que estava trabalhando através do karma na área de suas finanças. Jack é um exemplo magnífico do espírito e da perseverança necessários para a abordagem de qualquer disciplina. Ele tinha fé no método bem como fé em si mesmo. Ele era diligente, dedicado e não desistia. Em apenas 120 dias, ele completou a tarefa de lidar com o seu karma relacionado às finanças e mudou a sua vida.

David Frawley

Koan – reflita e pratique

O Vedanta deve penetrar teus ossos, nervos, células e as câmaras interiores do teu coração. Eu não acredito em Vedanta da boca para fora. Isto é pura hipocrisia. Até mesmo um pouco de verdadeiro Vedanta prático elevará rapidamente um homem, tornando-o imortal e destemido. Eu acredito em Vedanta prático. Acredito em prática espiritual sólida. Acredito em total ultrapassagem da natureza mundana e mundanidades de todos os tipos. Devemos nos tornar totalmente destemidos. Este é o sinal da vida no Atma. Chega de palavras. Chega de conversa. Chega de discussões, debates ou conversas acaloradas. Chega de estudo. Basta de ficar vagando. Viva no OM. Viva em verdade. Entre no silêncio. Ali está a paz. A paz é silêncio.

Swami Sivananda

Capítulo 20

Zen
O Salto Quântico da não Iluminação para a Iluminação

Não pensar sobre nada é Zen.
Se compreenderes isso, andar, ficar de pé, sentar-se ou deitar-se, tudo o que fizeres será Zen.
Saber que a mente esta vazia é ver o buda.

Bodhidharma

A única diferença entre um buda e uma pessoa comum é que um percebe isso, ao passo que o outro não consegue.

Hui Neng

Nesse capítulo compartilho sobre o Zen, que sinto ser útil a sua prática mântrica, saber que você já É o que busca em sua vida,e o Zen é especial, é direto para isso. Mas o que é o Zen? A vida comum é Zen. O que você está fazendo agora é Zen. O que você pergunta é Zen. O que você é e está vivendo agora é Zen. Zen só não é tentar ser isso ou aquilo, mas de forma assustadoramente simples ser o que você É e fazer o que você faz.

Sentar-se em zazen, é Zen assim, como Buda sentou-se e observar os turbilhões dos pensamentos e quando a mente for percebida, isso é a consciência búdica. Simples e profundo como o haicai abaixo escrito por Mestre Basho, um texto minúsculo e poético que é o exemplo mais indescritível da profundidade e ao mesmo tempo da simplicidade do Zen:

"O velho lago
Uma rã dá um salto. Plop".

O que mestre Basho está querendo dizer?

Que tipo de mensagem ou ensinamento pode estar contido nesse haicai?

A sua mente não faz a menor ideia, mas permita que eu lhe dê uma direção. Visualize o que vou descrever: O velho lago.

Um pequeno lago silencioso, rodeado de pedras, árvores, pássaros e um absoluto silêncio... Até que uma rã dá um salto. O silêncio fica em segundo plano e o ruído, "plop" é notado. Após o "plop", silêncio. O eterno silêncio é novamente percebido.

Isso é Zen: o sapo, o silêncio, o ruído "plop" e novamente o silêncio.

Nada de crenças, debates, filosofias.

Assim, direto, assertivo, curto. Simples assim.

Mostrar o essencial, a sabedoria. Esse é o ensinamento do Zen.

Para o Zen, o que importa é a verdade, o reconhecimento visceral e não opiniões. As origens do Zen? Saber um pouco sobre essa tradição? Por agora saiba que o Zen surgiu na Índia, amadureceu na China e iluminou-se no Japão. Mais que isso seriam palavras e mais palavras, histórias e histórias. Mas se você quiser mais dados desse caminho (ou um não caminho) leia Alan Watts, ou Monja Coen.

Esmague a casca da mente e abra suas asas no céu aberto; destrua a cabana da dualidade e more na enorme mansão da consciência; ignorância – pensamento dualístico – é o grande demônio que obstrui seu caminho. Mate-o agora e liberte-se.

Nyoshul khenpo Rinpoche

Entenda que o Zen ensina a mais completa e absoluta aceitação da vida. Nada é eliminado, negado, negligenciado da totalidade. Zen é o dizer sim para a existência e reconhecer, como disse Keyserling: "ser aquele que diz sim para o pior mal do mundo, pois sei que sou uno com ele".

O Zen foi a jornada final de muitos acadêmicos, filósofos, dos buscadores (ou achadores) que carregam todos os tipos de informações e conhecimentos espirituais em sua mente. Zen é o repouso para os que cansaram do peso de suas bagagens culturais, emocionais, dos seus ciclos de repetições e de todo conhecimento intelectual.

Zen é prático. Sua vivência é no dia a dia. A Presença em ação, a consciência da sua natureza infinita em todas as situações mundanas ou sagradas (até porque a mente é que julga algo ser sagrado ou não). No Zen tudo é Zen. Tudo é universo, tudo é no aqui e no agora que não pode ser medido (investigue isso). Tudo é perceber seu coração, sua própria natureza búdica.

O paraíso é aqui, dizia Mestre Dogen. Isso é a visão não dualista e isso é o ápice da consciência... Zen.

Ao contrário do Zen, as tradições dualistas ensinam que existe além desse mundo, dessa dimensão, um lugar absolutamente feliz onde não há o renascer, nem a morte, dores e perdas. Um local de felicidade com primavera eterna e, através de purificações, ações, orações e santificação, será alcançado por alguns poucos.

As tradições dualistas lhe confortam.

O Zen lhe dá a verdade.

O dualismo é extrovertido, e o Zen introvertido.

As tradições dualistas ensinam que há uma entidade pessoal, que o que somos é um indivíduo separado de todo o universo que nasce e morre infinitamente.

Olhar isso é sofrer, pois tudo que tem um começo tem um fim, inclusive seu corpo/mente, família, planeta, galáxia. É comum o apego a tudo que é transitório, passageiro.

A prática do Zen mostra que a sua natureza búdica é como as ondas que se movimentam por todo o universo.

Quando você se sente separado do "mar", do aqui/agora, isso se chama sofrimento.

Descobrir quem você é, é reconhecer-se como todo o oceano.

Os mestres maiores do Zen andam com um cajado para simbolicamente destruir as ideias da mente/ego de um eu separado e de outras possíveis ilusões. Você é um com o Um.

Certa vez, um discípulo questionou o mestre: "Onde está o buda?" O mestre respondeu: "Muito perto de onde saiu a sua pergunta".

> Devo adorar, portanto, apenas o meu Eu. 'Eu cultuo o meu Eu', diz o advaitista (seguidor da tradicional escola Hindu Advaita Vedanta). 'Diante de quem devo-me curvar? Eu saúdo o meu Eu? A quem devo pedir auxílio? Quem pode me ajudar, a mim, o Ser Infinito do universo?'. Esses são sonhos aloucados, alucinações. Quem ajudou alguém? Ninguém. Onde virdes um homem fraco, um dualista, chorando e gemendo por auxílio vindo de cima dos céus, é porque ele não sabe que os céus também estão nele. Desejai auxílio dos céus, e o auxílio vem. Vemos que vem, mas vem de dentro dele próprio, e ele se engana su- pondo que vem de fora. Às vezes, um doente jaz no leito e pode ouvir que batem à porta. Levanta-se, abre, e vê que ali não há ninguém. Volta ao leito e de novo ouve que batem. Levanta-se

e abre a porta. Ninguém ali está. Por fim, descobre que eram as pancadas de seu próprio coração que lhe pareciam pancadas na porta.

Mestre Vivekananda

Não faça curvas na escalada da montanha para o encontro. Como diz Vivekananda, você já é isso.

Muitos caminhos que trilhei fazem centenas de curvas ao escalar o Himalaia da consciência. O Zen ensina escalar-se diretamente.

Sua prática é vigorosa, busca-se o contato real com a totalidade agora, nesse exato momento. Insisto novamente até isso ficar tatuado em sua alma: O Zen acontece no viver consciente a todo momento. A realidade é aqui e agora. Você já é o Ser perfeito, imutável, o Silêncio sem atributos.

Vários praticantes se iluminaram bebendo chá, almoçando, andando na rua, amando. O que você espera que lhe aconteça?

Sidartha, o Buda histórico, também saiu das palavras.

Quando perguntaram a Buda o que é o eu superior ele silenciou. Também questionaram sobre deuses, vida após a morte, extraterrestres, viagens da mente e sempre a mesma resposta (ou não resposta): o Silêncio.

Palavras!
O Zen está além da linguagem,
pois nele não há ontem
Nem amanhã
Nem hoje.

O Zen não é difícil
Para quem não tem preferências.
Não havendo ódio ou amor,
Tudo se torna claro e sem artifícios.
Faça-se, porém, a mínima distinção
E céu e terra se distanciam a perder de vista.
Se quiseres contemplar a Verdade,
Não nutra opiniões contra ou a favor de coisa alguma.
A luta contra o que se aprecia e o que se
Desdenha é a doença da mente.

Sosan

Wu-Wei, não ação é outro caminho que passa pelo Zen. Agir sem agir ou o caminho de viver as situações sem se apegar a elas. Tudo é transitório.

Se você conhece a arte marcial aikidô, reconhece ali o Wu-wei. Não há combate, não há resistência, mas sim uma forma relaxada de lidar e esquivar-se de ataques sem agredir a si ou ao suposto adversário.

Mude de direção, mas não se oponha a ela.

Não tente segurar a Lua. "Não segurar" e sim aceitar até mesmo as ilusões, mudanças, términos, aceitar que você é Um com a maldade do mundo (por mais difícil que isso seja).

Mestres Zen? Sim, muitos que apontam a Lua, mas que você deve abandonar durante a jornada.

> *Ó seguidores da verdade! Se quiserem obter uma ortodoxa compreensão do Zen, não sejam enganados pelos outros. Se interna ou externamente encontrarem qualquer obstáculo, eliminem-no. Se encontrarem o Buda, matem-no sem hesitação, pois esse é o único caminho para a libertação. Não fiquem emaranhados com nenhum objeto; fiquem de pé, passem adiante e sejam livres!*

Suzuki

Koan

Encontrar-se é perder-se. Você está procurando onde para se encontrar? Você está esperando o que para se perder?

Ikkyu disse: "Posso destruir os livros que carrego na bolsa, mas é impossível esquecer os versos escritos nas minhas vísceras". O que está escrito em suas vísceras?

Seu conhecimento sobre o transcendental, a espiritualidade é experimental, visceral ou algo que leu ou lhe contaram?

O que é para você viver e ser Zen?

O que é mente de principiante? Sua mente diz: "De novo isso?" Saiba que o seu Ser diz: "Uau, é tudo absolutamente novo!".

O que é viver espontaneamente o aqui e agora?

Já é isso. Como você entende esse convite?

Capítulo 21

Zazen
Sente-se e Reconheça o buda

Estudar o caminho de Buda
É estudar a Si mesmo.
Estudar a Si mesmo
É esquecer-se de Si mesmo.
Esquecer-se de Si mesmo
É ser iluminado por tudo que existe.
É abandonar corpo-mente seu e dos outros.
E nenhum traço de Iluminação permanece.
E a Iluminação é colocada à disposição de todos os seres.

Dogen

O silêncio é a verdadeira forma de Deus.

Ramana Maharishi

A meditação seja com mantras, Yoga ou zazen tem a função de lembrar-te de sua natureza búdica. Provavelmente, você se distrai no teatro social e se esquece que é o buda. A ignorância é o não buda.

Meditação é presença, estado de alerta, em que se torna possível liberar a mente, relaxar o corpo e entregar-se ao momento.

Vou insistir nisso: Seja feliz por ter uma mente, isso é uma experiência divertida, mas observe que você não é sua mente e o mantra aponta isso.

Contemple sua mente, agradeça por sua existência, pois ela proporciona a você muitas experiências que pode julgar ser boas ou ruins, mas tome consciência de que há uma distância entre observador e observado. A prática constante da meditação aumenta sua capacidade de distinguir entre o real e o irreal, de reconhecer aquele que nunca nasceu. Você nota a sua natureza.

Ao contrário dos teóricos meditativos, não devemos parar de pensar, isso é ilusório. Quem assim ensina nunca se tornou íntimo da meditação.

Sei que existem vários cursos ou grupos que propõem que você "zere" a mente, que expulse seus pensamentos. Investigue se esse não é o método errado.

Os verdadeiros sábios o convidam a deixar todos seus pensamentos aí mesmo e, até indo além, convidam todo tipo de ansiedade, medo e depressão a virem visitá-lo. Mestre Suzuki ensinou a "dar um pasto para a mente". Deixe-a. Não tente pará-la, até porque desejar parar sua mente é um desejo dela mesma, mente, ou ego.

Meditar basicamente é permitir que tudo aconteça, que surjam pensamentos, desapareçam pensamentos. Memórias vêm e vão. Sensações vêm e vão. Observe. Não faça nada, só veja e não interfira. Entre na dimensão do não fazer. Reconheça que você é a testemunha do movimento da mente, o silêncio é o que mais próximo pode ser definido como a forma de Deus.

Monja Coen conduz a prática:

> Medite. Não é pensar. Nem não pensar. Sente-se em silêncio, ouça as falas internas, os sons internos e os externos. Sem apego, sem aversão. Apenas sentar de face para a parede. Sua parede. Nossa parede. Sua vida. Nossa vida. A mente olhando a mente. Percebendo, vivenciando, sendo. Tudo e nada. O nada repleto de tudo que existe. O todo vazio de Si mesmo.

O meditador é livre de muitos conceitos, vive no *samsara*, pertence ao mundo, porém mantém a mesma atividade de testemunhar os acontecimentos da vida com serenidade notando todo o teatro do *samsara*.

Isso não o torna mumificado, ele é plenamente vivo e consciente. Quem tem coragem de silenciar reconhece que a vida está acontecendo agora. Este instante é como uma bênção única.

A prática da meditação requer certa disciplina, mas, diferente do que muitos acreditam, pode ser celebrativa e puro deleite.

Todo o potencial para essa descoberta já pertence a você. O monge Yongey Mingyur Rinpoche ensina:

> A essência da prática budista não é tanto um esforço para mudar seus pensamentos ou seu comportamento para que você se torne uma pessoa melhor, mas perceber que, independentemente de sua opinião sobre as circunstâncias que definem sua vida, você já é bom, pleno e completo.

Existe uma profunda sensação de inadequação que o impede de ver que você é um ser completo e iluminado... Agora. Nas minhas primeiras práticas meditativas também não compreendia o significado disso, a mente caótica me perturbava constantemente, tentando ver o que não pode ser visto. É necessário passar por isso, pelo caminho de observar qual o funcionamento de seu ego/personalidade/mente.

Mestre Jung dizia que o self não pode ser melhorado nem piorado, que ele é exatamente o que é, e ainda Buda nos deixou o ensinamento de que a mente observada ou disciplinada é nirvana. Você tem que "descobrir" esse tesouro.

O Silêncio por trás da mente é único – não existem dois silêncios diferentes.

Se um tesouro inesgotável fosse enterrado no chão embaixo da casa de um homem humilde, ele não saberia disso, e o tesouro não lhe diria: 'Eu estou aqui'.

Sutra de Maytreya

Prática

Esqueça de si. Quando se sentar, apenas sente-se. Não deixe a cabeça ficar ocupada, pense não pensando. Nem mesmo tenha expectativa de se Iluminar ou de se tornar Buda, de ser Buda.

Dogen

Aqui descrevo um guia prático de como, quando e onde fazer suas práticas. O fiz da forma mais completa possível a fim de não haver desculpas como: "Não entendi tudo, não está bem explicado assim não praticarei". Assim, a seguir, como a mente/ego adora entender racionalmente, compartilho com a ajuda dos grandes meditadores do planeta com todos os mínimos detalhes de sua prática e já o convido para algum dia nos sentarmos juntos.

Início

Para fazer zazen é preciso um local silencioso, onde você, preferencialmente, não seja incomodado. Procure criar um hábito, dedicar um tempo à sua meditação e manter a disciplina de não interrompê-la antes do tempo que você se propuser a fazer.

Pratique tolerância e persistência

Insista na meditação. Mesmo que você se sinta irritado, supere se possível o desejo de se levantar e as inquietações.

Pense e reflita: não existe meditação ruim.

Se você se sente irritado, observe. Se você se sente cansado, observe. As sensações na meditação são várias, como tudo. Não escolha essa ou aquela sensação. Não espere nada, inclusive, nem mesmo a iluminação.

O Silêncio é a verdadeira forma de Deus.
Se queremos que Deus faça tudo por nós, então devemos nos entregar a ele. Caso contrário, deixemos Deus em paz e conheçamos a nós mesmos.

Ramana Maharishi

Você pode criar um espaço meditativo, com a imagem de Buda ou Shiva, por exemplo, que transmita serenidade.

Nos dias mais frios, procure cobrir seu corpo para que você mantenha uma temperatura agradável.

Faça do seu ambiente um lugar aconchegante e convidativo ao silêncio.

Chegando ao local escolhido, faça uma saudação, as mãos em prece (mudrá – gesto com as mãos) e um instante de aquietamento, que representa a tradição dos budas e também a união da dualidade mente-coração. Essa reverência chama-se gasshô, e você deve fazê-la circulando no sentido horário em todas as direções.

Roupas

Pense em conforto e comodidade. Os meditadores Zen sugerem que ao meditar em grupo utilizemos a cor preta para não atrapalhar a concentração alheia. Quando só, não se importe com a cor. E jamais permita que roupas ou ambientes inadequados o impeçam de praticar.

Horário do reencontro

Seja regular, assuma um compromisso pessoal e mantenha sua determinação. Assuma o risco de trocar a tv, o futebol, a internet com suas redes de fofocas sociais pelo treino do olhar interno. Alguns minutos pela manhã ou à noite são abençoados.

Postura

O corpo é o templo da totalidade que você É, então se alinhe de forma respeitosa relaxada, tranquila e sem rigidez.

A posição que você escolhe para se sentar possibilita uma meditação confortável; então é aconselhável que dedique um tempo a explorar as capacidades dos joelhos, da coluna e do quadril.

Sentar-se no chão exige flexibilidade e firmeza do tronco. Cruzar as pernas requer abertura do quadril, boa saúde dos joelhos e tornozelos.

Opte pela facilidade, sentando-se sobre uma almofada e com as pernas cruzadas como um indivíduo de tradição tribal ou sentando nos calcâneos, com a almofada colocada entre os membros inferiores, servindo de apoio para seu quadril. Sentar-se à beira de uma cadeira, com os pés apoiados no chão, também é adequado.

Sente-se com a coluna no centro do zafu e balance o tronco de um lado para o outro até centralizar a coluna vertebral (sushumna). Existem ainda várias posturas que você poderá pesquisar e utilizar de acordo com sua capacidade.

> *[...] O ideal é sentar-se de modo que o corpo esteja perfeitamente ereto e uma linha vertical possa ser traçada, partindo do centro da testa, pelo nariz, queixo, garganta e umbigo. Consegue-se isso empurrando-se a cintura para a frente e o abdome para fora. Nessa posição, o peso do corpo está concentrado na barriga ou no baixo abdome. Esta área é o foco da respiração e concentração do zazen.*

Texto Zen

Posição das mãos

No budismo zen as mãos repousam gentilmente em suas pernas no mudrá cósmico. Dorso da mão esquerda apoiado na palma da mão direita e ambas pousadas em seu colo. Se se sentir mais silencioso, pode também utilizar o mudrá budista de nome hokkai-jôin, colocando a mão direita sobre o pé esquerdo, com a palma para cima; coloque as costas da mão esquerda sobre a palma direita, e as pontas dos polegares se tocam, formando um espaço vazio. Esse mudrá é ótimo para circulação de energias do corpo e também é chamado de dharmadhatu.

As escolas hindus e tântricas contêm outros mudrás descritos no início do livro.

Posição do tronco

Mantenha distância entre os membros superiores e o tronco. Essa é conhecida como a postura do abutre, em que o peito se mantém para frente, mais relaxado, permitindo uma respiração profunda e solta.

Imagine sua cabeça como um balão de gás, flutuando e querendo subir ao céu. Não é força, é atenção. Sentar-se assim nos torna presentes, aquieta a mente, atua na kundalinî e na ativação dos chakras.

É normal perceber o peso da cabeça levando o queixo à direção do peito. Quando perceber isso, respire e alinhe-se novamente. Evite tensão. Respire de forma fluida.

Relaxe a mandíbula, deixando os lábios soltos e separados. A língua descansa na boca, ou você pode fazer o jiva bandha, que é manter a ponta da língua pousada suavemente no céu da boca, ou, ainda, a língua atrás dos dentes da arcada superior. Sugiro esboçar um leve sorriso, o sorriso dos budas.

O olhar

Alguns praticantes sentem-se melhor com os olhos fechados. O perigo aqui é o apego ao estado relaxante e calmante que pode surgir e, assim, dormir durante a prática.

No zazen usamos os olhos entreabertos, voltados para o chão, num ângulo de 45 graus, sem objetivo de focar coisa alguma (não cochile, fique alerta!).

Na escola tântrica você opta por abrir ou fechar os olhos.

Zafu (sua casa)

Uma dica é utilizar a almofada arredondada de meditação conhecida como zafu. Dentro do Zen zafu é seu lar assim como o tapetinho de Yoga conhecido como mat e é conhecido como a "casa" do yogue.

Mantenha-se vigilante das emoções, das sensações e da mente. Observe atentamente os pensamentos com a mesma distância com que você assiste a um filme.

Note que várias sensações e pensamentos vêm visitá-lo, partindo em seguida. Tudo é mutável. Não se incomode. Ao contrário, acomode-se na impermanência. Seja paciente, pois a mente contém várias ervas daninhas. Chamo assim pensamentos que causam desconforto, preocupação, raiva, ódio, felicidade, dor, luxúria e inquietação.

Exercite o olhar compassivo e a atitude não reativa a cada mudança de humor, convidando cada imagem mental ou pensamento que surgir a permanecer como um amigo que você espera, e diga: "Seja bem-vindo!". Assim você irá perceber a serenidade imperturbável que habita em todos nós.

Quando estiver praticando zazen, não tente deter seu pensamento. Deixe que ele pare por Si mesmo. Se alguma coisa lhe vier à mente, deixe que entre e deixe que saia. Ela não permanecerá por muito tempo. Tentar parar o pensamento significa que você está sendo incomodado por ele. Não se deixe incomodar por coisa alguma. Pode parecer que essa coisa vem de fora, mas, na verdade, são apenas as ondas de sua mente e se você não se deixar incomodar por elas, gradualmente se tornarão mais e mais calmas. Em cinco ou dez minutos, no máximo, sua mente estará calma, serena, serena.

Suzuki

O momento da prática do zazen é momento de buda.

Entre tarefas, em momentos de estresse no trabalho, nos estudos, entre amigos e desafetos, em casa, no trânsito, lembre-se apenas de endireitar a coluna e respirar conscientemente. Perceba suas emoções e batimentos cardíacos. Relaxe, sorria. Tudo é passageiro. Aprenda a estar presente no instante e a agir da maneira correta a transformar o que for de seu agrado. Lembre-se: apenas reagir não transforma. Assim, use o zazen para o seu bem e de todos os seres. Pois, afinal, se se entregar ao zazen de corpo e mente, verificará que é o zazen que faz zazen... zazen, zazen, zazen.

Monja Coen

Respiração (Pranayama)

Torne-se consciente de sua respiração. Acompanhe o ar que entra e o ar que sai, com máxima atenção, respire calma e lentamente.

Nossa frequência respiratória é de aproximadamente 18 a 20 ciclos por minuto; em zazen ou em práticas mântricas isso irá se tornar mais lento.

Dores e zazen

Muitos praticantes de zazen sentem dores no início das meditações. Perceba que, como tudo na vida, a dor também irá passar.

Mestre Dogen ensina que, mesmo que as nádegas sangrem, mantenha o zazen.

Meu ensinamento é que tenha cuidado para não exagerar e exercite a paciência, disciplina e força de vontade.

Benefícios – sua mente adora isso

Fique aí parado, não faça coisa alguma.

Meditação zazen e práticas mântricas são ensinadas em empresas, hospitais, escolas com propostas sérias e usada de forma terapêutica para tratar insônia, controlar a pressão arterial (inclusive hipertensão), reduzir a produção de adrenalina e cortisol, que causam o estresse, e estimular as endorfinas responsáveis pela sensação de leveza do corpo.

Na meditação, consumimos seis vezes menos oxigênio que quando dormimos, o que faz o corpo gastar menos energia e relaxar profundamente com o aumento de ondas alfa e teta no cérebro.

No Canadá, os gastos com despesas em saúde caíram 30% graças à proliferação da prática meditativa.

Existem centenas de outros benefícios decorrentes da meditação. Só posso sugerir: faça meditação antes que você precise.

Rapidinhas diárias

Lama Surya Das observou a dificuldade da maioria das pessoas em manter uma disciplina rígida. Sendo assim, ensina que é melhor fazer poucos minutos de meditação que nada, método que ele, de forma bem-humorada, apelida de "rapidinhas".

Portanto, pratique ao longo de seu dia vários momentos de contemplação.

É sabido que o zazen tem acordado centenas de praticantes, mas poucos têm a coragem de reconhecer-se no Silêncio que se É.

Os budas de todos os tempos têm sugerido quatro paradas de zazen ao dia, por 10 minutos cada vez, para que se reconheça o Si mesmo.

Não espere ter hora para começar. Não planeje dias para o zazen, não adie. Você pode agora, você pode hoje. Dê a rapidinha. Em breves instantes, deixe o buda "surgir".

Respire, cante, contemple, ore, inspire-se nos sufistas que, cinco vezes ao dia, onde quer que estejam, aquietam-se e agradecem.

Cada respiração pode ser uma prática. Inspirando, imaginemos absorver energias puras, purificadoras, repousantes. A cada expiração, imaginemos que expulsamos todos os obstáculos, as tensões e as emoções negativas. Não é necessário para isso sentar-se em um lugar especial. Podemos fazê-lo no carro indo trabalhar, esperando o sinal abrir, sentado diante do computador, durante a preparação do almoço, limpando a casa ou caminhando.

Tenzin Wangyal Rinpoche

Terminando a meditação

Depois do êxtase, lave a roupa suja.

Agora é hora de levantar-se e voltar ao "mundo". No momento em que praticamos zazen, saímos da loucura, dos desejos e da aspereza do mundo e entramos nas águas calmas e gentis da Presença.

Não saia correndo nem pule da almofada. É necessário haver a transição suave em toda prática meditativa seja ela em zazen ou mântrica. Sugiro assim:

1. Observe o exterior e as sensações de seu corpo.
2. Com a boca aberta, inspire e solte o ar. Envolva todo o seu corpo na respiração.
3. Ainda sentado amorosamente, movimente seu tronco para trás e para a frente.
4. Movimente seus membros inferiores.

5. Massageie seus membros inferiores, o rosto e os olhos (se meditar de olhos fechados, essa é a hora de abri-los).

Ao levantar-se, agradeça a prática. Não existe meditação ruim. Namastê.

Não existe o não consegui. Namastê.

Não existe o não controlei minha mente. Namastê.

Tudo isso é um jogo do seu ego/mente.

Você permaneceu sentado? Que os budas o abençoem. Namastê.

Sentindo necessidade de "volta" ao mundo, de forma mais rápida, entoe ou mentalize algum mantra extroversor como os kirtans ou escute mantras do compositor e yogui Krishna Das.

> *Praticar o Samadhi é viver com profundidade cada momento que nos é dado. Samadhi significa concentração. Para podermos nos concentrar, temos de estar conscientes, totalmente presentes e conscientes do que acontece. A atenção plena gera concentração. Quando estamos profundamente concentrados, isso significa que estamos absorvidos no momento. Tornamo-nos o momento presente. É por isso que o Samadhi, às vezes, é traduzido como 'absorção'. A atenção plena e a concentração correta nos elevam acima dos reinos dos prazeres dos sentidos e dos desejos, tornando-nos mais leves e mais felizes. Nosso mundo já não é tão grosseiro e pesado – o reino dos desejos –, mas o reino da materialidade sutil, ou o reino da forma.*

Thich Nhat Hanh

Meditação Andando

> *Os Iluminados andam – Kinhin*
> *Há muito o que fazer? Então, ande!*

Ditado Zen

Se não houver disciplina suficiente para se sentar e reconhecer, ter a experiência direta de quem você é, sugiro que acolha essa prática que é divulgada em todo o planeta pelo monge e buda vivo: Thich Nhat Hanh. É uma meditação agradável que traz saúde ao corpo, mente e emoções. Kinhin significa, simples e basicamente, andar. Thich Nhat assim a define:

> *Meditação andando é meditar enquanto se anda. Andamos devagar, de forma descontraída, mantendo um leve sorriso nos lábios. Com esta prática, nós nos sentimos profundamente à vontade, e nossos passos serão os da pessoa mais segura*

do mundo. Todas as nossas preocupações e ansiedade desaparecerão; paz e alegria vão encher o nosso coração. Toda pessoa pode fazê-lo. Leva apenas um pouco de tempo; requer certo grau de consciência e o desejo de ser feliz.

Prática

Caminhe sozinho ou em grupo, silenciosamente. O ideal é próximo à natureza, mas na cidade grande também é possível.

Anda-se não para chegar a algum lugar, mas sim pela serenidade do momento, da respiração consciente, do contato com a terra.

Não se identifique com os pensamentos (mente atenta).

No início da caminhada, deixe de lado as suas preocupações, ansiedades, o passado e o futuro, a correria do cotidiano. Permita-se estar no momento. Deixe tudo agora como está. Aquiete a mente e confie no fluxo da vida, renda-se. O que não deve acontecer não acontecerá, seu ego querendo ou não, assim deixe tudo como está. O que deve acontecer, não importa quanto você negue, acabará acontecendo; assim, repito – deixe tudo agora como está. Se seus pensamentos não silenciarem, simplesmente os observe sem nenhuma identificação ou julgamento.

Não adianta brigar com a mente, adianta sim percebê-la como "eu" real.

Passos

Caminhe devagar, relaxado, passos calmos, suaves e conscientes, coordenados com a respiração. Exemplo: dê três passos ao inspirar e três para expirar.

Você pode usar frases mântricas:

Inspirando (três passos): mentalizar "paz e felicidade na terra"; ou "amor a todos os seres".

Expirando (três passos): mentalizar "paz e felicidade em mim" ou "moro no momento, ando em paz".

Desta forma você enviará felicidade e paz a todos os seres vivos. Crie suas mentalizações mântricas, mas lembre-se de que todas são métodos que, com o tempo, devem ser abandonadas. Não se apegue a métodos, o seu objetivo (ou não objetivo) nessas práticas meditativas é reconhecer o Silêncio e conscientizar-se de não importa onde estou "já cheguei".

Sorria

Enquanto andar, sorria para si e para o planeta.

Sinta que seus pés massageiam, beijam a terra.

Deixe que a paz e a serenidade da Mãe terra o toquem e vice-versa. Ouse sorrir a quem cruza seu caminho. As pessoas excêntricas são totais, significativamente mais e felizes e vivem bem melhor.

Olhar

Olhe contemplando tudo à sua volta; olhe uma árvore. Observe-a sem julgar. Saúde-a gentilmente. Olhe-a de perto.

Depois volte a atenção à sua respiração e a seus passos e volte a caminhar.

Olhar de gratidão e paz (*Om Shanti*)

Será necessário muito esforço para perceber o milagre do céu?

O que é preciso para que usufrua o milagre contido em cada instante de sua vida?

Observe a luz do Sol ou o universo de cores e formas em sua volta.

Não é necessário ir ao Tibete para reconhecer o que você é.

Não é necessário ir para o futuro ou voltar para o passado para perceber o valor de se respirar profundamente. Tudo isso está disponível aqui e agora. É uma lástima quem perde tudo isso nessa viagem pelo planeta.

Pare de resistir. Renda-se.

Conta-se que monges com mais de 90 anos, que andam calmamente, levam, sempre que possível, flores aos túmulos dos praticantes de Cooper que tiveram ataque cardíaco em longas corridas. Dizem ainda que esses monges lamentam não terem podido conversar com os corredores (os exagerados, é claro) a fim de saber do que eles estavam correndo.

O Mestre Moriyama Roshi nos ensina: "Então, nosso andar Zen é com os pés. É só andar. Andamos cem por cento. Nossa mente nem pensa, apenas caminha também. Ela não está mais fugindo para o passado, ou viajando ao futuro. Quando andamos assim não temos pressa, pois nós já chegamos! Lembre-se, o primeiro passo já é o Último!".

Reflita:

Você tem coragem de quando comer, somente comer; de quando andar, somente andar, ou precisa fugir para sua imaginação ou para suas memórias para não perder sua identificação egoica? Ou, ainda, ocupar a sua mente com o banal para negar o presente? Para onde isso o leva?

Em quais momentos de sua vida há paciência? Há o respirar calmamente. Isso é o buda.

De todas as escolas filosóficas, religiosas e místicas com que tive contato encontrei os praticantes mais felizes e risonhos nas escolas budistas no Nepal. Hoje se fala muito do Butão como o local mais feliz do planeta.

Lá os monges (e a maior parte dos habitantes) riem muito, mas é um riso sincero, inteiro, por qualquer coisa. Eles são capazes de gargalhar de orelha a orelha por qualquer situação simpática.

Esses monges ousaram viver levemente e, apesar de não terem nenhuma posse, são felizes (não todo o tempo, é claro) e se tornaram monges por opção.

Poderiam largar o monastério, mas não o fazem. Qual a receita para isso? Meditação.

Koan

Um mestre encontrou outro mestre na rua e lhe perguntou:

– Para onde você está indo? Ao que foi respondido:

– De onde você vem?

Ambos se inclinaram em respeito e continuaram sua caminhada.

Onde você está indo? De onde você vem?

É possível vir ou ir a algum lugar que não esteja no aqui/agora? Então saia!

Qual a diferença entre um buda com a mente silenciosa e você com a mente silenciosa?

Você pode se ver?

E quem vê a quem?

Você corre de quem?

E quem corre?

Você corre de seus pensamentos?

Você é os seus pensamentos ou os mesmos vêm a você?

Você vive uma vida que expressa o que você é?

O que é para você "deixar tudo como está? "E não importa onde estou, já cheguei".

Capítulo 22

Deixe os pensamentos livres, como um pombo solto de um navio no meio do oceano infinito.

Assim como a ave não encontra lugar para pousar e volta para o navio, os pensamentos não têm para onde ir a não ser seu lugar de origem.

Maitripa

Um peixe foi até uma rainha-peixe e perguntou: 'Eu sempre ouvi falar do mar, mas o que é esse mar? Onde ele está?'.

A rainha-peixe explicou: 'Você vive, move-se e tem o seu ser no mar. O mar está dentro de você e fora de você, e você é feito do mar, e você terminará no mar. O mar o rodeia e é o seu próprio ser'.

Texto Zen

Há muito tempo, em uma terra (ou, por que não, água) distante, uma pequena onda sentia-se ansiosa, depressiva, desiludida com a rotina de ir e vir.

Ela não via um sentido nisso, queria saber qual sua missão ou quem era.

Certo dia, quando se encontrou com uma "antiga" irmã onda, escutou dela que havia um grande deus oceano que poderia responder às suas questões, conduzindo-a a um estado de plenitude e a uma vida que vale a pena ser vivida.

Ao escutar isso, nossa ondinha saiu a procurar. Perguntou a várias outras ondas, e sempre obtinha como resposta: "Escutei sobre esse oceano, mas ninguém o conhece pessoalmente". Algumas ondas não acreditavam no oceano e outras gritavam fortemente que somente lendo um livro sagrado se encontraria o oceano após a vida aquática.

De toda forma, nossa ondinha continuou a procurar e soube de uma mestra que poderia apontar a direção do oceano. Até ali nossa ondinha tinha vivido tantas dores, alegrias, sucesso e fracasso, ganhos, perdas, mas agora queria certo tipo de relaxamento que ela intuía ser possível.

Estando em frente à sábia onda, nossa ondinha prostrou-se aos pés dela e implorou:

– Mostre-me o oceano!

A mestra, com seu olhar profundo, questionou:

– Para você, o que é o oceano?

– Ouço que é um local de absoluta paz, serenidade, equilíbrio... Um local diferente deste onde vivo, um lugar longe daqui.

A mestra, ouvindo isso, disse:

– Você está buscando fora de Si mesma. Você já é o oceano, mas não observa isso. Você é o que busca, e essa busca faz com que não reconheço que é.

– Diziam que você era uma onda sábia e bondosa, que me mostraria o caminho, mas só está me iludindo. Se sou o oceano, onde está a grandiosidade deste oceano? Olho em minha volta e reconheço que sou somente uma onda.

– Você pensa que é a onda e somente isso a impede de reconhecer o oceano. Mergulhe agora, atire-se aos meus pés, se realmente anseia pelo oceano, e experimente por Si mesma.

A gota ainda encontrava-se insegura, o medo a contagiava. O medo de mergulhar e fundir-se ao oceano.

Ela pensou em tudo que já tinha vivido. Suas idas às nuvens do céu, suas quedas como gota de chuva, o movimento nos rios quando atravessou por entre as pedras e matas, quando alimentou os animais, as aves e os peixes, viajando por aldeias e cidades.

Foram tantas aventuras e obstáculos vencidos até tornar-se onda, e agora tudo isso poderia morrer? Poderia desaparecer?

Ela refletiu se caso mergulhasse não perderia todas essas memórias e morreria. Tremia de medo.

O que aconteceria? Medo de morrer? Medo de perder-se? Medo de sumir eternamente? Deveria então escolher a coragem ou sucumbir ao medo? Estacionar ou ir adiante?

Ali ela tomou uma decisão: escolheu a coragem.

O anseio pela Iluminação oceânica fez com que ela se arriscasse e seguisse em frente, mergulhando e desaparecendo como onda. E aí renasceu.

Reconheceu que se tornou o oceano.

Reconheceu que sempre foi o oceano...

E tudo isso, toda essa aventura, quem sabe se não foi com práticas mântricas? Quem sabe se sim? Quem saberá se não?

Epílogo...
O fim das buscas

Após compartilhar com você tantos mantras, orações, zazen e palavras de: mestres, sábios, iluminados, imaginei como ter um final extraordinário para esse livro. Algo que fosse o empurrão final para o seu despertar ou ainda como diz Mestre Daniel Quinn: "Címbalo batendo, um raio de luz pura", mas nada disso aconteceu.

Quero que você reflita nisso: não há final cinematográfico no livro porque no samsara tudo vai e volta. Começo e fim se unem agora, nesse momento.

Assim, a bênção não está aqui em mim quando escrevo essas palavras. A bênção está do outro lado desta página lendo agora esse texto, e é aí que o despertar e a revolução são possíveis.

Iluminado é você quem presencia a bênção.

Uma última história:

Quando Gampopa partia para a longa meditação foi despedir-se de seu mestre Milarepa.

Milarepa foi santo e um dos mestres maiores da tradição tibetana que meditou longos anos nos mais inóspitos ambientes com neve, fome, frio, chuva, animais selvagens até se reconhecer como Iluminado.

Gampopa buscava a Iluminação e após três reverências, agradeceu e se despediu de Milarepa que o tinha ensinado.

Após atravessar um riacho e seguir sozinho aos picos da montanha Gampopa escutou Milarepa gritando seu nome e dizendo:

Gampopa você é o buda, você é o Iluminado.

Gampopa agradeceu em uma última reverência e já ia andando quando Milarepa o chamou gritando e levantando seu manto branco mostrou suas nádegas com calos e cicatrizes decorrentes de anos sentado no chão de pedra em silêncio.

E Milarepa disse:

Falta isso! Basta fazê-lo.
E o que é simplesmente é.
Essa é a beleza.
Fim da história.
Mãos em prece
Amor e Vigor.

Otávio Leal (Dhyan Prem)

Obs: esse texto fecha também meus livros "O Poder da Iluminação" (Ed. Alfabeto) e "Tantra da Iluminação a sexualidade plena (no Prelo).

CDs indicados para a audição de mantras hindus

- *Pilgrim Heart e Live or Earth – Krishna Das*
- *Kabash - Cantos Místicos do Egito Antigo – Ptahrá*
- *Radha Govinda – Atmarama Dasa*
- *Mantras - Sons Cósmicos – Meeta Ravindra*
- *Magical Healing - Mantras – Namasté*
- *Hare Krishna - Classics and Originals– His Divin? Grace A.C. BhaktiVedanta* Swami Prabhupada.
- *Buddhist Chants of Tibet – Ishwar Satya Hai*
- *Mantras e Bhajans - Homem de Bem – Tomaz Lima*
- *Samadhi – Nada Shakti Bruce Becoar*
- *Spirit Room - A retrospective – Jai Uttal*
- *Francisco de Assis – Marcus Vianna*
- *Rasa devotion – Kim Watees and Han Christian*
- *Bucha e Pólvora – Ela Kobhiaco (Tenho uma participação nesse CD entoando os bijas dos chakras e o OM).*
- *Namaste – Ana Marie*
- *Mantras - Magical Songs of Power – Henry Marshall and the Playshop Family*
- *Devotion Kadmo – Selo Ana Marie*

– *Mantra - Kirtans Antigos da Índia – Carlos Cardoso*
– *Perto de Você - Homem de Bem – Tomaz Lima*
– *OM - O Som Eterno – Carlos Cardoso*
– *Mantra - Princípio, Palavra e Poder – Carlos Cardoso*

* *Existem centenas ou milhares de Cd´s de sons mântricos. Deixe teu gosto musical apontar direções. Se houver dúvidas sobre como iniciar sua coleção, sugiro a obra do Iluminado músico Krishna Das.*

Referência Bibliográfica

ADOUM, Jorge. *A magia do verbo e o poder das letras*. São Paulo: Pensamento, 1994.

ANDREWS, Ted. *Sons sagrados*. São Paulo. Mandarin, 1992.

ARTESE, Léo. *O vôo da águia*. São Paulo: Ed. Roka.

ASHLEY, Thomaz; FARRAND, Shakti. *Os mantras da energia feminina*.

BLOFELD, John. *Mantras – palavras sagradas de poder*. São Paulo: Ed. Pensamento, 1997.

BONWITT, Ingrid Rama. *Mudrás*. São Paulo: Pensamento, 1987.

BRAHMA, Nada. *Ibachin Ernest Berendt*. Ed. Cultrix, 1983.

CAMPBELL, Joseph. *O poder do mito*. Ed. Pallas Athenas, 1988.

FARRAND, Thomas Ashley. *Mantras que curam*. São Paulo:Ed. Pensamento, 1999.

FRAWLEY, David. *Yoga tântrico interior*. Ed. Pensamento, 2010.

GAMA, Umberto. *Mudrás – gestos magnéticos do Yoga*. São Paulo: Vidya, 1994.

JOHARI, Harish. *Tools for Tantra*, USA: 1995.

KAPLAN, Aryeh. *Meditação judaica*. Ed. Exodus, 1985.

KLOTZ, Neil Douglas. *Orações do cosmo*. São Paulo: Ed. Trion, 1999.

LANCASTER, Brian. *Elementos do judaísmo*. Ediouro, 1995.

LIPINER, Elias. *As letras do alfabeto na criação do mundo*. Rio de Janeiro: Imago, 1992.

LEAL, Otávio. *Maithuna, sexo tântrico*. São Paulo: Ed. Alfabeto, 2010.

_____. *O livro de ouro dos mantras*. Ed. Imago, 2008.

_____.*O poder da iluminação*. São Paulo: Ed. Alfabeto, 2012.

PATRA, Padma. *O poder do som*. São Paulo: Ibrasa, 1995.

REHFELD, Walter. *Mística judaica*. São Paulo: Ed. Ícone, 1986.

REISLER, Leo. *Kabbalah – a árvore da sua vida*. Rio de Janeiro: Nórdica, 1996.

ROLLAND, *Da kabala ao kabash*. São Paulo, Instituto Nefru, 1998.

TAIMNI, I.K. *Gayatri*. Brasília: Ed. Teosófica, 1991.

Textos clássicos: *Kularnava Tantra*, Chandogya upanisad e os Vedas, Mantra Yoga samhita.

ZIMMER, Heinrich. *Mitos e símbolos na arte e civilização da Índia*. São Paulo: Palas Athenas, 1996.

Toda obra de Pedro Kupfer e Harish Johari.

Li centenas de vezes as obras de Sivananda, Osho, George Feurenstein, Tara Michael, John Woodroffe e tantos outros mestres que me inspiraram nessa obra.

Referências Digitais

www.healingmagick.com.br
www.humaniversidade.com.br
www.vajrapani.com.br
www.Yogapro.com

Quem é Otávio Leal
(Dhyan Prem)

Otávio Leal (Dhyan Prem) É um místico, mestre e terapeuta moderno.

Sua presença transmite e aponta em direção à amorosidade, confiança, silêncio, persistência e compaixão. Ele inspira sua coragem, ousadia, originalidade, criatividade e iluminação.

Seu coração é tocado nos encontros e grupos com Otávio Leal. Seus ensinamentos são baseados na sabedoria e ética universal de Satya (verdade), Dharma (caminho reto), Shanti (paz), Prema (amor a todos os seres), Tapas (disciplina e persistência) e Ahinsa (não violência).

Sua jornada iniciou-se em seu nascimento, já ansioso por encontrar o oceano e reconhecer os Iluminados, os Budas do Planeta Terra. Ainda na juventude, foi iniciado em ordens ocultistas como Rosa-Cruz, Eubiose, Colégio dos Magos, Wicca, Kaballa dentre outras.

Praticou exaustivamente Kung fu, Karatê-Dô, Chi Kung lai do, Tai chi, e Yoga de várias tradições.

Autor dos livros: "O Poder da Iluminação", "Quero Mesmo é Ser Feliz - A Essência da Felicidade", "Histórias para Incendiar a Alma", "Mantra – A Metafísica do Som", "Maithuna – Sexo Tântrico – Você não sabe o que está perdendo" além de centenas de artigos místicos, espiritualidade, budismo, vegetarianismo, amor aos animais e ao Planeta.

Foi iniciado no budismo japonês, hindu e tibetano, além do taoísmo, do tantra hindu (Adhinatha, Ághora e Kaula) e no xamanismo. Como terapeuta, coordena grupos de Tantra, Iluminação Intensiva, Power to Budha, Couseling, Chakra Puja, Mantram, Massagem Indiana, Reiki Tibetano, Meditação, dentre outros.

Dirigiu uma ordem iniciática tântrica e "abre portas" a buscadores sensíveis em dois programas semanais na Rádio Mundial 95,7 FM / SP: Escola de Mestres.

Apresentou o programa: Momento Zen da JBNTV (Sky, canal 142) um Oásis dentro da TV que apontava em direção à Paz, Ética Planetária e Ecologia Interior. Nesse programa, Otávio ensinou Chi-Kung, Yoga, exercícios chineses, além de entrevistar mestres orientais e professores de artes marciais sérias, não competitivas e meditativas (programas no Youtube).

Como Master em Reiki Sistema Tradicional, Dentho e Tibetano iniciou nos últimos anos mais de 32.000 praticantes. Codificou o Reiki Xamânico e o Ripui - Imposição Essênia das Mãos. Escreveu o Livro "Estilos alternativos de Reiki".

Atua na Humaniversidade, uma escola de Iluminação, Ousada, Vanguardista que forma alguns dos melhores terapeutas do planeta, eleita em 2008 e 2009 a mais competente do Brasil, pelo jornal "O Legado".

Em 2003, reconheceu e aceitou que é uma gota dentro do oceano, e que todos são Budas, todos em essência, são iluminados, assim nada mais necessita ser encontrado. As buscas terminaram, e essa Viagem Interior é compartilhada em seus seminários, grupos, meditações e encontros. (Be here now).

Otávio, devido ao desequilíbrio e falta de ética planetária, sempre entendeu que sua vida deve ser gasta na recusa em aceitar a sociedade assim como é e, muito mais, no empenho de transformá-la. Trabalha na escola Humaniversidade, um veículo para essa transformação, além do site www.salveaterra.com.br. E tem essa utopia sem perder a serenidade.

Otávio Leal (Dhyan Prem) nos anos 90 nos Himalaias com o Mestre Rimpoche de mantras tibetanos.

Tel.: (11) 2225-8383
www.markpress.com.br